中國文化史叢書

中國殖民史

李長傅著

主編者
王雲五
傅緯平

臺灣商務印書館發行

例言

一、本書定名爲中國殖民史，或中國移殖民史。

二、全書分爲五章，第一章述中國殖民特殊之意義及關於中國殖民史諸問題。第二章至第五章，分中國殖民史爲四史期，歷述各期之史實，並考證討論之。

三、歷史觀之發達階級可分爲三期：一、神話的歷史（Erzählende Geschichte）；二、教訓的歷史（Lehrhafte Geschichte）；三、發展的歷史（Gentische Geschichte）。馬來人紀載，所謂蒙古皇帝遣人取北婆羅神龍之寶，而建設中國河殖民地，此爲神話的歷史。我國一般史書，論及中國殖民人物時，不問一海盜或一無賴，均謂其少有大志，如何愛國，如何雄武，此爲教訓的歷史。本書則致力於發展的歷史階段。

四、科學歷史學的方法論，以經濟爲下層基礎（basis）文化政治爲上部構造（Uberbau）。本書着重此點，而探究其相互關係。

五、本書每節之末，列舉參考文獻 (reference)，俾學者作近一步之研究。本文中遇必要時，並加足註 (foot notes)。

六、本書地文人名，古代則儘量採用中國史書固有譯名，近代則用華僑習慣譯名，並加入西文對音，俾資參考。

七、本書因引用中國史籍便利起見，採用文言。

八、本書在中國爲草創，加以著者學識之譾陋，成書之怱促，謬誤之點，尙希海內外同志，不吝指正爲幸。

九、本書之告成，當首感謝王雲五先生，蒙其好意，得有編著此書之機會。次則蘇繼卿先生賜予極有價值之編輯意見。顧因明先生借與不易覓得之參考書報多種。此外黃素封先生、王旦華先生助力亦不少。謹識於此，以鳴謝忱。

中華民國二十五年六月　李長傅識

目錄

中國殖民史

第一章 總論

【中國殖民之意義】殖民一名詞，係由英、德文之 colonization, kolonisation，翻譯而來，一有譯作植民者。殖民地英文作 colony 其字原爲拉丁文之 colonia，而 colonia 則自 colonus (farmer, cultivater, planter or settler in a new country 之意)而來，又 colonus 則自 colo (to cultivate the ground or farm 之意)而來者。故 colonia 一字，羅馬時代用作耕地地產及定居地 (farm, landed estate or settlement) 之稱，其後再擴而兼作耕作者、地產者、定居者 (farmer, landholder or settler) 之稱。而農民與定居者意義相近，以農業爲目的而遷移定居於他鄉時，則稱爲 colonia 焉。此殖民字源之由來也。

歷來之政治學者，因時代及國家立場之不同，其對於殖民所下之定義，因人而異。或以為係一國人民移住於新領土之意，或解作對於未開地啓蒙的開發之意。如英國之學者摩理斯（H. C. Morris）以為殖民地之必要條件，係最初之移住者同屬一國籍，且以本國之言語習慣法律傳播扶殖於殖民地之義。假令一國獲得一地方，其居民自土人而成，此不過一領土而已，不得稱之為殖民地也。法國之學者羅基爾（Roscher）則謂文明國之人民至半開化國及未開化國移住，謂之殖民。前說失之籠統，後說失之偏窄。茲根據魯維斯(G. C. Lewis)、科布拿(O. Köbner)等氏之說而下一妥當之定義：即「殖民者國民民族等社會羣之一部，自家鄉移住於新的地域，從事於社會的經濟的活動，更在新的自然的及社會的環境中，從事於新社會創設的活動。普通殖民者（colonist）與原住者(native)相接觸，是其特徵。又廣義的言之，本國對於其地域若有經濟的軍事的設施，雖無住民移殖，亦稱之為殖民」云。

所謂殖民地，在實質上（社會的經濟的）言之，凡本國民移殖之地，不問其為本國之開墾地（如日本之於北海道）、屬地（如英國之於印度）、外國（如中國之於南洋），均得稱之為殖民地。若就政治上之意言之，則指本國以外受本國之特殊統治之地域，卽屬地（dependency）是也。尙有雖在他國統治權之下，對於其地域有若干政治支配權者，謂之半殖民地（如保護國、委任統治地、勢力範圍是）。殖民地與屬地本爲各別之名詞。屬地在政治上歸本國統治，可謂政治的殖民地。但本國民，社會的經濟的發展，與政治支配之擴張，有密切之關係。是以實質的（社會經濟的）殖民地同時亦爲形式的（政治的）殖民地。而視屬地爲殖民地，亦爲當然之理。今日狹義之殖民，卽係對於屬地之殖民而言也。其與狹義之殖民對稱者，其在本國之開墾地，則曰國內殖民（inere kolonisation），對於外國則稱移民（emigration; auswanderung）。但此狹義的殖民國內殖民及移民，不過統治關係上之區別，而社會的經濟的特殊活動，其本質一也。是三者普通多稱爲殖民，或稱之曰移殖民焉。

以上係世界學者對於殖民之見解，但此用於一般列強諸國則可，若就我國國情而言，此尙有修正之餘地。一、所謂國內殖民，此名詞在我國殊不適用。所謂中國殖民活動，自當以中國全民族爲單位，以漢族而移住蒙古東三省，其情形與中原之客家移住於嶺南之性質相同，此祇得稱之曰國內移住（migration），不得稱之曰國內殖民也。卽以人口稠密地方之住民移至邊省人口稀薄之區，亦祇可稱之曰移民實邊而已。二、所謂中國狹義的殖民實含有移民之性質，而移民亦含有狹義殖民之性質。自近世紀以來，我國無殖民地（政治的）可言。卽過去之屬地亦不過朝貢國之性質，與列強所謂屬地迥殊。一般對於中國朝貢國之解釋，多謂係中國之宣武耀德蠻夷之仰慕上國之結果，此適爲觀念論者之見解而已。實際言之，朝貢使不過通商使之變相，朝貢往來，含有國際貿易之義意。故中國對於朝貢國之關係，與其謂爲政治的，不如謂爲經濟的之爲愈也。故我國之殖民，在社會的及經濟的本質言之，實含有上述之狹意的殖民及移民而言，故本書或稱之曰移殖民焉。

【中國殖民之地理環境】 地理環境支配一切歷史之活動，此爲機械的唯物論者之說。但人類歷史的活動以自然的地理爲基盤，故人類之歷史與自然之歷史互相約制，互相關連，而不可分離。是以在研究中國殖民史之先，當說明中國自然環境與其殖民活動之相互關係。我國在亞洲大陸之東部，與世界文化之中心地（巴比侖、埃及、希臘等地）遠離，有文化邊緣（culture-margin）之感。故在上古時代，其歷史活動自成一單位，卽所謂東洋史二大中心之一是也。中古以來雖與東洋史二大中心之一——印度——相交通，不過其歷史活動為相互的交流，而非混合成一片。是以研究中國殖民史之地理環境，不得不先就中國本國之自然環境討論之。

中國東臨大海，西北負大陸，文明發源地在黃河流域，漸次向南經長江而達粵江。西部及北部內陸有沙漠高山橫亙，與西亞之文化地域往來不易。尤以東西交通所經過之中亞地帶，氣候不良，地位瘠薄，加之高原之游牧民族時侵入黃河流域，戰爭且不暇，是以殖民之事殆不可能。此中國陸地殖民事業不能發達之故也。迨滿洲入主中國，中亞地帶之大部分入中國領土。北部人民因天災人禍，漸次移居滿、蒙。迄二十世紀，鐵路開闢，更且滿洲而入西伯利亞焉。

南中國前臨太平洋之支海——南海，在原始時代，海洋雖有水之沙漠（Wasserwüst）之稱．但文化進步，人類利用海洋，由沿岸航海而進至遠洋航海，此非交通的海岸轉變而為交通的。且隔海之後印度、馬來羣島諸地域，氣候炎熱，物產豐富，生活容易，其自然環境與中亞沙漠高山地方相反對，誘惑之力甚鉅。此我國海洋殖民之盛於陸地殖民也。漢代遣使通南海諸國，晉法顯往印度求法，由獅子國（今錫蘭）經耶婆提（今爪哇）回國，時在四〇一年，此可見我國南海沿岸航路，開通甚早，惟當時有否僑民移殖海外，則不可得而知。嗣後南海交通日便，至唐代之中國人之移住蘇門答臘島及底格里斯河口者，已見諸外人記載。宋、元而後以迄有明，移殖海外者日衆，尤以南洋爲壑。迨歐人東來，遠洋航路大開，而輪船發明，中國僑民更由南洋而遠至美、澳焉。南中國住民之移殖海外者，以閩、粤人占百分之九十五，其自然環境及人文之原因可得而言者：一、廣東、福建與南洋一海相隔，往返頗便。如自福建至呂宋島，不過三百數十海里，利用季候風之力，三日可達，其便利可知。二、中國人因家族觀念及儒教思想，不願棄其祖宗墳墓而遠客他鄉。閩、廣因開化遲，此種思想浸淫未深，且民性慓悍，海盜橫行。對於鄉土觀念甚薄，故人民富於遠遊之心。三、閩、廣海岸曲折，人民與海相習，故視海洋爲坦途。如唐、宋、元、明出征南海，多以爲徵集軍隊之根據地，人民因熟練水師，其習於海外生活，自視爲當然。以上所述，係就中國殖民之地理而言，至於其他動因，則再述之如下。

【中國殖民之動因】　世界殖民之動因，大別之爲非經濟的與經濟的二類。所謂非經濟的，如避免本國宗教上之壓迫及政治上之壓迫，又因傳布宗教擴充政治及軍事的勢力而殖民於國外是也。

所謂經濟的動因，自古以來，爲殖民主要之動力，而在近代其作用尤鉅。在實質的意義上，殖民及殖民地爲地球之開拓，人類居住地之擴張，生產及消費之增進，文化之發展等，一切人類之社會的經濟的生活力及其發展之必然的活動，其動因反應於各時代社會的生產關係，而表現特殊的歷史形態。茲姑就近代殖民最發達時代言之。一、一國人口過剩，爲殖民之動因。封建社會關係破壞，資本主義發展，工商業均資本主義化，農村潛伏之人口，流出都市，更向國外殖民。而殖民地成本國過剩人口之吸收地，緩和人口增加之積極的限制。二、因資本主義化之發展，對於其商品生產市場之擴充，及原料品食料品供給之擴張，亦有殖民之必要。卽殖民地使資本主義發展，且緩和其恐慌是也。又殖民地貿易爲本國資本特別利潤之源泉。因獨占資本之高度發展，殖民地成過剩資本之投資地，更含有重大之意義。不僅此也，本國商品之販路，本國市場需要之原料食料品之生產，及本國人口之移住地，獲取殖民地亦爲其手段之一。故近代列強需要殖地之必然之趨勢也。

此爲世界殖民之動因，但亦未可以之概論中國也。所謂非經濟的動因，宗教的壓迫及宗教的傳布之殖民，實無其事，雖晉、魏、隋、唐間僧侶赴印度求經者，不絕於道，然言其動機，不過求法，言其作用，並無社會的經濟的活動。言其團體，不過個人，雖有數十百人同行者，但不能稱爲社會羣之一部。故就科學之立場言之，此不過個人及團體旅行，不得稱之爲殖民也。政治的壓迫，頗有相當之重要。在上古交通不便時代，國內雖有變亂，人民之避難國外，尙爲困難之事。自東西交通盛行，沿岸航海，人民已視爲常事，故避難海外，成爲殖民動因之一矣。試就中國殖民史全部觀之，人民因國家內亂及由政治犯而移殖海外者，可舉者凡四次。第一次唐代黃巢之亂，避難至南洋，此爲華僑有規模的殖民南洋之始。第二次蒙古入中國，宋遺民之避居南洋，並於海外作政治的活動焉。第三次滿洲入中國，明遺臣之往南洋以及明代海盜之逃往南洋，前者爲南洋華僑在經濟上建設基礎之始。後者且與歐洲相接觸，演成可歌可泣之史實焉。第四次太平天國之失敗，其黨徒亦逃難海外，而移殖之範圍，更由南洋而擴張至美洲。近三十年來，國家內亂頻仍，海外華僑人數之加增，亦其一原因也。至於政治的軍事的擴充之殖民，亦復有之，如元世祖之遠征爪哇，明鄭和之七下西洋，均我國殖民史上之光榮也。

所謂經濟的動因，當然爲中國殖民主要之動因，但其動機及現象，與世界列強逈異，此頗有討論之價值也。所謂人口過剩，鄉村人口流向都市，更流向海外移殖，我國尚未入資本主義階段，此種現象，並不顯著。雖然中國人口密度高，生活難，故移殖海外，已成一般學者之通論。不過按其實際，並不如想像之甚，在中國殖民動因上，並不占重要之地位。試縱觀中國全史，因人口過剩而發生內亂，因內亂而消滅此過剩人口，成一輪迴作用，所謂一治一亂是也。內亂而外，飢饉亦爲消滅過剩人口之一功用，而飢饉又與內亂相關連。此過剩之人口因內亂與飢饉已足消滅而無餘，在國內外交通不便利時代，已無殖民之必要也。自近世海外交通大開，過剩人口，漸移殖海外，但在殖民的各動因中，尚不及其他經濟動因之重要。

中國人口向無正確之統計，近兩世紀人口增加之變遷，據陳長蘅氏之說，乾隆初年（一七四一年）爲一萬萬三千萬，乾隆末年（一七九三）增至三萬萬。嘉慶初年（一七九六年）減至二萬萬七千萬，道光年間（一八二〇年至一八四九年）自三萬萬五千萬增至四萬萬一千萬。光緒初年（一八八五）爲三萬萬七千萬，光緒末年（一九〇六）爲四萬萬三千萬，近年爲四萬萬三千萬人。（註）

（註）見陳長蘅中國近百八十餘年人口增加之徐速及民勢之變遷（東方雜誌二十四卷第十八號）。

至於海外華僑之數，更無數目可稽。據一般估計，在一八七九年爲三百萬，一八八九年爲四百萬，一九〇三年爲七百萬，一九二一年爲八百萬，一九二九年爲一千萬，最近爲七百八十萬。茲將歷年來全國人口與華僑數列表對照如下：（註一）

年份	全國人口數	世界華僑數
一八七九年	三〇六、〇〇〇、〇〇〇（據Rockhill）	三、〇〇〇、〇〇〇（據Reclus）
一八九九年		四、〇〇〇、〇〇〇（據William）
一九〇三年	四二一、〇〇〇、〇〇〇（據王仕遠）	七、三〇〇、〇〇〇（據Morse）
一九〇五年	四三九、〇〇〇、〇〇〇（據王仕遠）	七、六〇〇、〇〇〇（據Gotwaldt）
一九一九年	四四一、〇〇〇、〇〇〇（據陳長蘅）	六、三〇〇、〇〇〇（C. K. Chen）
一九二一年	四三六、〇〇〇、〇〇〇（據郵局）	八、六〇〇、〇〇〇（據MacNair）
一九二三年	四四三、〇〇〇、〇〇〇（據郵局）	八、一〇〇、〇〇〇（據陳達）
一九二九年	四三八、九〇〇、〇〇〇（據海關）	一〇、六〇〇、〇〇〇（據著者）
一九三五年	四五八、九〇〇、〇〇〇（據胡煥庸）	七、八〇〇、〇〇〇（註二）（據僑務委員會）

據此表，則全國人口與移殖海外之人數相比較，其比較率甚小，在本世紀之初（一九〇三年）不過六十分之一，在華僑人口最多時期（一九二九年），不過四十三分之一而已。但此比率不能成立，因在十九世紀以前海外華僑完全係屬閩、粵二省人，自二十世紀以來，亦十分之八九屬閩、粵人。試就閩、粵二省人口而言，廣東在一九一〇年間爲二千七百萬，最近增至三千萬以上。福建在一九一〇年間一千三百萬，最近增至一千四百萬，若以此爲比例，則甚大，但兩省人民之移殖海外，以後述之其他經濟原因爲大。亦不可貿然以人口壓迫下斷論也。

茲再試舉內亂及飢饉，消滅過剩人口之數目，殊令人可驚。茲據柔克義(Rockhill)所徵集之

（註一）此等統計之來源採自 NacNair: The Chinese Abroad. Ta Chen: Chinese Migrations. Williams: The Middle Kingdom. Rockhill: An Inquiry into the Population of China. 社會科學季刊第三卷第四號，南洋研究第二卷第五號，歷年海關貿易册，歷年郵政局所彙編，民國二十三年中國經濟年鑑，(The Chinese Year Book, 1936.) 諸書。

（註二）此數目未將臺灣之日籍華僑列入。

資料，錄其所列表如下：（註）

年份	災害	損失人口
一八四六年	荒年	二二五、〇〇〇人
一八四九年	荒年	一三、七五〇、〇〇〇人
一八五四年—一八六四年	太平天國之亂	二〇、〇〇〇、〇〇〇人
一八六一年—一八七八年	回亂	一、〇〇〇、〇〇〇人
一八七七年—一八七八年	荒年	九、五〇〇、〇〇〇人

此損失之人口，過於海外僑民之全數目，其足消納過剩之人口，可無待討論也。

世界列強近代殖民發達之主因，爲資本主義發展之結果，而我國近代殖民之發達，則爲列強資本主義發展之反應，其原因雖同，而現象迥異。資本主義，一方面以殖民地爲過剩資本之投資地，且因本國商品之販路，本國市場需要之原料食品之生產，努力開拓殖民地，而需要勞動力。中國民

（註）Rockhill, Ibid.

族之耐苦勤勉，適爲最優良之勞動者。各列強殖民地，或強迫或引誘，招致華工，而中國人亦有因謀生關係而自動前往者，此爲近年中國殖民事業發達之主因也。

列強之自中國輸入勞動力，早在自由主義時代。自新世界發現以來，西班牙及葡萄牙殖民南北美洲，在非洲掠取黑奴，前往新大陸從事拓殖事業。同時北美英國殖民地亦輸入黑奴。繼而美國獨立，宣言禁止奴隸之輸入，其後因廢奴問題發生南北美戰爭，結果於一八六五年美國廢止奴隸制度。當時美洲勞動奴隸約四百萬，盡被解放。繼而英法殖民地，及其他諸國亦起而效之，表面上奴隸制度於十九世紀後期，全行廢止。但在熱帶亞熱帶之地域，白人勞動者之移住，殆不可能，各國遂注目於中國。當時中國海禁未開，禁止人民出洋。西班牙及英國利用變相之販買黑奴方式，向南中國招致契約工人，密送新大陸及其他殖民地，此即外人所謂苦力貿易（註）中國所謂販賣豬仔是也。十九世紀之末二十世紀之初，美國加州金礦之開發，馬來半島錫礦之發掘，樹膠之栽培，荷屬東印度之烟草栽培及錫礦等，東西伯利亞之鐵路建築，鑛山之開發，需要勞動力更亟。中國人一方由

（註）Coolie 一字原出塔米爾（Tamil）語 kuli 本爲雇傭者之意，轉而爲中國勞動者之名稱，通譯爲苦力。

國內生活之不安，一方面有海外金山之引誘，其爲華僑移殖最盛時代，固當然之理也。

【中國殖民史期之區分】　中國殖民史期之區分可分爲四期。第一期在十三世紀中葉即宋以前，我國初通海外，是爲中國殖民之初期。第二期在十三世紀中葉迄十五世紀，即元代與明之初葉，中國征服海外各地殖民事業占有優越地位，是爲中國殖民鼎盛時期。第三期自十六世紀至十九世紀之中葉，即明中葉以來迄清之中葉，歐人發現新世界，其勢力東侵，與中國時發生衝突，而中國遂處於失敗之地位，是爲中西勢力接觸時代。自十九世紀以來，爲歐人勢力時代，中國在政治上殖民，完全屈服於歐人勢力之下，但歐洲因開發殖民地，需要勞動力，中國移殖之人數陡增，其殖之範圍擴充至全世界，在經濟上占有莫大之潛勢力焉。

一、中國殖民之初期　中外之交通頗早，紀元前陸路已與歐洲往來，漢張騫、班超屢通西域。據小亞細亞之亞美尼亞史家之紀載，紀元前一世紀，已有中國人移殖該國，其後裔爲巨族，多任該國之要職。海路交通較遲，紀元二世紀，大秦（羅馬）王安敦曾遣使經海道通漢，漢武帝亦遣使通南洋、印度。中日之交通，據中國日本紀載，徐福入海求法，曾抵日本。據日本紀載，中國帝王之後裔同化於日本極多。但嚴格言之，前者屬於神話的歷史，後者由移殖而趨於同化，不得稱之爲殖民耳。

唐宋時中外通商朝貢甚盛，中國使節之往來南海及僧侶之求法印度者，不絕於道。嚴格言之，雖不得曰殖民，而殖民事業，正開端於此時。南洋各島如馬來半島、闍婆（爪哇、）三佛齊（蘇門答剌）皆有中國人移殖，自宋以來，稱南洋之華僑曰唐人云。蒙古滅宋，宋遺民有往海外作復國運動者，故中國人之移殖海外者亦多。

二、中國殖民鼎盛時期　是爲元代及明初葉。元代與海外通商，較宋、元爲盛，其通商區域之在南洋者，遠達香料羣島及地悶島。元世祖曾用兵海外，征占城、爪哇及緬國。據南洋土人記載，謂元世祖曾設行省於北婆羅。此蓋元征爪哇之傳訛。但蘇祿王系由中國女系遞嬗，則有土人王室之譜系可徵。而婆羅洲之地名民族，皆與中國有關，此爲歷史學者所公認者也。

明太祖卽位，對海外主保守主義，不主張侵略，卽朝貢之往來，亦不持積極政策。成祖卽位，一反太祖之政策，遣使赴海外各國，而鄭和之七下南洋，三擒藩王，其功尤偉。鄭和自永樂三年（一四〇六年）至宣德八年（一四三四年），間經歷凡三十餘國，自南洋諸島經印度、錫蘭、阿剌伯而至非洲東岸。第一次航行始於永樂三年（一四〇五年），經爪哇、錫蘭、達古里。歸途時三佛齊中國人頭目陳祖義謀劫之，爲和所擒，歸戮於朝，立中國人施晉卿爲舊港宣慰使。第二次航行，始於永樂五年（一四〇七年），經爪哇、暹羅、至古里、柯枝，經錫蘭島，於七年歸國。第三次即於同年（七年）出發，經滿剌加至錫蘭島，錫蘭王亞烈苦奈兒負固不服，和擒之。又經古里、柯枝、小俱蘭，於九年歸國。第四次於十二年（一四一四年）出發，經蘇門答剌，擒其王蘇幹利，又經古里、柯枝遠至忽魯謨斯，十三年回國。第五次於十五年（一四一七年）出發，經忽魯謨斯、阿丹、木骨都東、卜剌哇、爪哇、古里，十七年回國。第六次航行，出發於十九年（一四二一年），於二十三年回國，此行偕海外諸使回國，故淹留較久也。第七次自宣德五年（一四三〇年）出國，八年回國，乃最後之使節也。當時三保大人之威名，震於海外，其遺聞軼事，迄今猶留於馬來民間。明史亦云：「三保太監下西洋，稱明初盛事」云。

三、中西勢力接觸時期　十六世紀之初，葡萄牙與西班牙最初東來。葡萄牙以滿剌加爲根據地，西班牙則占領菲律賓羣島，同以香料羣島爲目的地。當時中國沿海有倭寇之亂。中國海盜附之。經中國政府之侵伐，其逃亡海外，而在中國殖民史上留其遺蹟者，有張璉之於舊港，林道乾於大泥，林鳳之於呂宋。而與西人直接發生關係者，則有張璉與林鳳。張璉或謂卽西人紀載之 Chang Si-lao（張四老）於一五五七年間出沒於廣東海上，中國官吏乞葡萄牙人之援助，平之，乃以澳門爲酬云。林鳳於一五七五年攻呂宋之馬尼剌，西人死守，始克退之。時中國正遣軍艦追林鳳至呂宋沿岸，西班牙乃乘機要求中國通商。自林鳳戰役後，西人甚嫉視華人，適一六〇二年，中國有遣使至呂宋勘金礦事。西班牙疑中國有侵略意，明年發生大慘殺，華僑被殺者達二萬四千人。一六三九年又發生慘殺華僑之舉，被害者亦達二萬人云。

荷蘭於十六世紀末來爪哇，與葡萄牙競爭，逐漸取葡萄牙而代之。又占領臺灣島一六六〇年鄭成功逐荷蘭人占臺灣，遣使至馬尼剌諭降，因之發生西班牙第三次慘殺華僑事，死者亦達萬人云。一七四〇年，荷蘭嫉視巴達維亞中國人經濟勢力之巨，亦發生慘殺事，被害者達萬人，卽所謂紅河之役是也。數次之大慘殺，中國政府皆未加討伐焉。

自十八世紀以前，歐洲之政治勢力僅及於馬來半島，而後印度諸國，尙保其獨立之情勢，仍在中國殖民勢力之下。乾隆帝數征緬甸，所得者，僅朝貢之虛名。時暹羅爲緬甸覆滅，華僑鄭昭，起而復國，登暹羅王位，亦一人傑也。惜王祚及身而斬，暹人卻克里繼登王位，但亦入貢中國，自稱昭子，易名鄭華，亦一佳話也。同時如河仙之鄭玖，宋卡之吳陽，據地稱雄，壤土雖小，亦俱有獨立國之雛形焉。

四、西人勢力時期　自十九世紀以來，資本主義開端，各國殖民地隨之發達，而中國之移殖民，亦由南洋而擴張至全世界。澳洲、美洲之金鑛發現，檀香山甘蔗之栽培，需要勞力，誘致中國人前往，故美、澳一時成中國人之移殖地，而歐、非亦有其足跡焉。

此期中有二大事件，不可不特誌之者，卽豬仔之販賣，與祕密結會之活動是也。考豬仔之來源，初西班牙人開闢古巴、祕魯，專恃黑奴。後歐洲各國禁止販賣黑奴，而古巴、祕魯缺乏勞工，西人乃異想天開，至中國招募工人，表面上爲契約勞動，而實際上待遇一如黑奴，卽西人稱爲苦力貿易，吾人所謂販賣豬仔是也。馬來半島亦與古巴、祕魯同時，大約起於十九世紀之初葉。一八六〇年以後，古巴豬仔已禁絕，而馬來半島猶盛行，以新加坡爲中心，更輸入蘇門答剌及北婆羅，直至一九一四年，始由海峽殖民地政府下令撤銷云。

祕密結會卽天地會，後稱三合會者。起源於十七世紀，其目的在反淸復明。十九世紀之初，已普遍於南洋各島，遠及美洲。羅芳伯之占領坤甸、葉來之活動於吉隆坡，皆借天地會之力。據英人所述，豬仔貿易，亦爲所操縱。新加坡歷年華人之暴動，皆由天地會而發生。一八五七年沙勞越華工起事，占領首城古晉，一八六二年霹靂鑛工之糾紛，亦天地會所主動者。

在此時期中，華僑南移者人數激增，其故有三：一、淸廷漸弛海禁，准人民自由出洋。二、國內天災人禍，爲謀生起見，不得不外移。三、海外諸國，正在開闢，需要勞工。海峽殖民地總督瑞天咸氏，謂馬來半島之有今日，皆華僑所造成。前沙勞越王不律亦云，微華僑吾人將一無能爲。由此可見華僑在世界近代史上之地位矣。

此時期中，亦有可喜之現象，開近世殖民史上未有之先例者，卽母國與移殖民發生關係是也。政府一變其漠視之態度，而注意僑民問題。華僑於祖國政治，亦極關心，中國革命之成功，海外華僑其主要之功臣也。

但華僑因無強盛之政府爲其後盾，故到處受不平等之待遇，如坎拿大、美利堅則禁止入境，若南非洲澳大利亞則限制入口，其他各國或科以重稅，或強迫同化，前途荊棘，後難方長，如何求自存之道，則我國民之責任也。

本章參考文獻

Morris: History of Colonization.

Chen Ta: Chinese Migrations.

MacNair: The Chinese Abroad.

Steiger, Beyer, Benitez: A History of the Orient.

李長傅——華僑。

小林新作——華僑之研究。

李長傅——南洋華僑史。

李長傅——南洋史綱要。

矢內原忠雄——植民及植民政策。

第二章　中國殖民之初期

第一節　中外交通與中國殖民之端緒

【中國與西亞及歐洲之交通】　本國對外國之通商通使以及旅行，不能決定其與殖民一致，但此種交通——通商通使及旅行，——每爲殖民之先導。設中外交通而無之，則亦無從而殖民也。

中國與西亞及歐洲交通甚早，據希臘古史家希羅多德斯（Herodotos）之說，在紀元前六七世紀，希臘呼中國曰 Seres，希臘語絲之意也。又羅馬名 Serica，亦爲絲之意，故中國有「絲國」之稱。據多利買（Ptolemy）之說，希臘商人，曾來絲都（Sera Metropolis），此絲都在何處乎？或謂長安，或謂天山南路之喀什噶爾，總之在中國西部也。當時希臘赴中國之道路，大概有南北二陸路；

據白鳥庫吉氏之說，(註)一、自希臘經拜占庭(Byzantium 即君士坦丁)渡黑海殖民於克里米半島，近年於該半島曾設見希臘人之遺跡多處。更由此半島東行渡裏海出憂吉思大草原(Kirghiz Steppe)達阿爾泰，此處無高山，亦無沙漠，且沿路又無強敵阻礙，是爲東西交通最便利之路。一、自小亞細亞經米索不達米、安息(波斯)至西域(新疆)，此路地形嶮岨，且有安息人爲梗，通過不易。但自亞歷山大王東征後，此路爲希臘通商要路，如尼羅河口底格里斯河口、錫爾河口、印度河上流，均設立亞歷山大城，多希臘人居住，爲希臘之殖民地焉。

我國之通西亞，較希臘爲後，而以西域爲中繼地。漢武帝欲聯絡月氏，斷匈奴右臂，於紀元前一三八年遣張騫使西域，張騫在外十三年，週歷西域諸國，遠至大宛、大夏，並得悉身毒(印度)、安息諸國事情。而東西交通漸繁。後漢明帝遣班超使西域，征服鄯善(羅布泊附近)、龜茲(庫車)、疏勒(喀什噶爾)、莎車(葉爾羌)諸國，於九四年受漢明帝命任西域都護，駐龜茲，葱嶺以東五十餘國，悉質子內屬於漢。東西往來更繁，班超亦有通歐洲之志願，曾遣部將甘英使大秦(羅馬)甘英

(註)見白鳥庫吉大月氏考(東洋學報二卷一號及三卷一、二號)。

至安息西境之條支臨大海（波斯灣）欲渡。而安息西界船人謂英曰：「海水廣大往來者逢善風，三月乃渡，遲風亦有二歲者，故入海皆齎三月糧海中善使人思土戀慕，數有死亡者」英聞乃止（見後漢書、西域傳）。此為中國與西亞通使之見於史籍者。夏德氏（Hirth）論及張騫之旅行西域，極為重視，以為可與哥倫布之發現美洲相比擬。（註）此以外國學者之見解，未嘗不可，但西域在中國境內若以之作殖民觀則誤矣。雖然中西交通在漢以前業已往來頻繁，則中國商人之西去未嘗無有，或殖民於各地，亦未始非不可能之事。試舉一例以證之，亞美尼亞（Armenia）在小亞細亞東，當五世紀中葉，其國有史家曰摩西（Moses of Chorene）者，謂紀元前一世紀其國王梯格倫斯第六（Tigranes VI, A. D. 142-178）在位時，有外國移民數隊來奔，內有中國人甚多。王使居曲見忒亞美尼亞（Kurdish Armenia）省境內，俾保邊疆。亞美尼亞之世家大族中，考其先世，頗有來自中國者，有奧配亮族（Orpelians）一稱 Jenpakuriani 其先世嘗為 Jen-palsur 即中國之皇帝也。又馬密哥尼族（Mamigonians）代有能人，掌握政權。摩西謂馬氏之來在其生時前二百

（註）Munsterberg: Chinesische Kunstgeschichte 1. S. 50.

年，即第三世紀之初半。波斯薩珊王朝(Sassanian Dynasty)太祖阿爾載細爾(Ardeshir)有子名馬姆康(Mamkon)者犯法當坐，逃至波斯避之。中國人追至，因波斯保護罪人，以宣戰相恫嚇，馬姆康不得已，乃西至亞美尼亞，亞美尼亞國王梯乃代梯斯(Tiridetes)優待之，封以大龍(Daron)省，使馬姆康及所率徒黨居焉。馬姆康即馬密哥尼族之祖先，其來自中國、亞美尼亞各史家皆有詳紀。阿爾載細爾王（二二四—二四〇年）適當我國三國時代，中國國王逃往外國之事不見於正史。但中國人曾殖地於其地，可認爲事實。由此例觀之，想當時中國殖民於西亞者，當尚有他地也。

以上就陸路而言，若論海路，則比較爲遲。大概最初中國與西亞之交通，以印度爲中繼地，據拉克伯里（Lacou Perie）之說：「在紀元前四二五至三七五年之間，由巴比倫人所佔之愛瑟洛(Evythroed)以達中國東海岸之海上貿易，完全操之印人之手。印人大都由馬六甲海峽來中國海岸，輸入印度洋與波斯灣之眞珠等物。(註)中歐通使則始於一六六年，即漢桓帝延熹九年，大秦王安敦（Marcus Aurelius Antonimis）遣使至中國，即後漢書、南蠻、西夷傳「自日南徼外獻

(註) De Lacou Ferie: Western Origin of the Chinese Civilization, p. 386.

象牙犀角、玳瑁，始一通焉，」是也。其東來之路徑如何乎？後漢書「永寧元年撣國王雍由調，復遣使者，詣闕朝賀，獻樂及幻人能變化，吐火自支解易牛馬頭，又善跳丸，數乃至千，自言我海西人，海西卽大秦也，撣國西南通大秦。」撣國卽 Shan States，所獻之幻人卽大秦人是也。又三國志魏書引魏略有云：「大秦道既從海北陸通，又循海而南與交趾七郡外夷通。又有水道通益州永昌，故永昌出異物。」大秦使臣東來中國之路，據玉爾氏（Yule）之考據，大概自羅馬之屬地波斯灣東航，經獅子國，更沿印度東海岸至伊洛瓦底江（黑水）口今之白古(Pegu)附近（希臘人稱 Chryse 有金島之義）折而南環航馬來半島至安南（日南），或溯伊洛瓦底江而北出永昌而入中國。此後，大秦使者屢來中國，此歐人東來之路也。至於中國人之西航，始於何時，無史實可徵，但據阿剌伯學者之說，在五世紀前半，曾達波斯灣頭。(註) 至於有否殖民事業可言，則不可考矣。

【中國與南洋之交通】 中國之通南洋，以海道爲主，略與大秦使者之迴航馬來半島而東來同時。後漢書地理志「自合浦、徐聞南入海得大州，東西南北方千里，武帝元封元年，略以爲儋耳、珠

(註) Reinand: Relation des Voyages, pp. 35-36.

厓郡……自日南障塞、徐聞、合浦，船行可五月，有都元國。又船行可四月，有邑盧沒國。又船行可二十餘日，有諶離國，步行可十餘日有夫甘都盧國，船行可二月餘有黃支國，民俗略與珠厓相類，其州廣大，戶口多，多異物，自武帝以來皆獻見。有譯長屬黃門，與應募者俱入海市明珠，璧流離，奇石、異物，齎黃雜繒而往。所至國皆稟食爲耦，蠻夷賈船，轉送致之。亦利交易，剽殺人。又苦逢風波溺死。不者數年還，大珠至圍二寸以下。平帝元始中，王莽輔政，欲燿威德，厚遺黃支王，令遣使獻生犀牛。自黃支船行可八月到皮宗，船行可二月，到日南象郡界云。黃支之南，有已程不國，漢之譯使自此還矣。」設儋耳珠崖郡之大洲爲海南島，徐聞、合浦在今廣東境，日南、象郡在今安南境，此人所週知者。漢使所至之地市明珠（卽眞珠）璧流離（一作吠瑠璃爲梵語 Vardurya 之對音，阿剌伯文作 beulaur 拉丁文作 beryllos 英文作 beryl 皆出梵文，隋唐以後，與玻璃 glass 相混，漢代則指寶石之名），奇石，又使獻生犀牛，其爲馬來羣島及印度一帶可無疑意。但漢使所通諸國何在乎？據藤田豐八氏之考證，（註）都元國在蘇門答剌北岸，自合浦、徐聞至此，船行約五月。自此再船行四月至邑盧沒國，

（註）見藤田豐八前漢に於ける西南海上交通の紀錄（東西交涉史の研究南海篇。）

約在緬甸一帶，可想像而得。藤田氏以爲在緬甸之南部沿海之白古（Pegu）附近，卽 Rahmanya 地方。謎離國顏師古以謎字註音士林反，但確定何在，無從考定。夫甘都盧國約在今伊洛瓦底江上流之東吁（Tagaung）附近，現今其遺跡所在，所謂舊蒲甘（Pugan），卽前漢之夫甘都盧（Pugaudhara）是也。但從海上來之漢使何以深入內地乎？考之當時西亞及印度之商使赴中國者有二途：一自緬甸起陸入雲南，一繞馬來半島至日南，已如上述。而溯伊洛瓦底江而上，比繞航馬來半島爲便，故漢使北入蒲甘，並非意外之事也。又漢書地理志謂自夫甘都盧國船行二月餘至黃支國，其民俗略與珠厓相類，其洲廣大，戶口多。且平帝元始間，黃支國獻生犀牛。又漢書王莽傳亦有「莽既致太平，北化匈奴，東致海外，南懷黃支」之語，則黃支爲漢朝所通極南之大國，不言可知。考黃支卽唐書之千支弗（正作干支弗），千支弗爲達羅毗荼國之建志補羅，卽今之（Conjevoram）。三藏法師傳謂建志補羅距僧伽羅（Sinhala 錫蘭島）航行三日程，爲南印度之海口。漢書黃支之南，尚有已程不國，此國在今何處，尚未能確定，或謂卽印度買索爾之 Kitthipura，今之 Kutur 云。皮宗（Pulaw Pisan）則在蘇門答剌沿岸。據此卽當時漢使已經馬來羣島達印度。但其所乘者，非本國船隻，所謂「蠻夷賈船，轉送致之。」則所乘者爲海外各國船，且爲片斷的航程，自印度至中國，似尙無直接航線也。

此中記載不能覓出中國殖民之象跡，但漢書謂：「漢使所至國皆稟食爲耦，蠻夷賈船，轉送致之，亦利交易剽殺人。又苦逢風波溺死，不者數年來還。」則中國人之赴南洋者，當不僅使臣，若商賈如遇風暴而留居其地，亦不能定爲必無之事也。

漢使通南洋之前，中、南業已交通，前述拉克伯里氏之說，紀元前四二五—三七五年間，印度人已由馬六甲海峽入中國，而輸入印度洋與波斯灣之眞珠。則漢使之求明珠，或受印度商人之影響，亦未可知。

吳孫權時，遣宣化從事朱應中郎康泰通海南諸國，其所經有百數十國，因立紀傳。（梁書諸夷傳）所著有吳時外國傳、扶南傳等今已佚，故無從知當時事情。惟晉高僧法顯，由陸路赴印度求經，由海道歸國。其所著佛國記，曾記其歸程云：「自多摩梨帝海口到獅子國……住二年，更求得彌沙塞律長阿含雜阿含，復得一部雜藏，悉漢土所無。得此梵本已，卽載商人大船，東行二日，更値大風，晝夜十三日，到一島邊，補塞船漏，於是復前。凡九十日許，乃到一國，名耶婆提，其國外道婆羅門興盛，佛法不足名。停此五月日，復隨他商船，以四月十六日發東北行趨廣州。一月餘日夜，遇黑風暴雨，客悉惶怖。諸婆羅門謂載沙門不利，議投法顯海島，會有阻之者獲免。時天氣連陰，海師誤向，經七十餘日，糧食水漿欲盡。商人議言常行可五十日便到廣州，今已過日，將無僻耶。卽便西北行求岸，又十二日到長廣郡界牢山南岸。……法顯住一冬一夏，夏至訖，遂便南下，向京都。……是歲甲寅晉義熙十二年。……」多摩梨地（Tamaralipti）今 Calcutta，耶婆提卽爪哇，梵音作 Djawa dvipa。（註）

其行程殆由錫蘭島東行，經尼古巴羣島（Nicobar Is.）修船後復東行，經巽達海峽至爪哇，再由爪哇回廣州，過風而至山東今青島附近上陸，此為四一六年事。佛國記謂耶婆提其國外道婆羅門興盛，佛法不足名。所謂外道者，指巽達人，婆羅門指婆羅門徒，與爪哇史事吻合。至於耶婆提是否有中國人移殖，同舟商人是何國籍，都未述及。蓋法顯一心為法，不及其他也。然據其所述，耶婆提廣州

（註）耶婆提卽唐代之闍婆，今爪哇島，或謂在馬來半島或蘇門答剌非也。詳見拙著讀闍婆非爪哇考（南洋華僑史附錄）。

間有商人往來，常程五十餘日，則華人之往來於中、南間者，當不僅法顯一人已也。

【中日之交通及殖民之傳說】中日兩國一海相隔，其交通甚便。據論衡所記，遠在成周之初，道家謂在黃帝時，史記謂在秦代，都不可盡信。關於中國人移殖之傳說，最噲炙人口者，即徐福說是也。據史記秦始皇二十八年（元前二一九年），齊人徐福（一作徐市），上書言海中有三神山，名曰蓬萊、方丈、瀛州，仙人居之，請得齋戒，與童男女求之。於是遣徐福發童男女三千人入海求之而不返。日人附會，以為三神山即日本。大日本史曰：本朝通鑑七十二年（孝靈天皇時，紀元前二一九年）秦人徐福來。神皇正統記曰：秦始皇好仙求長生不死之藥於日本，日本求五帝三皇書，始皇贈之。今日日本之和歌山縣之新宮町，有新宮山，山下有徐福墓。據日人傳說，徐福初至地在新宮東北七里（日里）許，地名秦須。徐福之子孫多姓秦，維新後始改他姓云。（註）此均係附會之說。中日交通之信史，當始於漢代。漢書地理志，樂浪海中有倭人，分為百餘國，以歲時來獻。樂浪為漢武帝滅朝鮮所設四郡之一，包括今平安道之南路，黃海道及京畿道之北部。中日之交通，大概由朝鮮南部，沿西

（註）黎庶昌訪徐福墓記（小方壺齋輿地叢鈔）。

海岸遼東半島至漢，乃沿岸航海也。後漢書東夷傳曰：「倭在韓東南大海中……凡百餘國……其大倭王居耶馬台國……建武中元二年，倭奴國奉朝賀，倭國之極南界也，光武賜以印綬。」據三宅米吉氏之說：極南界爲極西界之訛，因西字古作卤，易相混也。倭奴國爲倭之奴國之意，卽在古筑前國內之儺縣地方。日本天明四年（一七八四年）筑前國志賀島（卽古儺縣所在地，）農夫掘地得金印，刻「漢倭奴國王」五字。卽後漢書光武帝所賜日本（倭）儺縣主（奴國王）之印也。(註)三宅氏將倭國與奴國分開，此爲日本自尊之心理，姑不俱論，但漢代中日交通已成信史，則中國之殖民日本當亦始漢代矣。

據大日本史氏族志及中外經緯傳所載，自三國以來，中國人之歸化者不少，多爲中國帝王之後裔。如仲哀天皇八年（一九九年）歸化之功滿王，應神天皇十四年（二八三年）來投之功滿王之子融通王（弓月君，）同爲秦人。至仁德天皇賜姓秦，其族之分出者有惟宗、朝原、時原、高尾、河勝、已智、山村、島津諸氏。應神天皇二十七年（二九六年）時，漢靈帝之裔阿知使主、都加使主，率十

(註)三宅米吉漢倭奴國王印考（史學雜誌第三編第三十七號）。

七縣之民歸化。阿知使主之子孫，成倭文首之紀錄官。坂上、山口、平田、佐太、小谷、櫻井、畝火、路、鞍作、池邊、井上、林、長尾、大藏等諸氏，由此分出。其所率來中國人之後，成高向、評、民、刑部、坂合部、檜前、調、佐波多、長幡部等氏族，攝津、三河、近江、播磨、阿波等漢人。以傳入儒教知名之王仁，爲漢高祖所出，鸞王裔王狗之孫。以河內文首之文筆，歷仕於朝廷。其族有武生、櫻野、淨野、古志、栗栖、高道、下日佐諸氏。雄略天皇之朝（四五七年—四七九年），魏文帝之後裔安貴公，率四部之衆來投，其子辰貴，長於繪畫，至天智天皇之朝（六六二年—六七一年）其後裔賜姓倭繪師。其族成高臼、郡、幡文、河原、平松、廣階、野上、河內、雲梯、上民使、大崗、筑紫、御杖諸氏。又吳孫權之後，稱牟佐氏，其分支者有峯田、深根諸氏，有身狹青者，得雄略天皇之信任。尚有吳主照淵（何人不詳，或謂係南北朝時之梁主蕭衍）之孫智聰，於欽明天皇（五四〇年至五七一年）時來日，獻藥書，其子善那，於孝德天皇（六四五年—六五四年）代獻牛乳，賜姓和藥工氏。視部氏之祖，爲吳人田利須口。赤染氏、常世氏之祖，爲燕主公孫淵之族。此等紀錄，近於附會，但漢人之移殖日本，多在三國以後，可以證實，惜由歸化而趨於同化，不得謂之殖民耳。

【中國人最初發現新大陸說】 首創此說者金勒氏，於一七六一年發表論文美洲海岸中國人航跡之尋究（Recherches sur les Navigations des Chinois du Côte' de I'Amerique），其根據之文獻，爲梁書諸夷傳：「文身國在倭國東北七千餘里……大漢國在文身國東五千餘里……扶桑國者，齊永元元年（四九九年）其國有沙門慧深來自荊州，說云扶桑在大漢國東二萬餘里。地在中國之東，其土多扶桑木，故以爲名，扶桑葉似桐，而初生如筍，國人食之，實如梨而赤，績其皮爲布，以爲衣，亦以爲綿（錦。）……有文字，以扶桑皮爲紙。……其國法有南北獄，若犯輕者入南獄，重罪者入北獄。……在北獄者，男女相配，生男八歲爲奴，生女九歲爲婢。……貴人有罪，國乃大會，坐罪人於坑，對之宴食分訣，若死別焉，以灰繞之。……名國王爲乙祁，貴人第一者爲大對盧，第二者爲小對盧，第三者爲納咄沙，……有牛角甚長。……車有馬車。……多蒲桃。……其俗舊無佛法，宋大明二年（西紀四五八）罽賓國嘗有比丘五人遊行至其國。流通佛法經像，教令出家，風俗遂改。」

金勒氏之說，倭國爲日本，在倭國東北七千餘里之文身國，當爲北海道蝦夷地方，因彼等文身，故稱爲文身國。在文身國東五千餘里之大漢國，殆卽今之堪察德加。而在此更東二萬餘里，在中國東方之扶桑國，則不得不於北美大陸求之，以扶桑國之物產紀載，大致與北美之墨西哥相合也。

金勒氏之新說，頗引起當時之注意。有克拉卜洛特（Klaproth）曾反對之。克氏於一八三一年發表論文「中國紀載上之扶桑國認爲亞美利加的一部之研究」(Recherches sur le pays de Fou Sang mentions dans les livres Chinois et prismal a propos pour une partie de l'Amerique)。其反對之要點，係據中國紀載，稱扶桑國有馬，兼有葡萄，而美洲則無此等動植物，蓋二者均係西班牙人發現新大陸後所輸入者。克氏則以大漢國爲庫頁島云。

一八七二年有威寧（Wining）者，發表一書，名無名之哥倫布（An Inglorious Colombus）。贊同金勒氏主張扶桑之在墨西哥，而其學說更比較詳細，其對於克拉卜洛特之反駁，並有詳細之解釋。

威氏謂梁書中之倭國爲日本，與他說相同。但謂倭國東北七千餘里之文身國，相當於阿留地安羣島之哀斯基摩族住地。而文身國東五千餘里之大漢國，則相當於北美西北部之阿拉斯加(Alaska)。復就距離與方位推之，則大漢國東二萬餘里，而在中國（以荊州爲中華之中心）東方之扶桑國，決爲墨西哥。以梁書上所紀扶桑國之風物。大體與古代之墨西哥相合也。彼關於梁書紀事解釋之要點：

一、所謂扶桑木，卽墨西哥古時有所謂龍舌蘭(Maguey-Agave=century-plant)之植物，爲其地之特產，到處滋生，高達三十六尺，而爲墨西哥人日常不可缺之必需品，若飲料若食料若衣料以及其他用品之材料，幾無不仰給於玆。

二、有文字，古代墨西哥人大概盛用象形文字，其發達之程度，殆足匹華人之用漢字云。

三、其國法有南北獄，若犯輕者入南獄，重罪者入北獄。此與墨西哥之古俗相同。

四、在北獄者男女相配，生男八歲爲奴，生女九歲爲婢。當西班牙人到新大陸時，墨西哥奴隸所生之子女雖已得解放，而在昔時則視若輩兒女與奴隸同，與他國無異也。據西班牙人之記載，墨西哥童奴年齡男七歲女則八歲也。

五、貴人有罪，國乃大會，坐罪人於坑，對之宴飲，分訣若死別焉，以灰繞之。墨西哥各村有設於地下之公會堂，舉凡宗教上政治上或裁判上之重大事件，皆集會於斯，以處置之。以灰繞之之刑，卽當西班牙人西航時亦尙有之也。

六、有牛角甚長，自墨西哥北部以至今合衆國南部，爲古來偉大野牛所棲息，此牛有長角，所謂角牛，疑卽指此也。

七、多蒲桃，亞美利加之蒲桃，係由班人從歐州輸入者。但在班人未至以前，新大陸亦有野生葡萄，而結佳果，亦爲植物學家所一致公認者。

八、有馬車，馬與葡萄同爲由西班牙人所輸入者，但動物學者根據各地所發見之遺骨，則謂美洲在遠古時亦有馬屬之存在。當班人到新大陸時，雖馬已絕跡於此地，然在千年前之慧深時代，馬或存在，亦未可知。或者慧深以其他動物如 tapir 之類，而稱之爲馬，亦未可知也。

九、其俗舊無佛法，宋大明二年，罽賓國嘗有比丘五人遊行至其國，流通佛法經像，教令出家，風俗遂改。據美洲古代傳說，當五世紀時，彼土亦傳入新教，其教義有如左：一、不近婦人之獨身主義。二、禁酒主義。三、禁慾主義。四、茹素主義。五、苦行主義。六、和平主義。七、退隱主義。凡此諸點，似頗帶佛教之色彩。

又此等傳入新信仰於美洲之偉人，據土人傳說有懷克西剖康格（Wixipecocha）與朱智兒康脫爾（Luetzaltcatl），後者爲墨西哥古語「可敬的外來人」之意。斯二名，或墨西哥人所以稱爲慧深比丘(Hwut-Shin Bikshu)之譯音，亦未可知。墨西哥東南海岸之密克思忒加(Mixteca)地方，稱教主爲忒薩迦(Tay-Sacaa) 土語「忒」意爲人，薩迦則土語不詳，或謂釋迦之或釋子之譯音也。其他墨西哥各處及附近所發見之古代刻像，亦大有類似佛像云。

一九〇一年七月發行之海潑爾月報(Haper's Monthly Magazine)中有加里佛尼亞大學教授傅雷(Fryer)發表其「哥倫布千年前發見新大陸之佛教徒」(The Buddhist Discovery of America a Thousand Years Before Columbus)論文，其內容盡與威氏相同，而且時似引用威氏之說云。

近年希勒格（Shlegel）之扶桑國（Le pays de Fou-sang）論文，推定扶桑國之爲庫頁島，據其說，扶桑木卽庫頁之一種樹木名 Ats'ni，爲楮 Broussonetia 之一種，可以造紙。南獄蝦夷語名 Hikata rochiy'e，北獄蝦夷語爲 Miatus rochiy'e，長角牛爲庫頁之馴鹿，慧深亦謂扶桑有鹿車。希氏又據梁四公記之扶桑蠶，爲庫頁野蠶之一種。總之，其說比之威尼之說，其理由亦未必充分。故中國人發現美洲之說，姑存之以待考證焉。

本節參考文獻

Wining: An Inglorious Columbus, Evidence that the Hwai Shan and a Party of Buddhist Monks from Afghanistan Discoveed America in the XV Century

Hirth: China and the Roman Orient.

Yule: Oldest Sea-route to China, 1882.

前漢書、後漢書、三國志。

法顯——佛國記。

張星烺——中西交通史料匯編。

藤田豐八——東西交涉史之研究（南海篇、西域篇）。

向達——中外交通小史。

木宮泰彥——日支交通史（陳捷漢譯本名中日交通史）。

秋山謙藏——日支交涉史語。

希勒格——中國史乘中未詳諸國考證（馮承鈞譯本）。

第二節　中外通商之發達及中國殖民之開始

【唐宋時代外國通商情形】唐代與外國互市，分陸海二路。陸路之互市，有互市監掌之，禁中外人民私相交易。通例交易之馬、駱駝、驢、牛等，各分其色及齒（即年），申告所屬州府，由州府上呈太僕寺，太僕寺遣官吏收之，送往首府。當時西方諸國之商人，來河西諸郡（甘肅省西部）交易者，凡四十餘國。德宗建中元年（七八〇年）居留西安之外人達四千餘家之多。中國商人之往西域，印度貿易者亦不少。其往來之商道，係由陝西、西安經甘肅，沿新疆塔里木河以達西亞云。

唐亡五代遞興，干戈紛紜，外國通商無足述者。宋承五代亂世之後，邊疆不靖，戰爭頻仍，以禁絕互市，爲馭邊良法。且九世紀末東薩拉森王國發生內亂，波及西亞一帶，陸路貿易爲之阻礙，故終宋之世，對外通商，僅以海路爲主。

海路之互市，行於南方諸海港，政府置有提舉市舶司掌之，以徵其關稅。其商路自馬來羣島向西，經錫蘭島入波斯灣，或沿阿剌伯之海岸，以達紅海，皆爲中外商人往來之航路。其時在中國之外商有阿剌伯人、波斯人、猶太人，尤以阿剌伯人爲多。唐中葉以後，阿剌伯人之在廣州、泉州、杭州、揚州者頗多，唐於其地設市舶司，其長官稱市舶使，徵收關稅，爲歲入之一大財源。而當時來航之外國船則有波斯船、獅子國船（一稱錫蘭船）、婆羅門船、交趾船、崑崙船（註）、西域船等。南方諸海港，以廣州爲最繁昌。當時印度人呼爲支那（又長安則稱摩訶支那，乃大支那之意），阿拉伯人則稱爲 Khan-fou，卽廣府之譯音也。唐李肇唐國史補有云：「南海舶，外國船也。每歲至安南、廣東，獅子國船最大，梯而上下數丈，皆積寶貨。至則本道奏報，郡邑爲之喧闐，有蕃長爲主領，市舶使藉其名物，納舶腳，禁

（註）崑崙山爲安南海上一小島，土名 Palu Condore。但中國史書所謂崑崙國，實指南洋之大部分馬來族之居住地，十三世紀以後始專指 Condor 島見 Ferend-Le K'ouen-Louen（馮承鈞譯崑崙及南海古代航行考）。

珍異，蕃商有以斯詐入牢獄者。」此可見其盛況。唐韓愈送鄭尚書序（穆宗時工部尚書鄭權赴任嶺南節度使，韓愈作序文送之，見唐宋八家文卷四）亦記廣州之繁盛「外國之貨日至，象犀、玳瑁、奇物溢於中國，不可勝用，故選帥常重於他鎮。」直至唐末僖宗乾符五年黃巢之賊徒，攻掠廣東，當時居留於廣府之外國人回教徒（猶太人、阿剌伯人）基督教徒（即景教徒）及祆教徒（波斯人）共十二萬人，皆被屠殺，一時廣州之繁昌為之衰落。此黃巢之事跡，據阿剌伯人 Abou Zeyd 之紀載，作 Banshoa（註一）即黃巢（Hoang-Chao）之轉訛也。

當時海陸兩路輸入之商品及貢品（實即商品之變相）有象牙、犀角、沈香、丁香、安息香、瑠璃、寶石、白檀、吉貝（木棉）（註二）布匹、香油、薔薇水、鸚鵡等。輸出品及賞賜品有金、銀、綢、磁器、雜貨等。而拂菻（即東羅馬在西亞之屬地）之入貢品有底也伽者，為 Theriaca 之訛譯，其中有混入阿片之說，即中國人在唐代在不知不覺間已染有吸雅片之習云。

（註一）Reinaud: Relation des Voyages T1, pp. 63-64.

（註二）吉貝梵語 Karpasi (cotton) 之轉訛，或誤書作古貝。

宋初指定廣州、明州（浙江寧波、）杭州爲對外商港，設置市舶司，徵收關稅，管理對於貿易一切事務。在宋時代，亦以廣州爲繁昌廣州所收之關稅占全國關稅十分之九以上。自北宋末以迄南宋，泉州對外貿易漸盛。泉州通商後約四十年宋南渡遷都杭州，名曰行在，外人紀載之Khinzai卽其譯音也。泉州因近行在，是以占有地利，且南渡而後，經費困難，一切倚辦海船，特爲國用大宗，故其貿易有長足之進步，漸與廣州相頡頏。迨至元代，已駕廣州而上之，馬可孛羅遊記之剌桐城（*Zay-ton*），卽指泉州也。

宋時海外貿易，亦操於阿剌伯人之手，其通商路大抵自波斯灣頭出發，經印度、錫蘭及馬來半島至中國。依季候風航行，因途中經過各地，大概需一年之時日。外國商人居留於各商港者，其居留地曰蕃坊，設有蕃長，由中國任命。宋朱彧萍洲可談曰：「海外諸國人聚居之所，中置蕃長一人，管理蕃坊公事，以及招邀蕃商入貢之事。」又謂「蕃人有罪，詣廣州鞫實，送蕃坊行遣」此蕃長猶之現在中國之領事而有治外法權矣。外商在中國有居留數十年，滯留數世者，其出生中國者，名曰土生蕃客。阿剌伯婦女亦有往來中國者，有波斯婦菩薩蠻之名，宋之官吏有與大食人雜婚者，大食人之仕於宋者，往往致鉅富，尤以蒲姓爲多，有蒲壽庚者，曾任泉州市舶司者三十年，宋亡降於元云。（註）當時主要商品，據宋會要及宋史食貨志所載，有金銀、緡錢、鉛錫、雜色帛、磁器、市香藥、犀象、珊瑚、琥珀、珠琲、鑌鐵、鼊皮、玳瑁、瑪瑙、車渠、水精、蕃布、烏樠、蘇木等物云。

中國與日本之交通，以隋、唐二代最盛。日本所謂遣唐使，自六〇七年（隋煬帝大業三年）日本小野妹子之使隋，至八三八年（唐文宗開成三年）止，約二百三十年間，遣發凡十六次。使臣而外有學僧留學生及船夫等，一行之數至少時不下二百人，多至六百人以上者。此等遣唐使船，大概自難波津發船，經博多津至肥前之値嘉島，橫斷東海，直航長江口諸港，大多至揚州、蘇州、杭州、明州等地上陸。日本之來中國者，以僧侶爲多，其對日本文化上之供獻極大。此就國家之使節而言，至私人之往來亦繁，中國及南洋之貨物，輸入日本者亦不少。自日本宇多天皇寬平六年（八九四年）遣唐使以事廢止，直至平淸盛與宋交通時，三百五十年間，日本持瑣國政策，國家之使節船，殆完全中絕，但中日通商，並未停止。京都之東西市，攝津之難波，均置鴻臚館，專安置蕃客，筑紫之太宰府亦

（註）詳見桑原隲藏——蒲壽庚の事蹟。

置筑紫館，當時之日本國外貿易有官府獨占之勢。

唐末天下大亂，加以五代十國之紛爭，中日貿易，一時不振。宋代中日往來，不過僧侶客商而已。但南宋以來，交通漸繁，而與明州貿易頗盛云。

【海外航路及船舶】　自八世紀之初，以迄十五世紀之末，自西亞至中國之航路及商業，均操之阿剌伯人之手。自波斯灣頭航往中國之航路，據阿剌伯人 Ibu Khordâdbeh 與 Idrysy 及 Soleyman 之紀載，(註) 即自波斯灣之夏臘（Siraf）出發，經過阿剌伯之岬角麻蘇禍士（Mascat）出大海，作一直線，至印度河口，折而南，沿麻拉巴海岸至故臨（Quilon），迴航錫蘭島，沿印度東海岸至奧利薩附近，至伊洛瓦底河口之白古（Pegu），沿馬來半島南下，經蘇門答剌出暹羅灣，經林邑（占婆）達廣府。

新唐書地理志載廣州通海夷道，記自廣州至波斯灣之海路。其文係自賈耽之皇華四達記抄錄者。皇華四達記係唐德宗貞元年間（七八五年至八〇四年）所作者，比之 Ibu Khordâdbeh

（註）見 Sprenger: Die Post-und Reiserouten des Orients.

之紀錄，尚早五十年，其所記之路程，亦與阿剌伯人之紀載相合，茲錄之如下：（註）

「廣州東南海行二百里至屯門山，乃帆風西行，二日至九州石。又南二日至象石。又西南三日行，至占不勞山（Cap Varella），山在環王國（卽占城）東二百里海中。又南二日至陵山。又一日行至門毒國（歸仁附近），又一日行至古笪國（Kanthara 今衙莊），又半日行至奔陀浪洲（卽賓童龍 Panduranga 今 Phanrang），又兩日行到軍突弄山（Palu Condore 卽崑崙山）又五日行至海硤（卽滿剌加海峽），蕃人謂之質，南北百里，北岸則羅越國（卽羅斛今暹羅），南岸則佛逝國（卽室利佛逝今蘇門答剌）。佛逝國東水行四五日至訶陵國（今爪哇），南中洲之最大者。又西出硤三日，至葛僧祇國在佛逝西北隅之別島國人多鈔暴，乘舶者畏憚之。其北岸則箇羅國（Kalah），箇羅西則哥谷羅國。又從葛葛僧祇四五日行，至勝鄧州，又西五日行至婆羅國，又六日行至婆國伽藍州，又北四日行至獅子國（錫蘭島），其北海岸距南天竺（南印度）大岸百里。又西四日行經沒來國（Malabar），南天竺之最南境。又西北經十餘小國至婆羅門西境，又西北二

（註）地名考證據馮承鈞譯伯希和交道印度兩道考。桑原隲藏波斯灣の東洋貿易港に就こ（東西交通史論叢。）

日行至拔颶國，又十日行經天竺西境小國五，至提颶國（Daibul）其國有彌蘭大河（Mhiran），一曰新頭河（Sindhu 卽印度河），自北渤崑國來，西流至提颶國北，入於海。又自提颶國西二十日行，經小國二十餘，至提維盧和國，一曰羅和異國，國人於海中立華表，夜則置炬其上，使舶人夜行不迷。又西一日行至烏剌國（Obollah）乃大食國之弗利剌河（Fural 今 Shatt ul Arab），南入於海。小舟泝流二日至末羅國（Bassra），大食重鎭也。又西北陸行千里至茂門王（Momenin 信徒之意）所都縛達城（Bagdad）。

自中國至大食航程日數，據 Ibu Khordadbeh 及賈耽之說，大體一致，卽總計需九十日也。同時尚有阿剌伯人 Soleyman 之紀載，則共需一百三四十日，卽自波斯灣之 Siraf（唐書作夏臘）至南印度之 Koulam（宋史之故臨元史之俱藍），共須四十日，自 Koulam 至馬來半島之 Kalah（唐史之箇羅宋史之古羅）約須一個月。自 Kalah 至中國之 Khanfou（廣府），約須七十日，此一段未免太大，夏德及柔克義作爲三十四日，則合計亦爲百日也。但中國大食間之航程，所謂九十日至百日者，當然以順風爲標準，且中途停泊日期除外。是以實際之日期不下數倍。

據宋周去非之嶺外代答，本年冬自廣州開船約四十日達藍里（蘇門答剌西北端）約四十日，於此營貿易，避夏季之西南風，翌年各利用東北風經故臨國至大食，卽貿易船自廣州至大食，普通需一年以上，卽往返經二年矣。

又據嶺外代答之紀載，宋代中國商船欲往大食，必自故臨易小舟而往。又云：「大食國之來也，以小舟運而南行，至故臨國，易大舟而東行。」卽晚宋時代，大食商人之東航者，多便乘中國船也。又據阿剌伯人記載（註）在十世中葉，自波斯灣之 Basrah （末羅國）東來之船至 Kallah（古羅）換乘中國船。但再前溯至黃巢亂事以前，則中國船直航波斯灣之 Siraf （夏臘）、Oballah（烏拉）、Basrah（末羅）諸港。而此等地方之商船，亦直航中國也。

往來中國之商船，普通稱市舶，又稱互市舶，其名稱如下：

南海舶（唐國史補）　番舶（新唐書）

西南夷舶（新唐書）　波斯舶（大唐求法高僧傳）

（註）Macoudi: Les Prairies d' or, T. I, p. 308.

崑崙舶（唐大和上東征傳）　崑崙乘船（舊唐書）
西域舶（舊唐書）　蠻舶（舊唐書）
海舶（梁書）　南蕃海舶（癸辛雜識）
婆羅門舶（梁書）　獅子國船（唐國史補）
外國船（南史）

此等船均係外國船，中國船未列入。當時各船之大小構造，據唐玄應一切經音義「（舶）大者長二十丈，載六七百人。」唐李肇唐國史補「南海舶，外國船也，每歲至安南廣東，獅子國船最大，梯而上下數丈，皆積寶貨……舶發之後，海路必養白鴿爲信，船沒則鴿雖數千里亦能歸也。」可知其已用鴿通信矣。又萍洲可談「舟師……夜則觀星，晝則觀日，陰晦觀指南針。」可知其時航海已利用羅針盤矣。

此等船均係帆船，航行利用季候風（一作季節風），季候風本阿剌伯字作 monsoon，爲亞洲南部之定期風。是以自印度以東來交州廣州之貿易船，大抵在五六月之交。萍洲可談「船舶去以十一月十二月就北風，來以五月六月就南風。」即指此也。

【朝貢與通商之關係】 朝貢關係在中外交通史上占重要之一部。試觀正史外國傳，所謂海外諸國十分之八與中國有朝貢關係者。大概大陸諸國朝貢中國最早，西域諸國，自漢以來，屢成內屬。安息王滿屈（Pakor II）於漢和帝永元十三年（一〇一年），入貢，獻獅子及條支大鳥。北魏時亦入貢中國。唐代曾設置波斯都護使。大食國（阿剌伯）亦於唐高宗永徽六年（六五五年）入貢中國。海上諸國以漢武帝通黃支諸國爲最早，所謂自武帝以來皆獻見是也。宋元嘉五年（四二八年）獅子國王刹利摩訶南（Raja Mahanaana）遣使奉表來獻。又同時元嘉（四二四—四五三年）孝建（四五四—四五六年）間訶羅單國（宋書訶羅單沿闍婆洲）闍婆婆達國（爪哇）干拖利槃皇（Pahang）槃達（Battak 卽室利佛逝）均入貢。梁隋二代頓遜（馬來半島）丹丹（Natuna）婆利（Bali）赤土（暹羅南部）均入貢。唐代之入貢者除隋代諸國外，尙有室利佛逝（舊港）、訶陵（爪哇）諸國。宋代之入貢者加入麻逸（Mait 在菲律賓羣島）三佛齊（卽室利佛逝）、闍婆（爪哇）、渤泥（Biunei）遠至波斯灣之勿巡（Sohar, Mezoen）非洲東岸之層檀國（卽諸蕃志之層拔 Zanguebar）云。

所謂朝貢者，即外國君主，遣使稱臣入貢，獻方物。中國政府祇須其奉中國正朔，業已認爲滿足，不復干涉其內政也。此殊不足以言殖民，然朝貢之動機，表面上似乎係蠻夷仰慕上國，爲中國武威文化影響之結果，實則其動機尙爲經濟也。蓋朝貢使之至，多攜遠方土物，中國受之，亦必例有賞賜，雖非金錢之交易，而其爲貨物之交易則一也。馬端臨文獻通考曰：「島夷朝貢，不過利於互市賜予，豈眞慕義而來，」誠中肯之言也。其甚者，陽托入貢之名，陰行貿易之實。如明史外國傳「天方等國入貢，陝西都司，稽留半年以上，方爲具奏發册，所進玉石多疵惡，而私貨皆良。」所謂「私貨」卽藉貢物爲名所攜之商品也。又西域國志稱：「蕃商貪中國財帛，且利市易，率詭稱貢使，眞僞莫辨。」所以正史所謂某國某年入貢，多係商人之假托也。但中國政府亦明知而容許之。殊域周咨錄曾載明洪武十三年（一三八〇年）明太祖諭爪哇王詔云：「聖人之治天下，四海內外，皆爲赤子，所以廣一視同仁之心。朕君主華夷，按馭之道，遠邇無間。爾邦僻居海島，頃嘗遣使中國，雖云修貢，實則慕利，朕皆推誠以待焉。」

【佛僧求法及中國使節】　據史籍所載，晉唐以來，中外使節之往來，迥不如佛僧往來之盛。此東方文化史上之一重要問題也。印度佛教思想，初由西域傳入中國，繼而直接往來，日本佛教及文化更由中國傳入。故三國佛僧之往來，中國之對印度去多而來少。中國之對日本則來多而去少也。佛僧求法，其動機是箇人的，雖有數十百人同行者但非社會羣之一部，又無社會的經濟的活動。是以嚴格言之，不得謂之殖民，但亦不能謂與殖民毫無關聯也。魏晉隋唐之間使印度求經者，不計其數，其中陸路由西域踰葱嶺而去者爲多。其後海路通航，其由海道來往者亦不少。僅就有紀錄可徵者，不下百餘人。爲我人所夙知者，如北魏時之宋雲，於五一八年至印度，著有行記，見楊衒之洛陽伽藍記。法顯於三九九年赴印度，四一六年由海道回國，其所著之佛國記，至今猶存。唐玄奘之入竺，更爲一代盛事，其所口授之大唐西域記，爲研究印度古史之絕好資料。義淨著南海寄歸內法傳，曾述其來回之海程。天寶年間，尙有僧人名悟空者，嘗至印度。宋乾德二年（九六四年）僧人繼業又糾合沙門三百人入天竺求經。其所記西域行程，尙可在范成大湖船錄中見其一斑。此外尙有道圓諸人，中國紀載上雖不可考，而在印度菩提伽葉大寺中所立漢字碑中，於近年發見，此足證在第十世至十一世紀，赴天竺求法者尙絡繹不絕也。

其由海道往來印度之僧侶，有文獻可稽者，不過三十六人，茲略述如下：

法顯　平陽人三九九年往印度由印度適獅子國，乘海船經耶婆提回國時四一六年（據佛國記。）

曇無竭　幽州人，由天竺汎海回廣州（據梁高僧傳）。

常慜　并州人，由海道往印度訶陵國，舟覆溺死，其弟子一人偕亡。

明遠　益州清城人，由交阯泛海往印度，經訶陵至獅子國。

窺冲　交州人，明遠弟子，隨師至獅子國。

義朗　益州成都人，由海道往印度，住獅子洲頗久。

智岸　成都人，與義朗偕行。

義玄　義朗弟，與義朗偕行。

會寧　成都人麟德（六六四—六六五年）間由海道往印度至訶陵國，得大涅槃經，後分補譯送歸，旋客死海外。

運期　交州人會寧弟子，寧遣其賚譯本還，尋復獨遊。

解脫天　交州人，由海道往印度留學大覺寺。

智行　愛州人，由海道至西印度。

慧琰　交州人智行弟子，隨師到僧訶羅國（僧伽羅國）。

大乘燈　愛州人，由海道經獅子國入南印度。

彼岸　高昌人，詳下。

智岸　高昌人，與彼岸少遊京師，後隨使臣王玄策泛海遊印，遇疾俱卒。所攜漢譯本瑜珈及餘經論，保存於室利佛遊國。

曇閏　洛陽人，由海道往印度至渤盆國，遇疾死。

義輝　洛陽人，泛海至郎迦戍國（在馬來半島），嬰疾而亡。

道琳　荊州江陵人，因欲研究戒律，由海道往印度。

曇光　江陵人，由海道往東印度。

慧命　江陵人，由海道往印度，至占波，屢遭艱苦，廢然而返。

靈運　襄陽人，偕僧哲至印度。

僧哲　澧州人，由海道往印度。

智弘　洛陽人，當時隨印度使臣王玄策之姪與無行，同泛海西遊。

無行　江陵人，與智弘同遊。

法振　荊州人，由海道往印度。

乘悟　同州人，與法振同行，至瞻波病死。

乘如　梁州人，與法振同行。

大津　澧州人，永淳二年（六八三）泛海西遊，留印十年，復附舶歸。義淨之南海寄歸傳，卽託津帶返者（以上皆見義淨大唐西域求法高僧傳）。

義淨　淨年十五，便蓄志西遊，年三十七乃成行，咸亨二年（西元六七一）初發足至番禺，得法侶數十人，及將登舶，餘皆罷退。淨奮厲孤行，備歷艱險，經二十五年，歷三十餘國而歸。

去時經末羅瑜洲（末羅遊）及羯茶（Kallah）至耽摩立底國，途中曾留室利佛逝四年餘（見求法高僧傳及南海寄歸傳）。

善行　晉州人，義淨弟子，隨師泛海至室利佛逝，染疾而歸。

貞固　滎川人，永昌元年（六八九）義淨在印度，附書廣州制旨寺，求紙墨，供寫經之用，並求助譯之人。固年四十，奮然邁往。

孟懷業　廣州人，貞固弟子，隨固遊學。

道宏　汴州人，隨貞固出遊。

法朗　襄陽人，隨貞固出遊，年僅二十四，後在訶陵遇病卒（以上亦見求法高僧傳）。

慧日　東萊人，嗣聖十九年（七〇二年）泛海經崑崙佛逝，獅子國至印度，歷七十餘國而歸（見宋高僧傳）。

以上三十六人，除至印度、錫蘭外，有至馬來半島、蘇門答剌、爪哇者。而此等地方，除僧侶往來外，亦有商人往來，或久居其地，當於下文述之。

日本在唐宋時代遣唐僧之回國，亦有中國僧侶亦隨之赴日者。其最著者爲鑑眞之至日本。鑑眞爲揚州龍興寺僧，與日本遣唐大使藤原淸河同赴日，隨來之僧尼共二十四人，中且有占城、崑崙、胡國人，對於日本佛教之影響不小。宋代來日宋僧，有蘭溪道隆、兀菴普寧，對於鎌倉武士之心理，與以莫大之影響。來日中國僧侶，據木宮泰彥日支交通史之所載，列表如下：

道明　奈良朝初期來日，爲大和長谷寺開基之僧。

道榮　與道明同來。

道璿　洛陽大福先寺之僧，於天平八年（七三六年）從遣唐副使中臣名代來日，館於天安寺之西唐院，傳入華嚴宗。

鑑眞　揚州龍興寺僧，偕僧尼二十四人同來日，在東大寺建戒壇院，天平寶字三年（七五九年）建招提寺（以上唐代。）

蘭溪道隆　寬元四年（一二四六年）來日，於鎌倉建造建長寺。

兀菴普寧　文應元年（一二六〇年）來日，住建長寺。

無學祖元　弘安元年（一二七八年）來日（以上南宋時代。）

唐代外交上儀節，每於日本遣唐使歸國時，特遣使送之，如六六七年遣唐副使坂合部、石積等歸國，使司馬法聰送之。七六一年入唐大使高元度等歸國，使沈惟岳、陸張什等三十九人送之。七七八年特節副使小野石根歸國，使趙寶英、孫興進等數十人送之。送者使事告竣，即返中國，亦失渡海機會。留日本不返者，如沈惟岳永留日本，敍從五位下，賜姓清海宿彌，被任爲美作權椽。其他中國人亦有歸化日本，賜姓敍位任官，其有名於史者如袁晉卿（淸村宿彌）於日本音道之發達，皇甫東朝於日本唐樂之發達，貢獻甚多。

中國與南海通使，早在漢代。三國孫吳時遣中郎康泰，宣化從事朱應使海南諸國，康泰著有扶南傳、吳時外國傳，朱應著有異物志，惜佚而不傳。黃支諸國「自武帝以來，皆獻見有譯長屬黃門與應募者俱入海市明珠璧流離奇石異物，齎黃金雜繒而往，所至國皆稟食爲耦，蠻夷賈船轉送致之。」隋大業二年（六〇二年）屯田主事常駿等齎帛五千段自南海郡乘舟使赤土國（暹羅南部）宣詔。唐杜環隨鎮西節度使高仙芝西征，天寶十年（七五一年）至西海，寶應初（七六二年）

因商賈船舶，自廣州而回，著經行記。（註一）宋太宗雍熙四年（九八七年）遣內侍八人齎勅書金帛，分四綱，各往南海諸蕃國，勾招進奉，博買香藥、犀牙、眞珠、龍腦。每綱齎空名詔三道，於所至處賜之。」（註二）此可見中南使節往來，不僅政治作用而已，且有經濟的作用存在焉。

【唐人之意義】　中外交通之盛，始於唐代，而僧侶使節及商人之赴海外者，亦然。海外中國人有唐人之稱，卽始於此時。萍洲可談卷二「北人（中國人）過海外，是歲不還者，謂之住蕃。諸（蕃）人至廣州，是歲不還者，是爲住唐。」萍洲可談係宋人朱彧著作，則宋代仍稱中國爲唐也。其理由據同書卷二謂：「漢威令行於西北，故西北呼中國爲漢。唐威令行於東南，故蠻夷呼中國爲唐。崇寧間（一一〇二——一一〇六年）臣僚上言，邊俗指中國爲漢、唐，行於文書，乞並改爲宋……詔從之。」但唐字爲習慣所使用，並不能改也。明史卷三百二十四眞臘國「唐人者，諸蕃呼華人之稱也。凡海外諸國盡然。」是則明代猶然。但據著者所見，此唐人名稱，直使用至清末，始以華僑名義代之。至今

（註一）通典卷一百九十一引。

（註二）粵海關志卷二引宋會要。

華僑有時自稱唐山人，大唐人，回國曰回唐山，海外之中國人居留地（China Town）名曰唐人街。如日本在中日戰爭之前，亦呼中國人曰唐人，甲午以後，始改稱中國人爲支那人而稱唐人街爲支那町云。

中世紀之回教徒稱中國曰 Tamghaj, Tomghaj, Toughaj，夏德（Hirth）謂爲唐家之譯音。（註一）桑原隲藏更擴充其義，詳加考證，謂爲唐家子之譯音。（註二）此亦可見唐代在中國殖民史之威名，吾人定唐代爲中國殖民史正式之開幕期，是毫無疑問之餘地也。

【中國人之移殖西域】 唐代與安息、大食國際交通及商業往來頗盛，故中國人移殖於西域者不少。杜環（一作杜還）曾往大食，其所著之經行記中，記大食國事，有云：「漢匠作畫者，京兆人樊淑、劉泚，織絡者河東人樂隈、呂禮。」此可見中國人之經商移住於大食者，亦不亞阿剌伯人之航海梯山而來中國也。又通考咀邏斯城（Talas）條云：「此國商胡雜居，有小城三百，本華人，爲突厥

（註一）Hirth: Nachwort zur Inschrift des Toyukuk S, 35.

（註二）桑原隲藏——支那人を指すタウガス又はタムカジといふ稱呼に就いて（史林七卷四期）。

所掠，羣保此，尙華語。則大食以前，尙有中國虜人居西亞也。又據沙晼之說：當阿剌伯人大敗唐將高仙芝時，唐人曾將亞洲以西所未諳之造紙工業輸入石國(Samarkand)云。(註一)

據阿剌伯人記載唐代中國之商船經南洋印度至波斯灣貿易。底格里斯與幼付臘底河口之Basrah（末羅國）中國人之居留地甚多，子孫繁榮。而阿剌伯之亞丁，亦有居留地云。(註二)

【中國人之移殖南洋】 南洋羣島適當中國與印度及大食航海要衝，以唐代海外貿易之盛，當有中國人移殖，此毫無疑義者。據爪哇之紀載，九二四年（唐同光六年）有中國大沙船一艘，在爪哇之三寶壠附近沈沒，船客飄流至岸，其管艙者獻寶物於直葛（Tegal）王，得王之允許，招集餘衆，定居其地，受優良之待遇，是爲中國人定居爪哇之始。(註三)第十世紀時有阿剌伯人厤素提(Abu-l-Hasan ali Elmasudi)者曾遊歷非洲、錫蘭、印度、南洋羣島及中國各地，曾有黃金牧地

(註一)見馮承鈞譯沙晼中國之旅行家四十二頁。

(註二)見 Broomboll: Islam in China.

(註三) Campbell: Java, Past and Present, V. I, p. 138.

（Les Prairies d'Or）一書，謂於九四三年經蘇門答剌島。「有多數中國人耕植於此島，而尤以巴鄰邦（室利佛逝）爲多，蓋避中國黃巢之亂而至者。」黃巢之亂，中國南部受禍甚烈，廣州之蕃商被殺戮者達十二萬人（說見前），則中國人受其影響而移往海外，爲當然之事也。是以唐代當爲中國海外殖民正式開幕之始，此即華僑所以呼唐人之由來也。

馬來半島當中國與印度、大食航路之衝，故中國人移殖亦早。顏斯綜南洋蠡測謂：「新忌利坡（新加坡）有唐人墳墓，記梁朝年號，及宋代咸淳。」可以證明也。

宋代蘇門答剌爪哇與中國往來頗便。三佛齊與泉州（順風一月），廣州（順風二十日）有定期航路往來。廣州與闍婆亦通航路，自十一月十二月發航，順風一月可到。故二地中國移住者亦衆。如闍婆、中國賈人至者，待以賓館，食豐潔。（註一）渤尼則尤敬愛唐人，醉歸則扶之以歸歇處。（註二）蘇吉丹（闍婆支國）厚遇商賈（唐人），無宿泊飲食之費。（註三）其對中國人之優待可以想見

（註一）文獻通考卷三三二。

（註二）汪大淵島夷志略渤泥條。

矣。

宋趙汝适諸蕃志嘗述華商在婆羅洲、菲律賓貿易之情形，茲引之如下：

渤尼條：「番舶抵岸三日，其王與眷屬率大人（王之左右號曰大人）到船問勞，船人用錦藉跳板迎肅，款以酒醴，用金銀器皿褥席涼傘等分獻有差。既泊舟登岸，皆未及博易之事，商賈日以中國飲食獻其王，故舟往佛尼，必挾善庖者一二輩與俱。朔望並講賀禮。幾月餘，方請其王與大人論定物價，價定然後鳴鼓以召遠近之人，聽其貿易。價未定而私貿者罰。俗重商賈，有罪抵死者罰而不殺。船回日，其王亦釃酒椎牛祖席，酢以腦子番布等稱其所施。」

麻逸條：「麻逸國（Mait）渤泥之北，團聚千餘家，夾溪而居。土人披布如被，或腰布蔽體。有銅佛像，散布草野，不知所自。盜少至其境。商舶入港，駐於官場前。官場者，其國闤闠之所也。登舟與之雜處。酋長日用白傘，故商人必賫以為贐。交易之例，蠻賈叢至，隨簸篱搬取物貨而去，初若不可曉，徐辨認搬貨之人，亦無遺失。蠻賈迺以其貨轉入他島嶼貿易，率至七八月始歸，以其所得準償舶商，亦有過

（註三）趙汝适諸蕃志蘇吉丹條。

期不歸者。故販麻逸，舶回最晚。」

三嶼條：「三嶼（菲律賓羣島之一部）乃麻逸之屬，其風俗與麻逸同。每聚落各約千餘家，地多崇岡疊嶂，峭拔如壁。憑高依險，編茅爲屋。山無水源。婦女以首桀擎二三甕水於溪，登涉如履平地。窮谷別有種落，號海膽人（Aeta）形小眼圓而黃，虬髮露齒，巢於木顛，或三五爲羣，跧伏榛莽，以暗箭射人，多罹其害，投以瓷椀，則俯拾忻然，跳呼而去。番商每抵一聚落，未敢登岸，先駐舟中流，鳴鼓以招之。蠻賈爭棹小舟，持吉貝、黃蠟、番布、椰心簟等至，與貿易，如議之價未決，必賈豪自至說諭，餽以絹傘瓷器籐籠，仍留一二爲質，然後登岸互市。交易畢，則返其質。停舟不過三四日，又轉而之他。諸蠻之居，環繞三嶼，不相統屬。其山倚東北隅，南風時至，激水衝山，波濤迅駛，不可舶舟。販三嶼者率四五日間即理歸棹，博易用瓷器、皂綾、纈絹、五色燒珠、鉛網墜、白錫爲貨。」

試審觀所紀，宋代中國商人之足跡，殆遍布南洋各島。雖爲往來之商賈，但亦有過期不歸者。

印度沿海爲當時東西航路所經，故中國人殖民者亦不少。據汪大淵島夷志略土塔條：「居八丹（Patam）之平原，木石圍繞，有土磚甃塔，高數丈，漢字書云：咸淳三年（一二六七年）八月畢工，傳聞中國人其年皈彼，爲書於石以刻之，至今不磨滅焉。」據玉爾氏之說：馬八兒（Maabar）之那加八丹（Negapatam）東北約一英里之處有塔曰中國塔（Chinese Pagoda），爲土磚建築，與印度式逈異。此塔在一八四六年尙存三層，至一八五九年頹壞不可復繕。（註）即指此也。

【中國人之移殖日本】 自唐以來，中、日交通頻繁，故中國人之至日本者亦甚多。但其情形與南洋逈殊，因日本竭力吸收中國文化之結果，歸日華人，多被日本朝廷重用，故其後裔均歸化日本，此其特點一也。至日之華人以使臣及僧侶爲主，日本對華貿易，操於政府之手，中國人但兩方往來，而留居於日本者不多，此特點二也。

五代時中日往來頗繁，但往來者均中國商船，船主亦爲華人，如吳越人蔣承勳、蔣袞、盛德言等，屢往來中日間，而日本船則無之，因當時日本對於外國抱閉關政策也。茲據本朝世紀所載，當時中國商人來日貿易時情形如下：

今日唐人來着肥前國松浦郡柏島，仍大宰府言上解文在左，其文多不載，只取其大綱。大宰府

（註）Yule: Marco Polo, V. II, p. 320.

解申請官裁事言上，大唐吳越船來着肥前國松浦郡柏島，狀舶壹艘，勝載參什斛，乘人壹百人（交名在別）一船頭蔣袞，二船頭俞仁秀，三船頭張文過。

右得管肥前國今月十一日解同日到來，偁管高來郡肥最埼警固所，今月五日解狀，同月十日亥刻到來，云：今月四日三尅件船飛帆，自南海俄走來，警調兵士等，以十三艘追船留肥最琦港島浦，爰五日寅一刻所司差使者問所送牒狀，云：大唐吳越船今月四日到岸，狀請准例速差人船引路至鴻臚所。牒者慥加實檢，所申有實，仍副彼牒狀言上如件云云。蔣袞申送云：以去三月五日始離本土之岸久口滄云云：「天慶八年六月二十五日。」

北宋時代，宋舶來日者非常之多，幾於每歲有之，宋商如朱仁聰、周文德、周文裔、陳文祐、孫忠、李充等，均屢次往還於宋日間者。如三條天皇延久四年（一〇七二年）僧盛尋赴日由宋人陳一郎，通事陳詠等照料一切，極其周到，此二人善操日語，來日至五次之多云。來日宋商，亦有長期居留者，如一條帝長德元年（九九五年）宋商七十人來若狹，命移住越前國。長保四年（一〇〇三年）宋建州之海賈周世昌，遭海風飄流至日本，經七年，始與日商滕木吉共歸中國云。

南宋中日通商益盛，不但宋船赴日，而日船亦有赴中國者，多以明州爲貿易港。當日本平清盛時，大輿中日貿易，曾於攝津福原構別莊，以招待宋商云。總之，唐宋之代中國人之在日本，於中國殖民史上殊不占若何重要也。

【中國殖民史上之兩誤點】　我國一般史書，對於我國在海外移殖之史實，有附會者兩點是不可不辯正之。

一、我國人在海外者，每呼爲唐人。此固始於唐代，但自宋經元明至淸，莫不皆然，所謂唐人，決不僅指唐代之中國人也，前已詳言之。某君引顏斯綜南洋蠡測「新忌利坡有唐人墳墓」，東西洋考「爪哇人分三種，卽唐人、土人、西番賈胡。」而證明唐代住居諸土者正多。不知前者係指梁、宋時代之中國人，因原文固明謂「有唐人墳墓，記梁朝年號，及宋代咸淳。」後者則指明人，因東西洋考之著者爲明人，而明史固明謂「唐人者諸蕃呼華人之稱，凡海外諸國盡然。」是以凡一切記載，凡稱爲唐人，而無其他旁證，決不可謾指爲唐代之中國人也。

二、每見中西紀載，謂某地發現中國某代錢幣，卽推定某代有中國人移殖，此亦陷於附會也。試考海外發見中國錢幣之事蹟，可得而知者，如一八二七年馬來半島之新加坡附近，一八六〇年於爪哇之日惹附近，一八八八年英人於非洲之 Zanzibar（層拔國），一八九八年德人之於非洲沿岸之 Mugedoshu（木骨都速），前世紀之於印度 Mabar（馬八兒）均發見中國古錢，試考其年代，早在宋代，又婆羅洲之砂勞越河口，發見唐初古錢。阿剌伯人 Abou Zeyd 之紀載，唐末波斯灣一帶，有中國錢幣散布。遂有推定唐代宋代有中國人移住各地者，不知亦陷於附會矣。按宋代與海外貿易之商品，據宋史所載，輸出者以金銀銅錢絹瓷器爲主。故銅錢流入海外者亦多。東自日本，西至回教諸國，莫不有之。如日本後鳥羽天皇時，曾禁止使用宋錢，但無效果，而足利時代日本之通貨，卽以宋、明之銅錢爲主。又據瀛涯勝覽所載，爪哇及舊港均使用中國銅錢。據著者所知十數年前，峇厘陵安班瀾尚有中國制錢流行市上，爲土人通貨，最近始爲荷蘭人所禁。是以中國銅錢自唐以來，卽流行海外，因唐代禁止貨幣輸出，故以宋代其後之銅錢流出海外者爲多，是以決不能謂某地發見唐宋時代錢幣，卽貿然附會唐宋已有中國人移殖也。

【宋遺民之海外活動】宋亡而後，宋遺臣不忘故國，赴海外從事復國運動者亦不少。如陳宜中之赴占城乞兵，見於宋史。沈敬之亦有赴占城謀復國之說，見天下郡國利病書。張世傑亦有求援外國之意，見心史。此與明清鼎革之際明人之求援與外國者相似。但以強悍之蒙古挾其統一亞、歐兩洲之雄勢，睥睨南海南洋諸國之不敢援宋以與元相抗，宜矣。鄭思肖心史之大義略敍曰：「海外諸國懼韃（元）垂涎，月貢金銀米帛充給朝廷軍需，爲屏蔽攻賊討。」此蓋當時之實情也。

宋遺民之復國運動失敗，不克回國而留住於海外者，當然有之。屈大均廣東新語：「東莞李竹隱先生（李用），當宋末，使其壻熊飛起兵勤王，而身浮海至日本，以詩書教授，日本人多被其化，稱曰夫子。比死以鼓吹一部，送喪返里。至今東莞人送喪，皆用日本鼓吹，號過洋樂。樂人皆倭衣倭帽以象之。」此與明代朱舜水之事蹟相似。心史曰：「諸文武臣流離海外，或仕占城，或壻交趾，或別流遠國。」據郡國利病書引濯纓亭筆記，宋敬之至占城，乞兵復國，占城以國小辭，宋留居其國，占城賓之而不臣，尋以憂憤卒。據安南吳士連之大越史記全書，有趙忠者歸越，爲越王族之家將。元至元二十二年，蒙古兵侵入安南時，趙加入安南軍，衣宋衣，執矢以戰，大敗元軍云。

據爪哇華僑傳說，鄭思肖曾至爪哇之吧城，攜其鄉人同去，其居留地曰八茶罐，乃以茶八罐與土人相易者。當時建屋一十六間，遺跡至今猶存。但考之中國紀載，鄭氏自宋以後，終老吳下，足未出國門一步，此其附會也。明葉子寄草木子曰：「韓山童詐稱徽宗九世孫（據明史爲八世孫）。僞詔略曰：蘊玉璽於海東，取精兵於日本……蓋以宋廣王走崖山，丞相陳宜中走倭，託此說以動搖天下。」則宋遺民假託大臣之名，爲意中事也。

本節參考文獻

Yule: Cathay and the Way Thither.

Parker: China; Her History, Diplomacy and Commerce.

Yule: The Book of Sir Marco Polo.

Hirth: Ancient History of China.

Reinaud: Relation des Voyages, faits. par Arabes et les Persans dans L'Inde et a la Chine.

Takakusu: I. Tsing's Records of Buddhistic Religion.
Legge: Fa Hien's Records of Buddhistic Kingdoms.
Hirth and Rockhill: The Chu-fon-chi of Chou Jukua.
南史、宋史、新唐書、舊唐書。
玄奘——大唐西域記。
義淨——南海寄歸內法傳。
趙汝适——諸蕃志。
周去非——嶺外代答。
張星烺——中西交通史料匯篇。
武堉幹——中國國際貿易史。
温雄飛——南洋華僑通史。
李長傳——南洋華僑史。

桑原隲藏——蒲壽庚之事蹟。
藤田豐八——東西交涉史之研究：南海篇、西域篇。
木宮泰彥——日支交通史。
秋山謙藏——日支交涉史話。

第三章　中國勢力時代

第一節　元世祖之海外殖民侵略

【元代之海外交通及殖民概況】元代之海外貿易，承唐宋以後，繁盛不亞於前。沿海所設之市舶司，據元史食貨志所載，元正十四年（一二七七年）立市舶司一於泉州，令忙古觪領之，立市舶司三於慶元、上海、澉浦。令福建安撫使楊發督之。每歲招集舶商，於番邦博易珠翠、香貨等物，及次年迴帆，依例抽解，然後聽其貨賣。而以泉州爲最盛，代替唐、宋之廣州。當時一稱刺桐城（Zayton）馬可孛羅曾經其地，於其遊記中紀其盛況，稱爲世界最大貿易港之一。當時船舶之建置，更較前朝進步，阿刺伯人 Ibu Batuta 紀載元末中國船舶之構造設備載量，冠絕以前之紀錄。（註）中國與

（註）Yule: Marco Polo, Vol. II, p. 253.

南洋及西亞往來頻繁。中、南貿易範圍，較前代爲廣，據汪大淵島夷志略，如文老古（Maluka）、吉里地悶（Geli Timor）均與中國通貿易，爲前此未聞而西里伯島亦與中國人直接往來。（註）可知中國通商地域已推廣至香料羣島及小森達羣島矣。

元代對海外之政治侵略，有征安南、占城、爪哇、日本諸役。征日本之役，全歸失敗。但日、元間之通商及日僧之來元，並不因此中止，其往來之盛，不亞唐宋二代，此亦見經濟之需要，國際往來並不因政治關係而斷絕也。

元世祖忽必烈遣招討使楊廷璧，三往俱藍國，招之入貢。俱藍卽宋之故臨，與馬八兒（Mabar）當時同爲海南諸蕃之領袖。至元十六年（一八七九年），馬八兒曾獻珍物及象犀各一。至元二十三年（一二八六年）馬八兒、須門那（Somath 印度西南岸，今孟買附近）、僧急里（Sangkili 印度沿岸之Cranganor）、南無力（Lambri 蘇門答剌北岸）、馬蘭丹（Malantan 蘇門答剌

（註）據角田政治外國地理集成上卷，引華僑陳福祿之說，望加錫附近之莪哇（Gowa）武乞族（Boegis）部落，其酋長有刀，爲元時之物，相傳酋長之祖先，當時直接得之中國人，以傳至今日。

之一部、）那旺（Neya 今蘇門答剌西岸之 Nias 島、）丁呵兒（Tingganu 馬來半島東岸、）來來（Lara 印度之 Guzerat 地方）、急蘭亦鮮（Kelautan 馬來半島東岸）、蘇木都剌（Sumatra）等十國（註）各遣子弟上表來獻，仍貢方物。

元貞元年（一二九五年）元遣使詔諭眞臘（Cambodje），自占城登陸，由陸道往眞臘，有周達觀者隨行，著有眞臘風土記，記載當時眞臘國情，爲有價値之史料。據暹羅史載，一二九六年及一三〇〇年暹國速古台（Sokotai）王朝之拉嗎摩項（Ramhamheng）大王曾前後親朝中國，招致中國美術家多名傳入中國陶器之製造法云。

元代中國人移殖於海外之情形，據當時紀載，述之如下：

爪哇與中國爲商，往來不絕。自泉州舶一月可到（周致中異域志上）其地有杜板（Tuban）流寓者多廣東人、漳、泉人。又東行半日至廝村（Gressie）中國人客此成聚落，遂名新村，約千餘人，

（註）國名考證據 Rockhill: Notes on the Relations and Trade of China, Tomsg Pao, 1914. 桑原騭藏蒲壽庚之事蹟一一七—一二八三頁。

村主廣東人番舶至此互市，金寶充溢。又南水行可半日至淡水港，乘小艇二十餘里至蘇魯馬益港(Surabayu)，旁大州多中國人（見續通考）。(註)

麻逸與中國船貿易，蠻賈議價，領去博易土貨然後准價，舶商守信，始終不爽約（島夷志略）。

渤泥(Brunie)其俗尤敬愛唐人，醉則扶之以歸歇處（島夷志略）。

勾欄山(Gelam)元征爪哇，曾經其處伐木造舟，有病卒百餘人不能去者，遂留山中，唐人與番人叢雜而居之（島夷志略）。

龍牙門(Lingga)男女兼中國人居之（島夷志略）。

文老古(Maluka)地產丁香，酋長每歲望唐舶販其地，往往以五梅雞雛出，必唐船一隻來，二雞雛出，必有二隻來，以此占之，如響斯應（島夷志略）。

吉里地悶(Timor)有泉之吳疾發舶，梢衆百有餘人至彼貿易，既畢，死者十八九，間存一二，亦多羸弱乏力，駕舟回舶……（島夷志略）。

(註)按續通考此條多本瀛涯勝覽，爲明初人作，其所紀當爲元代事也。

眞臘（Cambodja）唐人之爲水手者，到其國中，不着衣裳且米糧易求，婦女易得，屋室易辦，器用易足，買賣易爲，往往皆逃逸於彼（眞臘風土記）。

此僅就記錄可稽者而言，遠如文老古、地悶，小如勾欄、龍牙均有中國人足跡，則元代中國移殖於南洋，殆已遍布羣島矣。

【元征占城之役】元世祖用兵海外者，有日本、安南、占城、緬國、爪哇之役，此亦可稱爲殖民侵略之戰事。日本之役完全失敗，安南本爲我國內地之一部，故均略而不論，茲專述後三次戰役焉。

占城，一稱占婆，爲占人（Chams）所建國，漢代我國稱爲林邑，唐代稱爲環王國，爲後印度古國之一。一二七八年元世祖忽必烈時，左丞唆都（Sagatu）遣使至占城，還言其王訶梨提婆（Hari-deva）即闍耶因陀羅跋摩六世（Jaua Indravarman VI）有內附意，詔封占城郡王。一二七九年—一二八〇年屢入貢。一二八一年，遂以唆都爲右丞，於其地立省安撫之。既而王子補的（即柯黎紀時Harijit）負固不服，唆都等乃歸。

一二八二年六月元世祖以占城復叛，發淮、浙、福建、湖廣軍五千人，海船百艘，戰船二百五十，命唆都爲將討之。師未出發，元遣使暹國、馬八兒國諸使舟經占城，皆被執，故遣兵征之。帝曰：老王無罪，逆命者乃其子與一蠻人耳。苟獲此兩人，當依曹彬故事，百姓不戮一人。十一月，占城行省官率兵自廣州航海至占城港，港口北連海，海旁有小港五，通其國大州，東南止山，西旁木城。官軍依海岸屯駐。占城兵治木城，四面約二十餘里，起樓柵，立回回三梢礮百餘座。又木城西十里建行宮，國王親率重兵屯守應援。行省遣都鎭撫李天祐、總把賈甫招之，七往，終不服。十二月，招眞臘國使速魯蠻請往招諭，復與天祐、甫偕行。得其回書云：已修木城，備甲兵，刻期請戰。二十年，正月，行省傳令軍中以十五日夜半發船攻城。至期，分遣瓊州安撫使陳仲達、總管劉金、總把栗全以兵千六百人由水路攻本城北面。總把張斌、百戶趙達以三百人攻東面沙觜。省官三千人分三道，攻南面。舟行至天明泊岸，爲風濤所碎者十七八。賊開北城南門，建旗鼓，出萬餘人，乘象者數十，亦分三隊迎敵。矢石交下。自卯至午，賊敗北，官軍入木城，復與東北二軍合擊之，殺溺死者數千人。守城供餉餽者數萬人，悉潰散。國王棄行宮，燒倉廩，殺永賢、伊蘭等，與其從臣逃入山。十七日，整兵攻大州。十九日，國主使報答者來求降。二十日，兵至大州東南，遣報答者回，許其降免罪。二十一日入大州，又遣博思兀魯班者來言奉王命來降。

國主太子卽後至，行省檄召之。官軍復駐城外。二十二日遣其舅寶脫禿花等三十餘人奉國王信物雜布二百疋，大銀三錠，小銀五十七錠，碎銀一甕爲質，來歸款。又獻金葉九節標槍，曰：國主欲來，病未能進，先使持其槍來，以見誠意。長子補的期三日請見，省官卻其物。寶脫禿花曰，不受是薄之也。行省度不可卻，姑念收置，乃以上聞。寶脫禿花復令其主第四子利也麻八都八德剌，第五子利世印德剌來見，且言先有兵十萬，故來戰，今皆敗散，聞敗兵言補的被傷已死，國王頰中箭，今小愈，愧懼未能見也。故先遣二子來議赴闕進見事，省官疑其非眞，二子聽其還，諭國主早降，且以問疾爲辭，遣千戶林子全、總把栗全、李德堅偕往覘之。二子在途先歸，子全等入山兩程，主遣人來拒，不果見。寶脫禿花謂子全曰，國主遷延不肯出降，今反揚言欲殺我，可歸告省官，來則來，不來我當執以往。子全等回營，是日又殺何子志、皇甫傑等百餘人。二月八日寶脫禿花又至，自言吾祖父伯叔前皆爲國主，至吾兄，今孛由補剌者吾殺而奪其位，斬我左右二大指，我實怨之。願擒孛由補剌者吾補的父子，及大拔撒機兒以獻。請給大元服色。行省賜衣冠，撫諭以行。十三日居占城唐人曾延等來言國主逃於大州西北鴉候山，聚兵三千餘，幷招集他郡兵未至，不日將與官軍交戰，懼唐人洩其事，將盡殺之，延等覺而逃來。十五日寶脫禿花偕宰相根孫答兒及撮及大師等來降，行省官引曾延等見。寶脫禿花詰之曰；延等奸細人也請繫縲之。國主軍皆潰散安敢復戰。又言今未附州郡凡十二處，每州遣一人招之。舊州水路，乞行省與陳安撫及寶脫禿花各遣一人乘舟招諭攻取，陸路則乞行省官陳安撫與己往擒國主補的，及攻其城。行省猶信其言，調兵一千屯半山塔，遣子全、德堅等領軍百人與寶脫禿花同赴大州進討，約有急則報半山軍。子全等比至城西，寶脫禿花背約間行自北門乘象遁入山。官軍獲間諜者曰國主實在鴉候山立砦，聚兵約二萬餘，遣使交趾、眞臘、闍婆（Java）等國借兵，及徵賓多龍（Panduranga）舊州等軍未至。十六日遣萬戶張顒等領兵赴國主所棲之境，十九日顒兵迎木城二十里。賊濬濠塹，拒以大木，官軍斬刈超距奮擊，破其二千餘衆。轉戰至木城下，山林阻隘不能進。賊旁出截歸路，軍皆殊死戰，遂得解還營。行省遂整軍聚糧，㼚木城，遣總管劉金，千戶劉涓，岳榮守禦。」

一二八三年六月，唆都又敗之於大郎湖，斬殺甚多。唆都造木爲城，闢田以耕，伐烏里越里諸小夷「皆下之。」

元軍雖累勝，終未能平服占婆。國王避居山中不出。唆都所損亦多。初有軍五千人，一二八三年五月（陰曆）復調軍萬五千人以從征，幷給唆都弓矢甲杖，一二八四年二月（陰歷）又發兵萬五千人，船二百艘，助征占城。船不足，命江西省益之。三月（陰曆）唆都領軍回，九日後忽都虎、忽馬兒、劉萬慶等率援軍至占城軍次新州（Cri Banöy），獲占蠻始知元軍已還，令人招其國主來降。「其國國王遣阿不蘭（又作文勞卬大巴南）來稱其國經唆都軍馬擄掠國計已空，來歲當遣嫡子以方物進，繼遣其孫路司（又作濟目）埋勒蟄等奉表諸闕。」「七月占城國王乞回唆都軍，願以土產歲修職貢，使太盤亞羅日加翳、大巴南等十一人奉表詣闕獻三象。」「十一月又遣使奉表賀聖誕節，獻禮幣及象二。」

貢使雖累至，而占城終未征服。元世祖遂欲捨海而由陸路運兵赴占城，顧兵行陸路，須假道越國。先是越聖宗禪位於長子陳晗，是爲仁宗。元世祖曾徵之入朝不至，止令其叔陳遺愛入覲。元世祖（一二五五年）立遺愛爲安南國王（一一六四年以來中國改稱交趾爲安南），置安南宣慰司。越仁宗拒不納，幷拒唆都軍假道。至一二八三年世祖命越國助兵糧以討占城，一二八四年仁宗又上表辯明未與占城通謀，遣兵二萬及船五百之事。是年終，元命皇子鎮南王脫歡（Togan）征占城。一二八五年一月二十八日軍至越境，責仁宗運糧送至占城助軍。仁宗復書言，其國至占城水陸非便，遣兵分道拒守。脫歡屢破越軍入其都城。唆都等兵亦至自占城，與大軍會合。仁宗與其父逃竄清華。四月（陰曆）仁宗集諸軍進攻，破脫歡軍，唆都尙未知脫歡軍敗，越兵復邀擊之。唆都力戰而死。

此役蒙古損失無數，結果毫無。占婆旣免軍禍，然懼元軍之再至，於一二八五年十月六日偕眞臘貢樂工十八人及藥材鱷魚皮諸物於元。自是以後元世祖似放棄侵略占城政策矣。惟占城行省至一二八九年始廢。

【元征緬甸之役】　緬國（Mien）古名驃國(Pyu)唐宋二代，屢入貢中國。一二五三年，蒙古征服大理。一二七一年（元至元八年），大理宣慰使遣乞䚟脫因至緬招之，導其使价傳者偕來。但緬王納拿提哈孛特（Narathihapate）並未表臣服之意也。一二七三年（至元十年）以乞䚟脫因充禮部郎中，與勘馬剌失里充信國使持詔諭之曰：「間者，大理、善闡等路宣慰使導王國使詣京師。且言鄯至王國，但見其臣下，未得見王。又欲觀吾大國舍利，朕矜憫遠來，即使覲見，又令縱觀舍利，益詢其所來，乃知王有內附意。國雖云遠，一視同仁，今再遣使往諭王國，誠能謹事大之禮，當遣子弟大臣乃朝，彰我國無外之義，用敦永好，時乃之休。至若用兵，夫誰所好，王其思之。」元使持詔至緬，不肯行脫鞋禮。（註一）納拿提哈孛特王怒命斬之，首相安難他孛葉西（Anantapyisi）諫曰：「對於中國之無禮，絕之宜也，但勿戮其使。舊王向無殺使之事。」納拿提哈勃特不聽，終殺元使以及其從人。（註二）

雲南行省見使臣不返，奏請征討。世祖命姑緩之。一二七五年（至元十二年），建寧路安撫使賀天爵言金齒（Kanngai 在太平河流域）酋長阿郭，言知入緬有三道，一由天部馬，一由驃甸，一由阿郭地界，俱會緬之江頭城（Kaun-taung, Kaung-sin 今八莫附近）。又阿郭親戚阿提犯在緬掌五甸，戶各萬餘，欲內附，阿郭願先招阿提犯及金齒之未降者為引導。既而金齒千額總管阿禾忞附，具言國使前為蒲人阻道，今蒲人多降，國使已達緬，緬王初無降心，故留之不遣，殆尚未知其被戮也。

（註一）緬人入廟宇及王宮，非脫鞋不可，此禮節至今猶然。

（註二）元史僅謂元使留而不返，此據 Harvey: History of Burma, p. 336.

無何緬人以阿禾內附，怨之，攻其地，欲立砦騰越永昌間。時大理間蒙古千戶忽都，大理路總管信苴日，總把千戶晚羅脫孩奉命伐永昌之西騰越蒲（Puman）、驃、阿昌（Achang），金齒之未降部族，駐南甸。阿禾告急，忽都晝夜行，與緬軍遇於太平河邊，(註)其衆約四五萬，象八百，馬萬匹。元軍僅七百人（據馬哥孛羅遊記緬軍六萬，元軍一萬二千）。緬人前乘馬，次象，次步卒，衆被甲，背負戰樓，兩旁夾大竹筒，置短槍數十於其中，乘象者取以擊刺。忽都下令，賊衆我寡，當先衝河北軍。親率二百八十一騎爲一隊。信苴日以二百三十三騎，傍河爲一隊。脫羅脫孩以一百八十七人依山爲一隊。交戰良久，緬軍敗走，信苴日追之三里，抵塞門，旋濘而退。忽南面緬甸萬餘繞出元軍後。信苴日馳報忽都，復列爲三陣，進至河岸擊之，又敗走，破其十七砦，北至窰山口，轉戰三十餘里，緬軍及象馬自相蹂死。日暮，忽都中傷，遂收兵。明日追之至千額，不及而還，捕虜者甚衆。其脫者又爲阿禾、阿昌邀殺，歸者無幾。時一二七七年（至正十四年）三月事也。緬人稱爲那蘇格楊（Ngasaunggyon）之役，馬哥

（註）元史僅云到一河邊，確地不明，但據馬哥孛羅謂永昌平原，緬人謂在金齒境內，故定爲太平河，尚不致十分錯誤也。

孛羅稱爲永昌平原(The Plain of Vochan)之役云。

本年十月雲南宣慰使都元帥納速剌丁，率蒙古爨(Lolos)、僰(Shans)、麼些(Mosos)軍三千八百人再征之。至江頭城，招降磨欲等三百餘寨，土官曲臘蒲折戶四千，孟磨愛呂戶一千，磨奈蒙匡里答八剌戶二萬，蒙忙甸土官甫祿保戶一萬，木都彈圖戶二百，凡三萬五千二百戶，以天熱班師。

一二八三年（至元二十年）元師伐緬克之。先是元世祖聽納速剌丁言，發四川軍萬人，命藥剌海領之。既命思播、敍三州軍及亦奚不薛諸蠻兵征緬，不果行。至是詔宗王相吾答爾右丞太卜，參政耶罕的斤，將軍征之。發中慶至南甸，太卜由羅碧甸進軍。相吾答爾命耶罕的斤取道阿昔江達鎮西阿木江，造舟二百艘，順流至江頭城，斷緬人水路。自將一軍從驃甸逕抵其國，與太卜軍會，令諸將分地攻取江頭鎮。遣人說降緬王不應。進攻，破太公城(Tagaung)，建都及金齒十二部俱降。緬王由蒲甘南逃，初至打拉(Dolla)，繼至勃生(Bassein)，依其長子烏薩納(Vzana)，是以緬史稱納拿提哈孛特爲亡命王（緬名 Tarokpyemin）云。

一二八五年（至元二十二年）緬王遣其鹽井大官阿必立相（緬名 Thitzeinggyi）至

太公城，謀納款，爲孟乃甸白衣頭目解塞阻道不得行。遣騰馬宅，來告乞降旨許其悔過。後差大臣赴闕，元廷尋遣鎮西平緬招討使怯烈詣其國，宣中國威德。旣而以張萬爲征緬副都元帥，耶先鐵木兒爲征緬招討使，敕造戰船，將兵六千人，俾圓滿帶爲都元帥總之，由中慶抵永昌，經阿昔甸已至孟乃甸。

一二八七年（至元二十四年）正月，緬王在卑謬（Prome）爲其庶子不速速古台（緬名 Thihathu）所殺。又攻殺兄弟三人與大官木浪周等，雲南王所命官阿難答等亦被害。元世祖決意再征之。以脫滿答爾爲都元帥，李海剌孫爲征緬行省參政，將新附軍五千，探馬赤一千以行，仍調四川，湖廣軍五千赴之，募能通白夷金齒道路者從征，令駐緬近郊，俟進止。旣而雲南王與諸將進征至蒲甘（Pogan），緬人誘使深入，元帥失利，喪師七千餘人。

先是不速速古台殺其父兄後，至勃生，攻其長兄烏薩納，適烏薩納臥病，乃寸劉之。又至打拉爲其兄耶薩瓦（Kyawswa）所驅走，終至白古（Pegu）與他拉耶（Taraya）相爭，不幸中箭而死。

一二九七年（大德元年）耶薩瓦回蒲甘，遣長子入貢，歲輸銀二千五百兩，帛千匹，馴象二十，糧萬石。元封耶薩瓦封爲立普哇拿阿迪提牙(Athinhkaya)。

一三〇〇年(大德四年)緬王爲其弟阿散哥也所殺，另立新主。阿散哥也兄弟三人，領軍三軍，謂緬王曰：「緬國自歸元之後，使我多負勞役。乃殺緬王以下世子妻妾及僕等百餘人。」緬王就殺時謂阿散哥也曰：「我祖以來，不死於刃，可投我水中或縊死。」遂縊之。同時前隨國信使留緬之回回，畏吾兒，漢人百餘輩，皆被害。王子窟麻剌哥撒八，颭耽八者里來奔，陳辭於雲南省乞復讎。雲南行省左丞、忙兀圖魯迷失奏言：「緬王歸朝十一年矣，未嘗違失。今其臣阿散哥也兄弟三人以三罪加其身，置父子縲絏，又通新王之母，據舊王之妻妾。三罪皆實，亦當奏從朝廷區處。乃敢擅權廢立，豈有此理。今其子來求救，且小甸叛人劫虜官民，尙且赴救。立普哇拿阿迪提牙乃上命爲國主，叛臣囚之，豈可不救，抑使外國效尤爲亂，將至大患。」繼聞新主亦被殺，阿散哥也簒立，元廷乃令忙兀圖魯迷失率師問罪。緬人與八百媳婦(Chimgmei)通，勢張甚，更命雲南平章薛超兀爾等益兵一萬二千人赴之。發軍中慶，期至大理西永昌騰衝會集，十月入緬，十二月五日至馬來城(Male今Shwebo附近)大會，十五日至阿散哥也兄弟三人所守木連(Myinsaing)三城相接，緬兵出戰，敗之。緬兵閉門聚守。忙兀都魯迷失、劉左丞據東北面，薛超兀兒、高阿康參政據西面，正南無軍守之。緬兵日出戰，城內四面立三梢單梢礮，向外攻擊。元軍尋立排沙圍其城。五年（一三〇一年）正月分軍破其石山寨，又召白衣催糧軍二千助圍其城南。十九日城上發矢石擂木，殺元軍五百餘人。二月二日，阿散哥也令十餘人呼曰：「我非叛人，乃皇帝良民，以緬王作違理三事，我等收之，彼自飲藥而死，非我等殺之。我等與蒙古人無甚作惡，請許我投降，」省官鑒之。緬人遂使人持金銀禮物出見，省官諭賊三人親出方可，不然難信，若一年不出，我軍亦住一年。阿散哥也竟不肯親出。二十七日，萬戶章吉察兒等狀陳天熱瘴發，軍勞苦不還，實懼死傷獲罪，若令我等住夏瘴死，不如赴上前就死。若明日有旨，孰敢不住，在口法傳聖旨勿行，我等今當回軍。二十八日分省官方議軍事，章吉察兒等俱領軍起回營。二十九日分省官亦回。三月五日至阿占國城，追及章吉察兒等。忙兀都魯迷失移文稱大事未成，豈可回軍，若爾等果不肯住，可留一半軍或三千當職，當住夏守賊。平章薛超兀兒、劉左丞、高參政皆言平章可住，我輩亦可住。我輩皆願住夏，徧告軍官，俱令住夏。是日新王之母乘象追及分省官，訴賊拘我於木連城，今始放出。若大軍五日不迴，必出降，惜乎回早。章吉察兒等宣言病，軍皆已先行，我等明日亦去無可議者。分省官命追回先行軍，皆言已去遠，何可及。次日將校皆回，分省官亦由蒙來路歸。薛超兀兒、忙兀都魯迷失上言：「賊兵困屈，旦夕出降，參政高阿康，土官察阿不花，軍官章吉察兒等，同稱軍多病不可住，擬合回軍，下令留之不聽，恃親典兵權引軍而回。彼既行矣，分省亦不能住。」又言：「朝廷所立緬王，已送至其父舊所居城中，報賊脅從者已少，皆從我矣。若可住，當遣人再報，若不可住，我亦走出。」又言：「賊饋阿康酒食，阿康受之，疑是寶貨，又軍回五程，阿康出銀三千兩曰：此阿散哥也賂諸將校者。薛超兀兒等言此銀爾實受之，我輩未嘗知也。欲與諸將，爾自處之。因阿康與察罕不花等預此行，故攻不成，乞置對以懲。」後八月八日，丞相完澤等奉旨遣河南平章政事二哥等赴雲南審問之。蓋自宗王闊闊，平章政事薛超兀兒、忙兀都魯迷失、左丞劉德祿、參知政事高阿康，下至一二大將校幕官令史，皆受賊賂，共爲金八百餘兩，銀二千二百餘兩，遂不能號令偏裨。阿康因與察罕不花令諸將抗言不能住，夏擅回。阿康、察罕不花伏誅，忙兀都魯迷失前死。薛兀超兒、劉德祿遇赦，皆追奪宣勑，永不敍用。其餘將校，各加處分。而元朝征緬軍事，亦止於此矣。

至順帝後至元四年（一三八八年），於蒲甘立邦牙等處宣慰司都元帥府，其管域東至八百宣慰使界，南至海，西至孟養界，北至猛密宣撫司界云。

元兵兩征緬甸，深入蒲甘，故留有遺跡不少。近年於蒲甘發現古碑一座，一面刻中文，一面刻驃文，現存該地博物院中。據華僑杜成誥（Taw Sein Ko）氏之考證，爲元征蒲甘之遺跡云。（註）

【元征爪哇之役】元世祖時爪哇杜馬班國王葛達那加剌王（Kartanagara）在位（一二六八年—一二九二年），王長於學問，熱心佛教，但好戰爭，輕舉妄動，不明國際情勢，致引起亡國之慘禍。初爪哇於一二八〇年（至元十七年）八六年（至元二十三年）先後遣臣屬入貢中國。而元世祖不滿，屬令王親朝中國或遣王室來朝，王不應。一二八九年（至元二十六年）遣右丞孟淇，持詔往，王黥其面遣歸。世祖大怒，決意伐之。一二九二年（至元二十九年）二月，詔史弼爲福建行省平章，高興、亦黑迷失副之。會福建、江西、湖廣三省兵凡二萬，發舟千艘，齎糧一年，鈔四萬錠，降虎符、金符、銀符以百計，用備功賞，諭曰：「卿等至爪哇，明告其國軍民，朝廷與爪哇通使，往來交好，後黥詔使孟右丞之面，以此進討。」

（註）見 Report of the Superintendent Archaeological Survey, Burma, 1916 20 and 1917 25.

十一月大軍會泉州，十二月自後渚啓行，風急濤湧，舟掀簸，士卒數日不能食。過七洲洋（Paracel 西沙）、萬里石塘（Macelesfield 南沙）歷交趾占城界。明年正月至東董山西董山（Natuna Islands）由牛崎嶼，入混沌大洋、橄欖嶼、假里馬答（Karimata）、交欄山（Gelam）等山，駐兵伐木造小船以入，遣宣慰官楊梓、全忠祖等率五百餘人先往詔諭。二月大軍繼進於吉利門（Karimon-Djawa），弼等至爪哇之杜并足（Toeban），既登岸，議分軍水陸進攻。弼與孫參政率都元帥那海萬戶寧居仁等水師自杜并足由戎牙路港口（Gaggala 卽泗水河口），至八節澗（Pachekan 在泗水南）。興與亦黑迷失都元帥鄭鎮國、萬戶脫歡等帥馬步兵自杜并足陸行。遣副元帥土虎登哥萬戶褚懷遠、李告等，乘鑽鋒船，由戎牙路至麻喏巴歇（Madjapahit）浮梁前進，赴八節澗期會。招撫爪哇宣撫司官主。爪哇王婿土罕必闍耶（Raden Widjaja）舉國納降，由楊梓、甘舟不花、全忠祖引其宰相昔剌難答吒耶（Wiraradja）等五十餘人來迎。

三月一日會軍八節澗，澗上接杜馬班王府（Tumapel），下通莆奔大海，乃爪哇咽喉必爭之地。又其謀臣希寧官沿河舶舟觀望成敗，再三招諭，不降。行省於澗邊設偃月宮，留萬戶王天祥守河津，土虎登哥、李忠等領水兵，鄭鎮國省都鎮撫倫信等領馬步軍，水陸幷進。希寧官櫂，棄船宵遁，獲鬼頭大船（註）百餘艘。令都元帥那海、萬戶寧居仁、鄭珪、高德誠、張受等鎮八節澗海口，大軍復進。

時爪哇與屬國葛郎（Kalang 今 Kediri）構怨，爪哇王葛達那加剌，已為葛郎主哈只葛當(Djajakatong)所殺，王壻土罕必闍耶攻哈只葛當不勝，退保麻喏巴歇，聞弼至，遣使以其國山川戶口及葛郎國地圖迎降求救。亦黑迷失、張參政先往安慰土罕必闍耶。鄭鎮國因軍赴章孤（Chang-kir）接援，興進至麻喏巴歇，七日葛郎兵三路攻土罕必闍耶。八月黎明，亦黑迷失孫參政率萬戶李明迎葛郎兵於西南，不遇。興與脫歡由東南路與葛郎兵戰，殺數百人，餘奔潰山谷。日中，西南路葛郎兵又至，興又戰，至晡又敗之。哈只葛當走歸國。

高興言爪哇雖降，倘中變與葛郎聯合，則孤軍懸絕，事不可測。弼遂分兵三道伐葛郎，期十九日會答哈（Daha），聽礮聲接戰。土虎登哥等水軍泝流而上。亦黑迷失等由西道，興等由東道進。土罕

（註）此船至今爪哇及峇厘尚有之，見新舊印度（Nederlandsch-Indie oud en Nieuw）第二年第七號 Nieuwenkamp 東印度之船舶(Iets over Vaartuigen in onze Oost.)

必闍耶繼其後。十九日至答哈，葛郎國王以兵十餘萬交戰。自卯至未，連三戰，賊敗奔潰，擁入河死者數萬人，殺五千人。國王入城拒守，官軍圍之，且招其降。是夕，國王哈只葛當出降。四月二日，土罕必闍耶乞歸，易降表及所藏珍寶入朝。弼與亦黑迷失許之。

時高興方諭降諸小國，哈只當子昔剌八的昔剌丹不合逃入山谷，興獨帥千人深入，虜昔剌丹不合還至答哈城。史弼、亦黑迷失已遣土罕必闍耶歸國，具入貢禮，興深言其失計。

初土罕必闍耶，救援爪哇公主，侵入答哈，城克，偕其妻子歸麻喏巴歇。而土罕必闍耶本有獻公主約，元軍責其踐約，昔剌難答吒耶詭曰：「公主於杜馬班答哈城陷時，目擊戰事，甚震慴，不欲見武器。明日引渡，乘轎赴貴船。貴軍亦遣高位者來接，勿隨從人，因公主不欲見武裝也。」元軍不覺其詐，允之。明日遣萬戶擔只不丁、甘州不花以二百人來迎，不挾武器，爪哇兵圍之，內外夾攻。元軍不支，逃歸麻哈巴歇所泊船，（註）擔只不丁、甘州不花皆被害。於是土罕必闍耶率衆攻答哈。四月弼引大軍

（註）土罕必闍耶叛元軍之原因，元史及新元史均不詳，此據 Fruin-mees 爪哇史（Geschiedenis van Java）六九、七〇、七二、七三頁。

還，爪哇軍夾路攘奪，弼自斷後，遂誅哈只葛當父子，且戰且行。行三百里得登舟。行兵十八日夜達泉州，士卒死者三千餘人。有司數其俘獲金寶香布等直五十餘萬。又以沒理國所上金字表及金銀犀象等物進，於是詔治縱爪哇者，弼與亦黑迷失皆獲罪，興獨以不預議，且功多，賜五十兩。一二九四年元世祖卒，故蒙古亦未有再征爪哇之舉。一二九七年（成宗大德元年）一三二二年（英宗至治二年）爪哇亦復入貢。

元軍退後，土罕必闍耶建設麻喏巴歇王國，稱孛拉必闍耶一世（Brawuetjaja），為十三四世紀南洋之大國。相傳元征爪哇，攜入火器。史弼與土罕必闍耶聯合攻答哈時給予爪哇軍之火槍不少。嗣後麻哈巴歇與別國戰爭，即利用此槍與火藥。麻喏巴歇王國繁榮之速，未始非此新軍器之助云。（註）

【元之婆羅洲殖民地】　婆羅洲北部與我國一海相隔，唐宋皆入貢中國，宋代曾與我國通貿易。據土人傳說，與中國關係頗深，而元代曾設行省於北婆羅。此事不見於我國文獻，茲就西人之紀

（註）見 Scidmore: Java; The Garden of the East, **p. 58.**

載述之如次。婆羅洲與中國關係之遺跡可舉者四端。一、今英屬北婆羅之地名，多以支那（Kina）起頭，如支那巴盧（Kina-balu）譯言中國寡婦山，支那巴坦加（Kina-batangan）譯言中國河。可見受中國影響之深。二、砂勞越之砂勞越河口有小丘曰 Satubong，高三千呎，爲中國字源，客語曰山大王，閩語曰山豬墓。山麓曾發見紀元前與一百二十年及紀元五百八十八年後之中國錢幣，又發見與人體同大之佛像及中國陶器之碎片甚多。（註）三、婆羅洲之勞仔人（Dayaks）、嘉顏人（Kayans）所藏之瓦甕，或來自中國，上雕龍形，視爲傳家之寶。土人謂瓦甕有神靈呵護，對之極恭敬。甕之種類甚多，高二尺至五尺，以古銅色爲多，亦有藍白紅各色。有雕龍者，有不雕龍者。價值少者百餘元，多至千元云。四、土人中有杜生人（Dusun）者，馬來語園藝人（馬來語作 Orang Dusun，Orang 人之意 Dusun 園藝之意）之意。其所著之長衫，所戴之金屬裝飾品，皆同中國，其栽植稻

（註）對於中國錢幣之發現，不能推定該時代有中國人移殖，詳見本書第二章第二節。中國瓷器爲宋元中南貿易中國輸出重要商品，詳見諸蕃志及島夷紀略。佛像更不能附會與中國有關。十三、四世紀婆羅洲在麻喏巴歇王國勢力之下，與其謂來自中國，不如謂來自爪哇也。附論於此，以明歷史科學附會之病。

穀，純粹華法。尚有內部之蒲打坦人（Putatan）蓄有辮髮，可見受蒙古人之影響甚深。據杜生人傳說，係華人後裔。緣有中國人初自文萊至喀亞斯（Klias）河，從事胡椒之栽植，納杜生婦女爲妻，並招致中國親友前來。後因避洪水之患及摩魯斯人（Muruts）之襲擊，移居邦都（Bundu）高地，子孫繁衍，卽爲今日之杜生人。其人在中國新年，敬神焚香，尤完全守中國習俗云。據杜生人傳說，更有中國人與支那巴魯神龍之神話。相傳多年前有中國人三千人，居住蒲打擔。中有一人名寶公者（Po Kong）與杜生酋長之女戀愛，酋長以女已訂婚於其族人，不之許。二人乃逃往支那巴魯山中。夜中見有白光往來，審知爲一神龍，每夜出穴，於口中吞吐紅色寶石以爲戲。寶公乃與其妻暗俟之，各兩手握泥，待龍出穴正吐出寶石時，以泥擲其目，使半盲。寶公取其石，天忽暗。寶公急刼石而逃，其妻則死於怒龍之手。卑劣之寶公，亦不回尋其妻，終至單巴蘇（Tempassuk district）之沙亞孛（Saiap）久住，其所藏之瓦甕，至今猶存。今沙亞孛之杜生酋長，卽其後裔云。

據西人紀載，更有元世祖建設北婆羅中國河行省之說。一二九二年（至元二十九年）元世祖征服婆羅洲，於中國河設行省，其管域兼轄蘇祿羣島。中國總督名黃昇平（Ong Sum-ping）譯音）云。但據蘇祿王室家譜所載，黃昇平初至文萊，率中國人甚多，蓋受元帝命求山頂神龍之寶，此山後名支那巴魯山。山龍猛甚，食人無數。黃昇平乃設計以燭易寶石。歸途中同伴王剛（Wang Kong 譯音）爭奪寶石，黃昇平乃回文萊。黃有女嫁文萊蘇丹阿克曼德（Akhmed），時在一三七五年。凡二十餘傳，以迄於今。其王系由女系遞嬗。阿克曼德之公主，嫁夏律阿麗（Arab Sherip）後繼王位，卽今文萊王家之始祖也。(註)

中國河行省及黃昇平事，中國史書俱無紀載。但黃昇平究有其人乎？據温雄飛君之說，二十年前有其鄉人（廣東人）黃卓如君至婆羅泥（卽文萊）貿易，擬承辦該處各種鉅大實業，故婆羅泥蘇丹極優待之。未幾值該蘇丹祭墓之期，蘇丹乃約黃君參觀祭墓典禮，並作郊遊。及期，蘇丹所御之服，半作中國式。盔而雉尾，略如舊式戲劇。乃隨之至郊外約一里許，上山巔，有一古墓，樸實無華，中豎碑碣，中隱隱若有中國字，爲其已漫漶不可讀。黃君好奇心切，乃取草紙捫而拓之，得五大字曰

(註)見 Sir Hugh Lows: Book of Descent Journal of the Stracts Branch of Royal Asiatic Society, No. 5.

「黃總兵之墓」其旁並無年月日及其他題碑署名等小字。據溫雄飛君之說，爲黃昇平之墓無疑，其稱爲總兵，或受命於朝而來者，則總兵乃其原銜，如實爲海盜，則比擬其所挾勢力之大小，僭竊此號自娛也。（註一）溫君確信蘇祿王室家譜之可據，又發見黃總兵墓，故推定黃昇平爲當時中國人領袖，而有女嫁於蘇丹者，其推定尙可信。惟溫君更謂此女非黃之親女，必其來時，掠諸貧家，僞己女，未免故甚其辭矣。

據蘇丹王室譜系黃昇平女下嫁文萊爲一三七五年事，當明洪武八年，而西人謂元設中國河行省，而任黃昇平爲中國河總督爲一二九二年。據菲律賓克萊（Craig）教授之說，是同爲元征爪哇之附會。（註二）其言亦可信，因歐洲東來，南洋地理不明，對於中國人所稱之爪哇，不知確指何島，（註三）而以婆羅洲土人之口碑紀載，與元征爪哇事混爲一談，此一可能之事也。

（註一）見溫雄飛南洋華僑通史六四—六七頁。

（註二）見拙譯菲律賓之歷史與華僑血統之關係（菲律賓研究二卷一號）。

（註三）馬哥孛羅遊記，曾稱婆羅洲爲大爪哇，而稱蘇門答剌爲小爪哇。初期東來之歐洲人，其東方知識，可謂十分之九，自馬哥孛羅遊記而來者。

本節參考文獻

Yule: Marco Polo.

Fruin-mees: Geschiedeuis van Java.

Rutter: British North Borneo.

Baring Gould and Bampfylde: A History of Sarawak.

Harvey: History of Burma.

Stuart: Burma Through the Century.

元史、新元史。

汪大淵——島夷志略。

周達觀——眞臘風土記。

至元征緬錄（守山閣叢書）。

溫雄飛——南洋華僑通史。

李長傅——南洋華僑史。

李長傅——南洋史綱要。

桑原隲藏——蒲壽庚之事蹟。

馮承鈞譯——馬斯帛羅占婆史。

第二節　明初之殖民事業

【明太祖之對外政策】明太祖驅逐蒙古，恢復中國，即位未幾，即遣使至海外。洪武二年（一三六九年）遣吳用、顏宗魯使爪哇。劉叔勉使西洋瑣里(Chola)三遣趙述使三佛齊、張敬元使渤泥。同時遣聞良輔使暹羅，而占城、眞臘亦通使。諸國於洪武初前後遣使入貢。洪武通使諸國之主要目的，在表示中國之復國，其國際之手續，一、使諸國繳還元代所頒印綬册誥，表明受新朝册封，名義上爲新朝之藩屬。二、重頒新印綬册誥，賜大統歷，使諸國奉新朝正朔。洪武元年，占城王阿答阿者遣使虎都蠻來賀即位。命行人吳用、顏宗魯、楊載送使者歸，賜以璽書及大統歷書曰：「我中國爲胡人竊據百年，遂使夷狄布滿四方，廢我中國之彝倫，朕既已發兵討之，垂二十年，芟夷既平，朕主中國，天下用安。恐番夷未知，故遣使以報諸國，不期王之使者先至，誠意至篤，朕甚嘉焉。今以大統歷一本，織金綺紗羅絹五十疋，專人送使者歸，且諭王以道，使占城之人安於生業，王亦永保祿位，福及子孫，上帝實監之，王其勉圖勿怠。」（註一）

洪武二年，遣吳用、顏宗魯，賜爪哇國璽書，書曰：「中國正統，胡人竊據百有餘年，綱常既墮，冠履倒置。朕是以起兵討之，垂二十年，海內悉定，朕奉天命，以主中國。恐遐邇未聞，故專報王知之。……今復遣人送還，頒去大統歷一本，王其知正朔所在，必能奉若天道，俾爪哇之民安於生理，王亦永保祿位，福及子孫，王勉圖之弗怠。」（註二）　此可見其通使之名義矣。

明太祖之對外政策，完全採消極主義，洪武二年編定皇明祖訓有云：「四方諸夷，皆限山隔海，

（註一）嚴從簡殊域周咨錄卷八占城條。

（註二）同上爪哇條。

僻在一隅，得其地不足以供給，得其民不足以使令。若其自不揣量，來擾我邊，則彼爲不祥。彼既不爲中國患，而我興兵輕犯，亦不祥也。吾恐後世子孫倚中國富强，貪一時戰功，而無故興兵，致傷人命，切記不可。但胡戎與西北邊境，互相密邇，累世戰爭，必選將練兵，時謹備之。今將不征諸國名列後，東北朝鮮國，正東偏北日本國，正南偏東大琉球國（琉球羣島）小琉球國（臺灣），西南安南國、眞臘國、暹羅國、占城國、蘇門答剌、西洋國（Cholo）、爪哇國、湓亨國（Pahamz）、白花國（花面國 Battak）三佛齊國、渤泥國。」其對羣臣亦云：「朕以諸蠻夷小國，阻山越海，僻在一隅，彼不爲中國患者，朕決不伐之。」（註）

蓋明太祖之政策，專防蒙古之南侵，海外諸與我國無害，故亦不欲征伐之。又鑑於元征爪哇之失敗，故亦不欲子孫侵略海外也。

洪武初因各國入貢，故明對於海外之貿易關係，亦與前朝相似。於寧波、泉州、廣州等地設市舶司。洪武七年因倭亂廢市舶司。洪武二三年後，對於南海諸國，亦未遣使。又因朝貢與貿易有關，因不

（註）大明實錄洪武四年辛未。

欲大興海外貿易，故洪武七八年以後，並限制朝貢之次數矣。洪武七年諭中書及禮部臣曰：「古者諸侯於天子比年一小聘，九州之外，則每世一朝，所貢方物，表誠敬而已。高麗稍近中國，頗有文物禮樂，與他番異，是以命依三年一聘之禮。彼若欲每世一見，亦從其意，其他遠國如占城、安南、西洋瑣里、爪哇、渤泥、三佛齊、暹羅斛、眞臘諸國入貢既頻，勞費太甚。今不必復爾，其移牒諸國俾知之。」

總之明太祖對於海外，完全採消極政策，其詔諭南海，不過爲天子懷柔遠人之意，對於海外諸國，既無武力壓迫之野心，亦無藉此促進海上交通，占貿易利益之慾望。此亦由於太祖初奠統一之基，外而北防胡元，東防倭寇。同時內地諸蠻族叛亂紛起，自寧夏、涼州、洮州至湖廣、四川、兩廣、雲貴，諸番蠻，三十年中幾無歲不用兵。亦無餘力侵略海外也。

洪武帝又以爲海寇之多，起於通商互市，故於廢止市舶司後，更於洪武十四年（一三八一年）下禁海令，不許人民私自出海貿易。皇明世法錄卷七十五，私出外境及違禁下海條云：

「凡將馬牛軍需鐵貨銅錢段疋紬絹絲棉私出外境貨賣及下海者，杖一百，挑擔馱載之人，減一等；物貨船車並入官。若將人口軍器出境及下海者絞，因而走洩事情者斬，其拘該官司及守把之人，通同夾帶，或知而放縱者，與犯人同罪。

「凡沿海去處，下海船隻，除有號票文引，許令出洋外，若姦豪勢要，及軍民人等，擅造三桅以上違式大船，將帶違禁貨物下海，前往番國買賣，潛通海賊，同謀結聚，及為嚮導劫掠良民者，正犯比照謀叛已行律處斬，仍梟首示衆，全家發邊衛充軍。其打造前項海船，賣與夷人圖利者，比照將應禁軍器下海者因而走洩軍情律，為首者處斬，為從者發邊衛充軍。若止將大船雇與下海之人，分取番貨，及雖不曾造有大船，但糾通下海之人，接買番貨，與探聽下海之人，販貨物來，私買販賣蘇木胡椒至一千斤以上者，俱發邊衛充軍，番貨幷沒入官。」

此後清代大清律關津條即直抄本文者也。

【明成祖之海外殖民政策】 明成祖永樂帝為野心之君主，既代建文帝而即帝位，對於明太祖所取應付海外諸國之消極方針，轉變態度而取極積行動。洪武三十五年（建文四年，一四〇二年）九月，遣使以卽位詔諭安南、暹羅、爪哇、日本、西洋、蘇門答剌、占城諸國。諭禮部臣曰：「太祖高皇帝時，諸蕃國遣使來朝，一皆遇之以誠。其以土物來市易者，悉聽其便。或有不知避忌而誤於憲條，皆寬宥之，以懷遠人。今四海一家，正當廣示無外，諸國有輸誠來貢者聽，爾其諭之。」（註一）聞良輔、寧善、馬彬、尹慶等使臣奉命於翌年（永樂元年）秋向爪哇、滿剌加、蘇門答剌、柯枝（Cochin）、西洋（Chola）等國出發。是年恢復洪武七年所廢之市舶司，以備諸國朝貢。而古里（Calicut）、蘇門答剌、滿剌加、舊港（Polembang）、爪哇諸國，於永樂三年，詔諭使臣返明之時，亦莫不同時入貢。

永樂帝於上述詔諭海外諸國之後，於永樂三年使宮官鄭和作大規模之海外侵略，即明史所謂：「三保太監下西洋，稱明初盛事。」亦我國殖民史上最光榮之一頁也。

【鄭和下西洋之動機】　鄭和海外經略，中國紀載所謂下西洋是，西洋者，當時指亞洲南部之海程而言也。（註二）鄭和之西征自永樂三年至宣德八年前後凡二十八年，經歷國家可考者凡二十餘國。此大規模之遠征，開我國航海史上未有之先例，即就全史而言，除班超之征西域外，亦無與之比肩者。試考察其遠征之動機何在乎？明史鄭和傳曰：「成祖疑惠帝亡海外，欲蹤跡之，且欲耀兵異域，示中國富強。」明史胡濙傳亦云：「傳言建文帝蹈海去，帝分遣內臣鄭和數輩浮海下西洋。」據此則因傳聞建文帝亡命海外，故命鄭和往探眞僞。然以鄭和之出使之理由而言，此事決非主要之任務。所謂「耀兵異域」一或爲永樂帝眞義所在。蓋雄才大略之永樂帝，北方既親征蒙古，東方又遠討女眞。其命鄭和遠征，實卽對南海諸國之遠征。再進一步言之，所謂「耀兵異域」一尙係表面之理由，實際之動機，尙建築於經濟基礎之上也。

明自太祖建國以來，連年戰爭，北伐蒙古，東防倭寇，西南邊番蠻迭次叛亂，加以營建宮室城廟，諸王亦與建王府，國帑空虛，民生凋蔽。至建文繼位以後，轉戰四載，赤地千里。成祖繼位後，國家財政，已達山窮水盡之途，不得不改變政策，向南海發展，從國際貿易之收入上，解救目前難關。此於明人紀載上亦可明白證明之。殊域周咨錄卷九曰：「自永樂改元，遣使四出，招諭海番，貢獻迭至，奇貨重

(註一)見大明實錄永樂元年。

(註二)明史波羅傳「婆羅又名文萊，東洋盡處，西洋所自起也。」明張燮著東西洋考列交趾、占城、暹羅、加留吧、柬埔寨、舊港、麻六甲、啞齊、柔佛、文郎馬神、地悶爲西洋列國。呂宋、蘇祿、猫里務、美洛居、文萊、鷄籠、淡水爲東洋列國。又印度沿岸有西洋瑣里（或簡稱西洋）西洋古里，物產有西洋布（產於坎巴夷 Koyampadi 今 Cormbatore）。是以當時之西洋乃指亞洲南部沿海諸國而言。自耶穌教士東來，自稱歐洲曰西洋（葡萄牙一稱大西洋國）而明代之西洋乃轉稱爲南洋也。

寶，前代所希，充溢府庫。貧民承令博買，或多致富，而國用亦羨裕矣。」此與宋代通商政策，同一情形也。

試再觀鄭和出使諸國情形，據鄭和隨行之馬歡所著瀛涯勝覽所記，擇錄數條於下：

古里國（Calicut）條「其二大頭目受朝廷陞賞，若寶船到彼，全憑二人主爲買賣。王差頭目並哲地朱訥兒（Waligi Chitti?）計書算於官府，牙人來會，領船大人議擇某日打價，至日，先將帶去錦綺等物，逐一議價已定，隨寫合同價數，彼此收執。其頭目哲地卽與內官大人衆手相挐。其牙人則言某月某日於衆手中拍一掌已定，或貴或賤，再不悔改。然後哲地富戶纔將寶石珍珠珊瑚等物來看，議價非一日能定，快則一月，緩則二三月。若價錢較議已定，如買一主珍珠等物，該價若干，是原經手頭目未訥几計算該還紵絲等物若干，照原打手之貨交還，毫釐無改。

溜山（Maldives）條：「中國寶船一二隻亦到彼處，收買龍涎香椰子等物。」

祖法兒國（Zufar）條：「中國寶船到彼，開讀賞賜畢。其王差頭目遍諭國人，皆將乳香、血竭、蘆薈、沒藥、安息香、蘇合油、木別子之類，來換易紵、絲、磁器等物。」

阿丹國（Aden）條：「分䑸內官周□領駕寶船數隻到彼，王聞其至，即率大小頭目至海濱迎接，詔勅賞賜。至王府行禮甚恭謹感服。開讀畢，即諭其國人但有珍寶，許令賣易。在彼買得重二錢許大塊貓睛石，各色雅姑（Yagut）等異寶。大顆珍珠珊瑚樹高二尺者數株，又買得珊瑚枝五櫃，金珀、薔薇露、麒麟（giraffe）、獅子、花福鹿（zebra）、金錢豹、駝雞、白鳩之類而還。」

柯枝國條：「第三等人名哲地（Chitti），係有錢財主，專一收買下寶石、珍珠、香貨之類，候中國寶船或別國番船客人來買。」

暹羅條：「國之西北二百餘里有一市鎮。名上水。中國寶船到暹羅，亦用小船去做買賣。」

據此則中國使船（寶船）之至各國，其政治的使命，不及貿易的意義之重要也。

【鄭和之家世】　鄭和姓馬，雲南人，世爲回教徒，其家世據袁嘉穀滇繹卷三所載之永樂三年李至剛所撰鄭和父之墓誌銘，茲錄之如下：

「故馬□□□銘 一行 公字哈只，姓馬氏，世爲雲南昆陽州人，祖拜顏，妣馬氏，父哈只，母溫 二行 氏。公生而魁岸奇偉，風裁凜凜可畏，不肯枉己附人，人有過，輒面斥 三行 無隱。性尤好善，遇貧困及鰥寡無依者，恆護賙給，未嘗有倦容。以三行故鄉黨靡不稱公爲長者。娶溫氏有婦德，子男二人，長文銘次和，女四行四人，和自幼有材志，事今五行天子，賜姓鄭，爲內官太監。公勤明敏，謙恭謹密，不避勞勩，縉紳咸稱譽六行焉。嗚呼觀其子而公積累於平日與義方之訓可見矣。公生於甲申七行年十二月初九日。卒於洪武壬戌七月初三日，享年三十九歲。長子八行文銘，奉柩安厝於寶山鄉和代村之原，理也。銘曰：九行身處乎邊陲而服禮義之習，分安乎民庶，而存惠澤之施，宜其餘慶十行深長，而有子光顯於當時也。十一行時永樂三年端陽日，資善大夫禮部尚書兼左春坊大學士李至剛撰。十三行」。

據此則鄭和本姓馬。哈只（Hadji）者回教之尊稱，凡朝天方而歸者稱爲哈只，猶言師尊，非名也。又據向覺明君之說，曾祖拜顏，妣馬氏，拜顏殆卽伯顏。大約其先世乃西域人，至其祖父華化而後，方改馬姓，故曾祖母仍爲馬氏也。（註）永樂帝之遣鄭和西征，因和爲回教徒，亦其原因之一。考鄭和於永樂十五年出使忽魯謨斯時，曾至泉州仁風門外回教先賢塚行香，以求靈聖庇祐，如非回教徒，

（註）見覺明關於三寶太監下西洋的幾種資料（小說月報第二十卷第一號）。

決無此舉也。（註一）

鄭和時人呼三保太監，或三寶太監，其命名之由來，或謂宮中呼之曰三保，故世人亦以三保稱之，實則同時內官呼三保尚有之，不僅鄭和已也。（註二）

鄭和亦曾皈依佛教，法名福善。（註三）明人袁忠徹（神相袁柳莊之姪）古今識鑒，論及鄭和之形貌云：「內侍鄭和即三保也，雲南人。身長九尺，腰大十圍，四岳峻而鼻如法反（？），此者極貴，眉

（註一）張星烺泉州訪古記（地學雜誌十七年第一期）。

（註二）七修類稿卷十二：「永樂丁亥命太監鄭和、王景弘、侯顯三人往東南諸國賞賜宣諭，今人以為三保太監下（西）洋。」嚴從簡殊域周咨錄卷七：「三保之稱，不知係鄭和舊名，抑西洋私尊鄭和、王景弘、侯顯等為三保故耶。」按王景弘亦有王三保之稱（見三寶壠三寶廟碑記）。而明史三百三十一卷亦有內官楊三保，則三保為當時內官通稱之一也。

（註三）佛說摩利支天經經後：永樂元年姚廣孝題記有云：「今菩薩戒弟子鄭和，法名福善，施財命工刊印流通，其所得勝報，非言可盡矣。一日懷香過余請題，故告以此。永樂元年，歲在癸未秋八月二十又三日，僧錄司右善世沙門道衍。」

目分明，耳白過面，齒如編貝，行如虎步，聲音洪亮。後以靖難功授內官太監。永樂欲通東南夷，上問以三保領兵如何？忠徹對曰：三保姿貌才智，內侍中無與比者，臣察其氣色誠可任。遂令統督以往，所至畏服焉。」此則近於崇拜英雄之描寫，而為命相者言，不免於附會，未可盡以為據也。

鄭和生卒年歲約在一三七一年迄一四三五年。明初用兵邊境，有閹割俘虜幼童之習。吳晗君假定鄭和為洪武十四年（一三八一年）傅友德、沐英定雲南時所俘被閹之幼童。初侍燕王時，其年當為十歲以內，靖難兵起時約三十歲左右。以後七奉使海外，歷成祖、仁宗、宣宗三朝，最後出使（一四三〇年），不久卽老死，其存年約六十五歲左右云。（註）

【鄭和之航程】　鄭和之下西洋，前後凡七次，開我國航海史未有之先例。其航程據明史、大明實錄及鄭鶴聲君所介紹之鄭和通番事蹟記所載，分述之如下：

第一次航行，始於永樂三年（一四〇五年）六月，和及其儕輩王景弘等奉命，率大舶（修十四丈，廣十八丈）六十二艘，載將士二萬七千八百餘人，自蘇州劉家河泛海，經福建寄泊，南下至占

（註）吳晗十六世紀前之中國與南洋（清華學報十一卷十一期）。

城，又南至爪哇，大概在三寶壟附近登陸。（註一）時爪哇內亂，殺和步卒一百七十人，和討之，爪哇王 Virabhumi 懼，遣使謝罪。（註二）又西航經錫蘭島，達印度西海岸之古里。迴航經三佛齊擒舊港中國人頭目陳祖義，於五年（一四〇七年）九月歸國。

第二次航行，始於永樂五年（一四〇七年），（註三）此行經爪哇、暹羅至印度沿岸之古里柯

（註一）三寶壟今有三寶洞，相傳為鄭和遺跡。洞前有三寶廟，奉鄭和遺像，香煙甚盛，華土多信之。三保墩，相傳為鄭和沈舟路。又相傳陰曆六月三十日為三保航抵爪哇紀念日，每年此日，三寶壟之大覺寺必須例進香云。

（註二）明史爪哇傳「永樂三年遣中官鄭和使其國。……明年西王與東王構兵，東王戰敗，國被滅。適朝使經東王地，部卒入市，西王國人殺之，凡百七十人。西王懼，遣使謝罪，帝賜勅切責之，命輸黃金六萬兩以贖」。據山本達郎之考證，東王與西王之戰，係指當時東爪哇麻哈八歇國承繼王位之內亂。西王指麻哈八歇國王 Vikramavardana，東王指其東 Balambangan 之 Bhre Virabhumi。而鄭和之抵爪哇，當在永樂四年（一四〇六年）（見山本達郎鄭和西征考，東洋學報二十一卷第三號）。又據明史，鄭和於永樂三年六月出發，而華僑則謂六月抵爪哇，則亦當在翌年（永樂四年）也。

（註三）鄭和第二次航海，明史成祖本紀作永樂六年九月，此據通番事蹟記。伯希和則謂六年奉命，七年出發，則與第三次相混，蓋因未見通番事蹟記之故也。

枝，於永樂七年二月歸途經錫蘭，賚捧詔敕金銀供器彩粧織金寶幡布施於寺，並建碑以崇明朝威信。(註)其王亞烈苦奈兒 (Alagakkonara) 侮慢不敬，欲害和，和覺而去。本年歸國。

第三次航行，卽於第二次回國之年（永樂七年）再出發。偕行者有通譯費信（星槎勝覽著者），九月駕船四十八艘自劉家港開船，十月至福建長樂太平港泊，十二月自福建五虎門開洋，順風十晝夜至占城國。又正南八晝夜至滿剌加，又達錫蘭島國，王亞烈苦奈兒負固不服，欲攻和，爲和

(註)此見星槎勝覽。一九一一年於錫蘭島之 Galle 地方發見一石碑，今保存於錫蘭博物院中，蓋卽此碑。此碑文用漢文、塔米爾文、波斯文三種文字，今漢文尚存，其他二種文字大半磨滅。日本內藤虎次郎氏曾有此文拓本，茲錄之如下。

（一行）大明（二行）皇帝遣太監鄭和王貴通等昭告於（三行）佛世尊（空二格）同仰慈尊圓明廣大道臻玄妙法濟羣倫歷劫沙河悉歸弘化能仁慧力妙應無方惟錫蘭山介乎海南言言梵（四行）刹靈感翕彰比者遣使詔諭諸番海道口開深賴慈佑人舟安利來往無虞永維大德禮用報施謹以金銀織金紵絲寶幡（五行）香爐花瓶紵絲表裏燈燭等物布施佛寺以充供養惟（六行）世尊鑒之（七行）總計布施錫蘭山立佛等寺供養金壹仟錢銀伍仟錢各色紵絲伍拾疋織金紵絲寶幡肆對（內）紅貳對黃壹對靑壹對（九行「古」字）古銅香爐伍個戧金座全古銅花瓶伍對戧金座全黃銅燭伍臺對戧金座全黃銅燈盞伍個戧金座全（十行）硃紅漆金香盒伍個金蓮花伍對香油貳仟伍佰觔蠟燭壹拾對檀香壹拾炷（十一行）永樂柒年歲次己丑二月甲戌朔日謹施

所覺，戰而擒之。(註一)又至古里、柯枝、小俱蘭。分艅往阿丹、忽魯謨斯。九年歸國，囚錫蘭王同獻於朝，尋蒙恩宥，釋之歸錫蘭。

第四次航行，自永樂十二年(一四一四年)出發，明史謂爲永樂十年，殆奉勅之年也。考西安羊市大淸眞寺，嘉靖二年重修淸淨禪寺記：「永樂十一年四月，太監鄭和奉勅差往西域天方國，道出陝西，求所以通譯國語可佐信使者，乃得本掌教哈三焉。」可見永樂十一年鄭和尙在陝西，則十年航海，不可能也。此行哈三外，尙有馬歡(瀛涯勝覽著者)，道經蘇門答剌，擒其王蘇幹剌。又西經喃渤利、古里、柯枝，遠至忽魯謨斯。分艅至溜山、阿丹、祖法兒、木骨都束諸國。十三年囚蘇幹剌歸國。計鄭和自九年歸國至十二年始出使，其間淹留國內者凡三年，嗣後五六兩次出使距離，少則二年，多或四年，與第一、二、三次連年出使情形，又有不同。鄭鶴聲君以爲明廷威德已宣，而和年亦漸老，所以稍事休息也。(註二)

第五次航行在永樂十五年(一四一七年)，明史謂永樂十四年，殆奉勅之年也。泉州仁風門外先賢墓有鄭和行香碑記：「欽差總兵太監鄭和，前往西洋忽魯謨斯等國公幹。永樂十五年五月十六日，於此行香望聖靈庇祐。」可以證明之也。此次從行者有僧人勝慧，惟馬歡未往，費信亦不在行中。史料不足，行程無從確定。但據通番事蹟記曾至忽魯謨斯、阿丹、木骨都東、卜剌哇、爪哇及古里。其歸國之年，據明實錄則在永樂十七年七月也。

第六次航行，據通番事蹟記在永樂十九年（一四二一年），回國年未詳。明史謂明年（永樂二十年）八月還。二十二年（一四二四年）正月舊港中國人客長施濟孫請襲宣慰使職，和賚勅印往賜之，比還成祖已宴駕，洪熙元年二月，仁宗命和以下番諸軍守備南京。則後一次歸期，當在洪熙元年二月以前，最久不過一年。時期未免太短，因僅賜印一酋長，而遣派位高年老之鄭和，亦似乎不實。向覺明君藏有清初人鈔本殘卷書題序跋并闕，馮承鈞君疑爲針位篇之一種，中有一條云：「永樂十九年奉聖旨，三寶信官楊敏字佛鼎，洎鄭和李愷等三人往榜葛剌等番邦，週遊三十六國

（註一）舊說以擒錫蘭王爲鄭和第三次航海歸途事，此據通番事蹟記及鄭鶴聲從新史資考證鄭和下西洋之年歲（史地周刊五十七期）。

（註二）見鄭鶴聲前論文。

公幹。至永樂二十三年經烏龜洋中，忽暴風浪。」（下言禱告天后娘娘得平安）。（註一）則第六次航海，定爲永樂十九年出發，二十三年歸國，當無大差也。此行有內官孔和、卜花、唐觀保、楊慶、洪保、楊敏、李愷等。通番記謂至忽魯謨斯諸國，大概西洋諸國，均有大䑸及分䑸前往。使臣久侍京師者，悉還本國。其各國王貢獻各方物，視前益加。據明史，此數年中海外各國入貢者亦特多，故鄭和淹留海外者亦特久。鄭鶴聲君謂此行之重大目的，或即送各番國使臣回國，（註二）其言亦可信也。

第七次航行，自宣德五年（一四三〇年），宣德八年回國。此行正使太監鄭和、王景弘，副使太監米良、周福、洪保、楊眞，右少監張達等。而鞏珍（西洋番國記著者），費信、馬歡、郭崇禮等亦隨行。此次航程，祝允明前聞記載之頗詳。全體人員有官校旗軍、火長、舵工、班碇手、通事、辦書、算手、醫士、鐵錨、木艌、搭林等匠，水手民艄人等共二萬七千八百餘人。宣德五年閏十二月六日龍灣（南京之北）開舡，十日到徐山（打圍），二十日出附子門，二十一日到劉家港，六年二月十六日到長樂港，十一

（註一）見馮承鈞瀛涯勝覽校注序第九頁。

（註二）見鄭鶴聲前論文。

月十二日到福斗山，十二月九日出五虎門（行十六日）。二十四日到占城。七年正月十一日開船（行二十五日），二月六日至爪哇斯魯馬益（Surabaya）六月十六日開船，二十七日到舊港。七月一日開船（行七日），八日到滿剌加。八月八日開船（行十日），十八日到蘇門答剌。十月十日開船（行三十六日），十一月六日到錫蘭山別羅里（Beruwala）。十日開船（行九日），十八日到古里國。二十二日開船（行三十五日），十二月二十六日到忽都謨斯。八年二月十八日開船回洋（二十三日）。三月十一日到古里。二十日大䑸船回洋（行十七日）。四月六日至蘇門答剌。十二日開船（行九日），二十日至滿剌加。五月十日回到崑崙洋。二十三日到赤坎（Kega Point）二十六日到占城。六月一日開船（行二日），三日至外羅山（Kulao Bay）。九日見南澳山。十日晚望見望郎回回山。六月十四日到崎頭洋。十五日到碗碟嶼。二十日過大小赤。二十一日進太倉（後程不錄）。七月六日到京。

鄭和七次西征，其航行之日期，明史與通番事蹟記各異，兩種紀載歧異之處列下。

次數	通番記	明史
第一次	永樂三年至五年	永樂三年六月至五年九月
第二次	永樂五年至七年	永樂七年九月至九年六月
第三次	永樂七年至九年	永樂十年十一月至十三年七月
第四次	永樂十二年至十三年	永樂十四年冬至十七年七月
第五次	永樂十五年	永樂十九年春至二十年八月
第六次	永樂十九年至（二十三年）*	永樂二十二年正月至（洪熙元年）**
第七次	宣德五年至（八年）***	宣德五年至（八月）

（附註）*據抄本針位篇。**據推算。***據前聞記。

本文所據，大體依通番記，因此爲鄭和所自述，較爲可信也。

鄭和先後所至諸國，據明史鄭和本傳共三十七國，然中有重複者，實際祇有三十四國。合之星槎勝覽及瀛涯勝覽所紀之阿丹國而爲明史所略者，合計共三十五國，茲列之如下：

後印度三國：一、占城（Champa），二、眞臘（Campodja），三、暹羅（Siam）。

馬來半島三國：一、滿剌加(Malacca)，二、彭亨(Pahang)，三、急蘭丹(Kelantan)。

馬來羣島八國：一、舊港(Polembang)，二、蘇門答剌(Sumatra, Achen)，三、阿魯(Aru)，四、喃渤利〔南巫里(Lambri)〕，五、黎代(Lide)六、那孤兒(Battak)(以上蘇門答臘島)，七、爪哇(Java)八、孫剌(Sunda?)。

印度沿岸十一國：一、古里(Calicut)，二、柯枝(Cochin)，三、四、大小葛蘭(大小唄喃 Quilon)。五、西洋瑣里(瑣里 Chola)六、加異勒(Cail)。七、阿撥把丹(甘把里附近)八、甘把里(Koyampadi)。九、錫蘭山(Ceylon)。十、溜山(Maldives)。十一、榜葛剌(Bengal)。

波斯阿拉伯沿岸五國：一、忽魯謨斯(Ormus)，二、佐法兒(Zufar)，三、剌撒(忽魯謨斯附近)，四、阿丹(Aden)，五、天方(Macca)。

非洲東岸五國：一、木骨都束(Magadoxu)，二、麻林(Malinde)，三、卜剌哇(Brawa 比剌)四、沙里灣泥，五、竹步(Juba)。

其中東非洲之麻林國及眞臘國似非官船所經。又有阿撥把丹、比剌、孫剌、沙里灣泥，詳情不明。

實際鄭和等所歷之國有跡可尋者，僅二十餘國。

鄭和所乘之使船，史書稱曰寶船，其船航行所經，殆遍歷亞洲南部。記載寶船里程之最詳者，爲前引之前聞記之下西洋條，所記雖爲第七次航行之里程，然亦七次航海所循之舊道。據其航路，自南京出發，經劉家港航海，經長樂、五虎門出國，初至占城，繼至爪哇，由爪哇而西至蘇門答剌之舊港，由舊港至滿剌加。由滿剌加至蘇門答臘西北角之亞齊。由亞齊到錫蘭，由錫蘭到印度西海岸之古里，由古里至波斯灣口之忽魯謨斯。復由古忽魯斯回至古里。大䑸寶船，由古里回洋，歷經亞齊、滿剌加、占城等地，返航太倉。

此所記之里程，稱大宗寶船，殆指正使所駕之大隊船舶。䑸字爲當時新字，卽今英文之 junk 是也。(註) 大䑸而外，另有分䑸，其分䑸之針路，據馬歡、費信、鞏珍等之紀載，分䑸出發之地，大致有五。

一、自占城之新州（今歸仁 Qui-nhon）其航線大致有三：一爲赴文萊（Brunei）之航線。一赴爪哇島蘇魯馬益之航線。一線經過假里馬打（Karimata）麻葉甕（Billiton）之間。大䑸寶船

（註）䑸字原出馬來文 jong 葡萄牙人作 junco 英文作 junk，譯爲中國及其附近帆船之稱。

所循者，蓋爲此第二線。由蘇魯馬益歷舊港、滿剌加、亞魯而至亞齊。

二、爲亞齊（蘇門答剌），其航線有二：一爲赴榜葛剌之航線，一爲赴錫蘭之航線。此二航線雖在亞齊分道，似皆經過喃孛里、翠藍嶼（Andaman）然後分途航行，大䑸寶船所循者，乃後一航線也。

三、爲錫蘭島之別羅里。其航線亦有二：一爲西赴溜山洋之航線。一爲西北赴小葛蘭航線，亦卽大䑸寶船之航線。明史言錫蘭可通不剌哇，此殆爲溜山延長至非洲東岸之航路也。

四、爲小葛蘭。其航線亦有二：一爲逕航非洲東岸木骨都束之線。一北赴柯枝之線。大䑸寶船卽循此線經過柯枝至古里。當時寶船似未北行至印度以西之沙里八丹（Jarfattan 今 Cananore）很奴兒（Honore）二國。

五、爲古里，其航線亦有二：一爲西北赴波斯灣口之忽魯謨斯之航線。一爲赴阿剌伯南岸之祖法兒、剌撒、阿丹等。當時寶船雖未逕航默伽（Mecca），而所遣通事七人附載之古里船，曾循此線西北行而抵秩達（Jidda）也。

鄭和時代，航海術已甚進步，能使用二十四方位之指南針，茅元儀武備志卷二四〇所附鄭和航海圖，詳記各處之針路，試舉其一例。「蘇門答臘開船，用乾戌針十二更，船平龍涎嶼開船，用辛戌針十更，船見翠藍嶼，用辛針三十更，船用辛酉針五十更，更見錫蘭山。」卽自蘇門答臘（亞齊）出發，北西向約七八百里（每更六十里）至龍涎嶼（Nicobar）辛戌爲北西西至翠藍嶼（Adaman），又辛針及辛酉針西微近北至錫蘭島。

當時航海並利用星象。試觀上列武備志之圖，卽北有北辰星，卽北斗星，在水平面上一手指（digit）。華蓋水平面上八手指，卽Casscopee 星羣中最光輝之星，與Camelopardus 間之四星。此圖自其形視之，與小熊星之七星相當，然圖上作八星，殆誤繪也。南之燈龍骨星，爲南方十字星，在水平上十四半

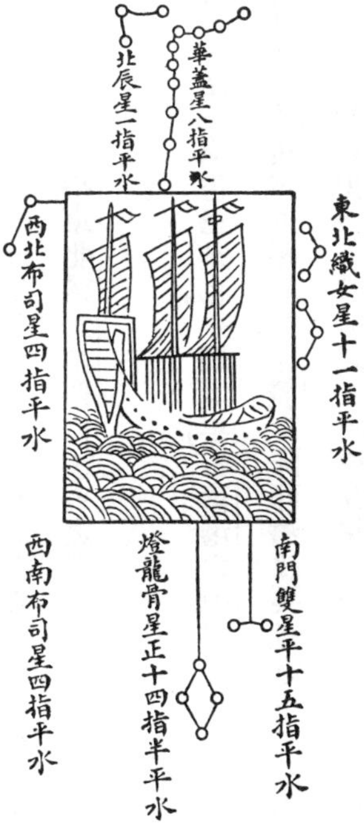

手指。而南門雙星當爲 Centaurus 之 α 及 β，在水平上十五手指。西北之布司星卽 Orion，在水平上四手指。西南之布司星卽 Orion，在水平上四手指。東北織女星卽 Lyra 之三星 $\alpha\ \epsilon\ \xi$，在水平上十一手指也。

【鄭和之殖民戰爭】鄭和之武功，所謂三擒番王是也。永樂五年，有舊港之中國人頭目名陳祖義者，稱雄海上，和第一次航行自西洋回，過舊港，遣人招諭之，祖義詐降，而潛謀要劫官軍。其僚屬施進卿者，以告和，和乃整兵以備。祖義率衆來劫，和出兵與戰，祖義大敗，殺其黨五千餘人，燒船十艘，獲其七艘及僞印二顆，生擒祖義等三人，械至京師伏誅。施進卿命其壻邱彥誠隨和入貢，明廷授進卿爲舊港宣慰使，賜印誥冠帶文綺紗羅，卒後由子濟孫襲其職。

永樂七年鄭和第二次航行至古里，歸經錫蘭，奉香花供養佛牙精舍。鄭和勸國王亞烈苦奈兒(Alagakkonara, Vijaya Bahn VI)敬崇佛教，遠離外道。王怒，卽欲加害，鄭和知其謀，遂去。本年（永樂七年）鄭和第二次出使至錫蘭。(註)阿烈苦奈兒誘和至其國中，令子納顏索金銀寶物，不

（註）此據通番事蹟記，舊作鄭和第二次航海事。

與潛發兵五萬餘劫和舟，而伐木拒險絕和歸路，使不得相援，和等覺之即擁衆回船路已阻絕。和語其部下曰：「賊大衆既出國中必虛且謂我客軍孤怯不能有爲出其不意攻之可以得志。」乃潛令人由他道至船，俾官軍盡死力拒之。而躬率所領兵二千餘由間道急攻王城（Cotta）破之，擒亞烈苦奈兒幷家屬頭目。番軍復圍城，交戰數合大敗之。此戰事不詳於錫蘭史籍，鄭和與錫蘭人戰場就地理考之，約在 Catta 與 Colombo 之間云。（註一）

永樂九年，鄭和回國，俘亞烈苦奈兒以歸，羣臣請誅之。永樂帝憫其愚無知，命姑釋之，命禮部議擇其屬之賢者爲王，以承國祀。禮部詢所俘國人，國人皆舉耶巴乃那。永樂十年十一月復遣鄭和使西洋賚詔印往，送亞烈苦奈兒歸國。時錫蘭國人已立不剌葛麻巴思剌扎（Parakkama Bahu Raja, Parakkama Bahu VI）爲王，疑即耶巴乃那也。（註二）

永樂十二年鄭和第四次航行，道經蘇門答臘，賜其王宰阿必丁（Zaynu-L-Abidin）綵幣。有

（註一）見山本達郎鄭和西征考。

（註二）見伯希和鄭和下西洋考（馮譯本）三三頁。

蘇幹剌(Sekander)，乃前王弟，方謀殺宰阿必丁，以奪其位，且怒使臣賜不及己，領兵數萬，邀殺明軍。和帥衆及其國兵與戰，蘇幹剌敗走，追至南渤利國，並其妻子俘以歸。十三年歸獻於行在，兵部尚書方賓言：蘇幹剌大逆不道，宜付法司正其罪，遂命刑部按法誅之。(註)

【鄭和同時下洋之使臣】　明初出使海外著有勞績者，鄭和而外，尚有太監楊敏、侯顯、尹慶諸人。楊敏(一作楊敕)於永樂十年奉使往傍葛剌等國。十二年回國，費信此次曾在行中。侯顯繼之，二使榜葛剌。國王賽佛丁(Saifu-d'din)遣使貢麒麟及諸方物。永樂帝尤悅，錫予有加。榜葛剌之

(註　此據實錄，按瀛涯勝覽及明史所載者異此，茲錄之如下：「其蘇門答剌國王先被那孤兒花面王(Battak)侵略戰鬬，身中藥箭而死。有一子幼小，不能與父報仇。其王之妻與衆誓曰：有能報夫死之仇，復全其地者，吾願妻之，共主國事。言訖，本處有一漁翁奮志而言：我能報之。遂領兵衆當先殺敗花面王，復雪其仇。花面王被殺，其衆退伏，不敢侵擾。王妻於是不負前盟，卽與漁翁配合，稱爲老王，家室地賦之類，悉聽老王裁制。永樂七年效職進貢而沐天恩。永樂十年復至其國，其先王之子長成，陰與部領合謀弒義父漁翁，奪其位，管其國。漁翁有嫡子蘇幹剌領衆挈家逃去鄰山，自立一寨。不時率衆侵復父仇。永樂十三年，正使太監鄭和等統領大䑸寶船到彼，發兵擒獲蘇幹剌，赴闕明正其罪。其王子感荷聖恩，常貢方物於朝廷。」此說與實錄不合。總之，蘇門答剌兩酋長爭國，中國助其親華者，而征服其抗華者也。

西有國曰沼納樸兒（Jaunpur）爲西印度古佛國侵榜葛剌。賽佛丁告於朝，十八年九月命顯往宣諭，賜金幣，遂罷兵。

二十一年九月，江陰等衞都指揮僉事周鼎等九百九十二人，奉命使榜葛剌等國回，皇太子令禮部賞鈔有差。

尹慶於元樂元年九月使滿剌加、柯枝諸國。三年九月返國，蘇門答剌酋長宰奴里阿必丁，滿剌加酋長西利八兒速剌，古里國酋長沙米的，俱遣使隨還朝見。詔俱封爲國王，與印誥，併賜綵幣襲衣。十年命甘泉送滿剌加王姪還國。

永樂元年內官馬彬被命使爪哇、西洋瑣里、蘇門答剌諸國，隨行者有金吾左衞千戶李名道、林子宣諸將校。後又數奉命使占城。

張謙於永樂六年與行人周航使渤泥國，十年十四年十八年復奉命往使，十五年九月又出使古麻剌郎國（在菲律賓羣島）。

吳賓於永樂初曾使爪哇。聞良輔及寧善於永樂二年使蘇門答剌及西洋瑣里。其他使者尚多，但不足與鄭和比也。

同時中國人之殖民於海外，而非朝廷所使命者，亦復有之。洪武初，麻喏八歇王國，西侵室利佛逝，舊王朝亡國大亂。時閩粵人旅三佛齊者千餘人，有南海人梁道明者號召而部勒之，保國之北境，與爪哇相拒，爪哇不能有也。閩粵軍民從之泛海者數千家。道明儼然爲長矣。會明指揮使孫鉉使海外，遇道明子與之俱來。永樂三年成祖以行人譚勝受與道明同邑，命偕千戶楊信等齎敕招之，道明與其黨鄭伯可入朝貢方物，受賜而還。四年遣從子解政來朝，是則明廷以海外國主待之矣。時有陳祖義，爲道明所撫，使之爲舊港另一頭目，亦遣子士良入朝。然陳雖朝貢而爲盜海上，貢使往返者苦之，永樂五年爲鄭和所捕，獻於朝伏誅。

爪哇之新村，番名革兒昔（Geresik）昔爲沙灘地，中國人客此而成聚落，遂名新村（訛作廝村），約數千家，番舶至此互市，爲爪哇最富饒之區，其頭目亦廣東人也。此頭目姓名不詳，是否自主，或爲爪哇任命之中國人客長，則不得而知之矣。

【鄭和下西洋之影響】 鄭和七下西洋，經歷二十餘國，其航海也，早在西方航海家伽馬、哥倫布等航海之數十年前。雖不能西越好望角，在世界史上之大發現時代占一席之地位，但在我國殖民史及航海史上占未有之光榮，此可斷言者。明史鄭和傳有曰：「自和以後，凡將命海表者，莫不盛稱和以夸外番。故俗傳三保太監下西洋，爲明初盛事云：」但一方面因大規模之航海，所需經費極鉅，亦不免有窮兵黷武之譏。明史鄭和傳云：「所取無名寶物，不可勝計，而中國耗費亦不貲。」又殊域周咨錄卷八所引劉大夏之言曰：「三保下西洋，費錢糧數十萬，軍民死且萬計。縱得奇寶而回，於國家何益，此特一弊政，大臣所當切諫者也。」此均當時之輿論也。

實則鄭和下西洋之動機，在經濟的因素，已如上所述，其所經營者爲官家貿易，鄭和時代中南國營貿易之盛，爲唐宋所未有。自鄭和下西洋後，朝廷對於海外通使，取退嬰政策，而官營貿易之爲之退落。但民間貿易反勃然興盛。此種民間貿易，似漸次獲得政府之許可，在歐人東來以前。海上交通情勢未變更之際，情況頗佳。鄭和之西征，對於民間海上交通，加以促進之力，使其發展，毫無疑問之餘地。此即爲鄭和受後世崇拜爲南海英雄之原因。如滿剌加、爪哇之三寶壠、暹羅之大城，均有三寶太監之遺跡。（註一）南方對於珍奇之植物，器物古蹟之由來，頗多牽強附會於鄭和，（註二）均屬崇拜之表現。後世且以彼之出使事績爲題材著作小說傳記者，如羅懋登之三寶太監西洋記通俗演義及馬來文鄭和傳（註三）是也。

（註一）見拙著南洋華僑史。

（註二）見向覺明前論文。

（註三）見中目覺阿林利加視察談（地學雜誌四七五號）。

本節參考文獻

明史。

大明實錄。

馬歡——瀛涯勝覽。

費信——星槎勝覽。

鞏珍——西洋番國志。

張燮——東西洋考。

嚴從簡——殊域周咨錄。

覺明——關於三寶太監下西洋幾種資料（小說月報第二十卷第一號）。

鄭鶴聲——從新史料史證鄭和下西洋事之年歲（大公報史地周刊第五十七號）。

有高巖——鄭和の南海經路（歷史と地理一卷二號）。

山本達郎——鄭和西征考（東洋學報二十一卷三四號）。

伯希和——鄭和下西洋考（馮承鈞譯本）。

Groeneveldt: Note on the Malay Archipelago and Malacca.

Rockhill: Notes on the Relations and Trade of China with the Eastern Archipelago and the Coasts of the Indian Ocean Duriug the XV Century. T. P. 1915.

Obeyesekere: History of Ceylon.

第四章　中西勢力接觸時代

第一節　西人東來初期與中國殖民之衝突

【葡萄牙之東來】歐洲與中國、印度之直接交通，自中古以來，有一時中絕之勢。但兩方通商，尚非全然斷絕。中印之貨物運至西亞或埃及，與歐洲通商。當時義大利之諸商城如熱內亞（Genoa）、威尼斯（Venice）與東洋貿易最盛。熱內亞多取道海路經君士坦丁，出黑海載隊商輸來中國、印度之貨物而歸。威尼斯則取道南方至亞歷山大城，自開伊羅隊商之手，取阿拉伯及紅海方面所運來之中國與印度貨物。自十三世紀迄十五世紀，義大利諸商市之東洋貿易極盛，富冠歐洲諸國。自第十四世紀，回教徒突厥人起自小亞細亞，蠶食東羅馬帝國之領土，漸次侵入東歐，一四五三年，遂陷君士坦丁堡，滅東羅馬帝國，黑海方面之東洋貿易杜絕。埃及遂課經其國之東洋貨物以重稅，義大利諸商市之東洋貿易，大受打擊。同時葡萄牙王子亨利（Prince Henry the Navigator）奬勵航海，是以南歐諸國乃計劃另覓航路，直航東洋。

一四九二年義大利人哥倫布欲由歐洲西航至印度，不意發見美洲。一四九八年葡萄牙伽馬（Vasco da Gama）航繞阿非利加，而達印度之古里。開歐洲人至東洋之端緒，當時莫臥兒帝國未興起，印度成回教國與印度教國分割之情勢。古里爲印度教國，葡萄牙人係回教徒之對抗者，其欲取得此地，固其目的也。翌年一五〇〇年加布拉爾（Pedro Alvarez Cobral）率葡萄牙艦隊至古里，先設立商館（factory），與附近各地通貿易。

一五〇三年，遣阿爾伯奎克（Alfonso d'Albouquerque）至印度，此爲葡萄牙經營東洋最主要之人物。阿氏與柯枝王敦友誼，得柯枝王之許可，於海岸築要塞，確立葡萄牙勢力之基礎。一五〇五年葡萄牙王任阿爾曼達（Franciscod' Almeida）爲印度總督。阿爾曼達於臥亞附近之安齊闍婆（Anjediva）島築城爲根據地，攻擊古里與甘琶逸（Combay）之聯合軍，又至忽魯謨斯、麻實吉（Muscat）等地。

一五一〇年阿爾伯奎克又東來，占領印度西岸之臥亞(Goa)，此葡人侵略東方之根據地也。繼任總督，主張擴充葡萄牙之領土於東方，並征服阻害歐洲人印度貿易之回教徒。此所謂印度貿易非僅以印度之物產爲目的，其中實含有印度以東之產物。尤其爲馬來羣島東部美洛居（摩鹿加）羣島之香料、胡椒、蕃椒、生姜、丁香、肉桂、豆蔻等熱帶植物。此香料貿易本握於回教徒之手，而阿爾伯奎克卽擬從回教徒手中奪取此權焉。

一五〇九年葡萄牙之甲必丹石奎伊拉（Drago Lopez de Sequeira）至滿剌加，該地之回教商人（印度人、阿剌伯人）嫉之，慫恿馬來人焚去葡萄牙人之貨倉，並捕葡人，石之兵弱不能敵，退回臥亞。阿爾伯圭克乃率艦十九艘，葡兵八百，印度兵六百，於一五一一年親征滿剌加，先要求釋放葡人，蘇丹不允，遂燒海岸民居及停泊海口之船隻以示威。及蘇丹釋葡人，阿氏又要求賠款三萬三千鎊，以償焚燒貨倉之損失，蘇丹拒之，葡兵登陸，敗馬來兵，蘇丹逃往彭亨，滿剌加遂入葡人之手。

葡萄牙人之東來，其目的固在香料羣島（美洛居）也。阿氏於滿剌加克服之後，卽別派艦隊東至香料羣島之安汶 (Ambon)，與干拉底 (Jernate) 帝都(Tidore)酋長立約，獲得香料之專買權，於安汶及萬蘭(Banda)設立商館焉。

葡萄牙以滿剌加爲中心，與東洋各地通商。一五一六年遂至廣東廣州海口之屯門澳(Tamao)(註一)繼至寧波、漳州，終至浪白滘 (Lampacao) 蠔鏡（澳門）通商。一五五七年（明嘉靖三十六年）終租借澳門焉。

滿剌加中國之朝貢國也。但與中國關係，不過貿易往來，無政治之統屬，此中國之朝貢國皆然，不僅一滿剌加然也。阿爾伯奎克之攻滿剌加時，有中國船五艘停泊該港，葡人攻滿剌加，中國船欲援助之，阿氏對中國船長致其謝意卻之。然猶用中國沙船所備吃水淺之小帆船，以爲葡兵登陸之用。又遣使至暹羅時，曾兩次利用中國船，(註二) 此可見中國與滿剌加通商之盛。

滿剌加亡後，國王蘇端媽末(Sultan Mahomed)遣其叔父納散摩打里爾(Nacem Muda-

(註一)舊謂下川島，此據藤田豐八氏之考證，見東西交涉史之研究南海篇四三三—四四一頁。

(註二)見 Afonso Dalboquerque, Commentaries of Afonso Dalboquerque, Vol. III, Introd.

liar)至中國乞援，言其國爲佛郎機（註一）所侵，使臣於正德十五六年（一五二〇—二一年）達明廷，武宗不應。葡人謂當時中國以韃靼（指小王子之亂）侵寇爲口實不出援兵，實則中國向無爲藩屬乞援而出兵之事也。

又正德十二年（一五一七年）葡萄牙遣使比勒斯（Tome Pires）來中國，其一行中有通譯火者亞三，本爲滿剌加之華僑，（註二）因佞臣江彬之引見受寵於武宗，亞三通葡萄牙語與馬來語，帝常與學語爲樂，武宗崩，世宗繼位，以其不恭，誅之。

（註一）明史稱葡萄牙爲佛郎機（Frank），此爲中國當時對歐州人一般之稱。葡萄牙最初來中國，故以此稱之。葡萄牙之對音作 Frangues.

（註二）當時中國人之移住南洋者多爲外國使臣或通譯，其例甚多。如正德三年（一五〇八年）滿剌加貢使靖亞智之通事亞劉，本江西萬安人，原名蕭明舉，因罪逃亡海外者。福建汀州人謝文彬因販鹽航海遭風漂至暹羅，任暹羅官吏，成化十三年，隨暹羅使至中國。見明史及殊域周咨錄。正統元年爪哇之使臣財富八致滿榮本名洪茂仔，爲福建龍溪人，同時之使臣揚惟西沙，本名郭信，亦中國人。又正統三年爪哇之使臣亞烈馬用良，通事南文旦及良殷，亦均福建之龍溪人。弘治十年之爪哇通事奈羅亦自謂福建人。見沈德符之野獲篇。

【西班牙之東來及西葡之競爭】自葡萄牙發現好望角，尋覓東航印度之航路。西班牙亦另尋至印度之道，一四九二年科崙布受西班牙之命，發現新大陸。兩國因發現新地而起爭執，一四九三年由教皇亞歷山大第六之調解，自北極至南極經大西洋劃一線，此線在阿速爾（Azores）西一百浬，線以東屬葡，以西屬西。葡萄牙對此線表示不滿，一四九四年兩國重訂脫德錫拉（Tordesillas）條約，將此線改至綠山頭羣島(Cape Verde Islands)以西三百七十浬。於是西班牙專努力西方之探險，獲得亞美利加大部分之新領土。適有葡人麥哲倫(Fernao de Magalhaes)不見容於葡萄牙，至西班牙受西王卡爾羅（Carlos）第一之助，率艦五艘，於一五一九年九月二十日，自塞維里港（Sewille）出發，向加里那納羣島，更西南行，於十二月十三日至巴西海岸，沿岸南航，於一五二〇年十一月二十八日經麥哲倫海峽，出太平洋，航路向西北轉，一五二一年三月十六日，發見馬利阿納島，土人竊取其物，麥氏乃名之賊島(Ladrone Is.)。繼經棉蘭荖島之北，於四月七日至宿務島（Cebu），土王哈馬巴（Hamabar）服從西班牙之命令，與麥氏甚親善。時宿務與對岸小島描丹島（Mactan）相戰爭，麥氏助之，不幸中土人毒箭死，時四月二十七日也。其副將巴爾布薩

(Duarte de Barbosa) 以下二十六人，亦爲宿務王誘殺死。生存者百六十人，率船二艘，去宿務，經文萊至香料島，達其最後之目的。更西航經好望角，於一五二二年九月六日歸西班牙，此即世人所謂「麥哲倫第一次周航世界」是也。

卡爾羅第一欲與葡萄牙爭香料島，於一五二五年及二七年前後兩遣探險隊至香料島，均受葡萄牙人之抵抗，而不得達其目的。一五四二年十月一日又遣第三次探險隊，由夫藝魯泊（Ruy Lopes de Villalobos）領率，至棉蘭荖島，但因土人之反抗，無法佔領。遂以西班牙之王子奧公菲律勃(Felipe)以名羣島，此即菲律賓羣島(Las Islas Filipinas; the Philippine Islands)名稱之由來也。

一五二九年，西葡訂約，西班牙得葡萄牙之償金，而放棄香料島與葡萄牙。西班牙遂專注目於菲律賓。一五五五年菲律勃第二即位，欲收菲律賓爲殖民地，命新西班牙（即墨西哥）總督遣艦遠征。一五六四年十一月二十一日始出發，由利牙石比(Miguel Lopos de Legaspi)領率之。翌年過賊島，四月二十七日在宿務上陸，於其地築城寨，利氏被任爲羣島之總督，但是與土人相衝突於殖民事業無成效可言也。

一五七〇年，利氏遣部將高第(Martin de Goiti)遠征呂宋島，高氏至馬尼剌(Maynila今Manila)，與酋長蘇利曼(Raja Soliman)敦友誼，土王頗優待之。繼而高氏令馬尼剌降服西班牙，蘇利曼不允，高氏乃攻陷之。繼而利牙石比至，乃建馬尼剌爲羣島之首府，以迄於今。利氏又命其孫撒示洛(Juan Salcedo)服呂宋島各地。一五七二年，利氏卒。

當西人未抵非律賓時，中國人移殖者已遍布羣島。明史謂呂宋閩粵人以其地近且饒富，商販至者數萬人，往往久居不返，至長子孫。又謂貓里霧(合貓里 Camiris)蘇祿(Sulu)皆與中國通商，華人常爲之語曰：「若要富，往貓里霧」云。一五七一年(明隆慶五年)，利牙石比初抵馬尼剌時，已見有華僑一百五十人留居該城。嗣後仍源源前往，登岸時，西班牙人問其何爲而來，則答曰生理(Sengley)(註)，西人誤以爲國名，乃稱中國人曰生理，其名迄今非人猶沿用之。一五八六年(萬

(註)Sengley 舊說作商旅，據淵協英雄氏之考證，當爲生理，見淵協英雄支那比律賓通商上のサングレイに就いて(歷史と地理第二十三卷第四號)。

歷十四年）菲律賓總督撈力撒里及總主教等上書西王菲律第二謂據探報中國人皆懦怯無勇，兵隊皆以乞丐組成請以一萬或一萬二千西兵征服中國縱不能得全國至少亦可佔領濱海諸省。征服以後照菲律賓辦理先握政權再從事傳布基督教西王不納。

【中日交通與倭冠】　自元征日本後，中日之國交關係，一時斷絕但僧侶商人私人往來並不因之中止。至日本足利尊氏與元通商。元亡明興，義滿、義政皆與中國往來日明之交通頗盛。足利義滿曾向中國求永樂通寶錢，受明成祖之敕封爲日本國王。足利義政時中國欲區別商船與倭寇船，特送勘合符與日本，以其半留明日本商船渡明，自幕府領取勘合符赴明，有勘合貿易之稱。日本之遣明船，發自兵庫港經博多而至明州（寧波）。自一五七〇年，日本開長崎爲對外商港，荷蘭及中國之商人移居長崎者漸多，慶長九年（一六〇四年）日本任中國商人爲唐通事，其最初任唐通事者名馮六，其後之唐通事亦均中國人，其子孫多同化於日本云。

自日本戰國時代時，日本內地不逞之徒及沿海之海盜侵入中日及朝鮮沿海，我國稱之曰倭寇，足利義政與明交通時，曾應明之請，取締倭寇。自日本應仁之亂後，幕府衰微倭寇再起。此等倭寇，非均爲海盜，實爲半商半賊之日本人，明之暴民加入之，其勢日盛。其目的最初不過在祕密貿易而已，其後乃轉入流寇之行爲，而以臺灣爲窟宅，閩粵一帶受害最甚。直至嘉靖間，戚繼光、俞大猷破之於福建，其勢始殺。嘉靖三十六年，胡宗憲誘殺其大頭目汪直，始斷其中國奸民之聯絡，其勢始失。此與倭寇有關之中國海盜，與當時中國殖民史頗有關係，吾人不可不注意者：一、海盜活動於海上，南洋諸島與閩粵隔一衣帶水，故南洋亦有其足跡，如梁道明、陳祖義、施進卿輩，雄据舊港，稱雄海上，皆爲海盜遷流至其地者，陳祖義且有劫掠海上商船貢舶之事，其兇悍可知。二、自倭寇失敗，中國海盜失其根據，多逃而之南洋，如吳平之至安南，林道乾之至大泥，林鳳之至呂宋是也。三、當時歐人初東來，此等海盜亦於不知不覺間與歐人發生關係。一五四〇年間（嘉靖十九年）浙江寧波口外之雙嶼，與祕密貿易之中心，中國海盜許棟（許三）兄弟，王直與葡萄牙人、日本人祕密貿易於此，一五四八年（嘉靖二十七年）爲浙江巡撫朱紈所破，葡萄牙人及其他被殺者一萬二千人，燒毀大船三十五艘，小船四十二艘云。據葡萄牙紀載，中國海盜 Chang-si-lao（張璉？），佔領澳門，圍攻廣州，中國請葡萄牙人之援助，解其圍，誅之，乃以澳門爲酬。中國海盜林鳳 (Li-ma-hong) 爲中國官軍所追，亦曾入呂宋島攻馬尼剌云。

【張璉佔領舊港說】 張璉廣東饒平人，初爲庫吏，殺人亡命爲盜，乘倭亂聚衆擾江西、福建、廣東三省。嘉靖三十六年（一五五七年）葡萄牙人租借澳門，據西人紀載，當時中國海盜Chang-si-lao出沒廣東洋面，佔領澳門，圍攻廣東省城，中國官憲乃請葡人援助之，葡人解廣州之圍，捕 Chang-si-lao 而殲之。中國官吏具奏報捷，乃許澳門爲葡萄牙之居留地，以酬其勞。（註一） 據藤田豐八氏之說，Chang-si-lao 卽張璉，張四老之譯音也。（註二） 但據中國紀載，張璉之被官軍勦滅，則在嘉靖四十年（一五六一年），廣撫張臬調三省官兵七萬六千勦之，以俞大猷等爲統領，直搗其巢穴。翌年其黨郭玉鏡縛之以降，磔於市，若 Chang-si-lao 之爲張璉者，則未嘗爲葡人所殲也。而中國

（註一）見 Du Hald Description de la Chine, Tom I, p. 234. 據中國紀載乃嘉靖十四年（一五三五年）指揮黃慶受葡人賄而許葡人以濠境（澳門）爲居留地者。

（註二）藤田豐八謂 Chang-si-lao 爲張四老之對音，而假定張璉爲張氏之第四子（見東西交涉史の研究南海篇葡萄牙人澳門占據に至るまでの諸問題）胡炳南謂張士流（Chang-si-lao）流璉雙聲，士流合音近璉（見胡炳南南洋華僑殖民偉人傳暨南本人頁），但別無其他史料可資旁證，均不過假定而已。

官軍之報告，礫璉於市，亦未可信。據明史萬曆五年（一五七八年）有商人詣舊港者，則張璉爲番舶長，漳泉人多附之，猶中國市舶官。則璉亦未被殺於官軍而逃往南洋。中國海盜據官吏報告業已捕獲，而實際逃往海外，除璉而外，尙有林道乾，以彼例此，則璉之自潮州逃往海外亡命蘇島，爲可能之事，惜迄今尙無其他史料可資證明，尙未能下最後定論也。（註一）

【中國人殖民婆羅洲說】 據明史所載，婆羅國王某，福建人，明萬曆間主此國。或言鄭和使婆羅，有閩人從之，因留居其地，其後人竟據其國而王之。邸旁有中國碑，王有金印一，篆文上作獸形，言永樂朝所賜。（註二）民間嫁娶，必請此印印背上以爲榮。此婆羅當指婆羅洲，但確情不明，姑誌之待考。

又據明史萬曆中渤泥（Brunei）王卒無嗣，族人爭立，國大亂。有漳州人張姓者，初爲其國那督（Datto）（註三）因亂出奔，女主立，迎還之。其女出入王宮，得心疾，妄言父有反謀，女主懼，遣人按

（註一）又據續文獻通考，萬曆丁丑（一五七七年）中國人見大盜林朝曦，在三佛齊列肆爲蕃舶長，如中國市舶官。則佔領舊港之僑長是否林朝曦，或張璉，尙一疑問也。

（註二）世法錄云：「不載會典，或其王假以彈壓夷落，非頒自上方也。」

（註三）馬來語會長之意。

問其家，那督自殺，國人爲訟寃，女主悔，絞殺其女，授其子以官云。

【林道乾佔領大泥】 林道乾潮州惠來人，少爲邑吏，狡詐逾恆，後流爲盜，殘虐嗜殺。時倭寇雖敗於戚繼光，但仍剽掠於閩粵，與詔安盜吳平聯絡，縱橫南澳、浯澳間，勢甚猖獗，林道乾、曾一本等附之，流劫濱海城邑。未幾閩師戚繼光都督俞大猷會師夾擊之，吳平敗逃安南，道乾仍與曾一本相蟠集，挾殘倭以爲援。嘉靖四十五年（一五六六年）道乾爲俞大猷敗於詔安，倭寇竄北港（臺灣），道乾從之，嗣道乾懼爲所併，又懼官軍追擊，乃自安平鎮二鯤身揚帆南航，至崑崙島（Polu Condoo），遂留居焉，但其地狹小，且有颶風爲患。（註一）又南航至大泥（Datani），略其地以居，號曰道乾港，聚衆至二千餘人。（註二）據暹羅紀載，林道乾（Lim To Khiam）居留大泥，鑄大礮三尊，最後一尊不成，道乾設祭禱之無效，大恚，怫然詛曰「斯礮苟成，當以身祀之」。道乾遂一修之，卽燃試之，旣發

（註一）郁永河海上紀略（小方壺齋輿地叢鈔第九帙），謂神龍爲虐。

（註二）明史述及林道乾赴南洋事有二說：一、鷄籠山條道乾揚帆至渤泥，略其邊地以居，號道乾港。渤泥卽指大泥（見拙着南洋華僑史一〇九頁），與暹羅紀載吻合。二、呂宋條萬歷四年，道乾至其國，國人助討有功。此無根據，殆林鳳事之傳訛也。

其二，迫燃第三尊時，道乾即挺身當礮口曰：當如我言，乃命燃發，礮力殊猛，道乾遂受轟逝去。又道乾有妹曰林姑娘（Lim-kao-niau）追踪林道乾至大泥，勸道乾歸國，道乾不從，姑娘自經死，其墓至今猶存，華人莫不崇拜之。（註一）其言雖近於神話傳說，但可證明道乾之確至大泥也。

【林鳳之侵略呂宋】林鳳即西人紀載之 Li-ma-hong（註二）廣東潮州饒平人，嘉靖萬曆間爲盜海上。萬曆元年（一五七三年）鳳屯南澳之錢澳，要求收撫，廣東提督殷正茂不之許，遂自澎湖奔臺灣之魍港，爲福建總兵胡守仁所敗。是年冬犯閩疆，復爲守仁所敗，追擊至淡水洋，沈其二十舟。林不得志於閩粵，乃南圖呂宋。時黎牙石比死，繼任總督者爲撈力撒里（Guido de Levezor）萬曆二年（一五七四年）冬，林氏乘戰艦六十二艘，水陸軍皆二千，婦女一千五百，自澎湖出發，直

（註一）見許雲樵林道乾略居渤泥考引大泥府誌（Phongsawadan Mu'ang Pattani）。

（註二）Li-ma-hong 舊誤譯作李馬奔、李馬芳、藤田豐八據明史稿凌雲翼傳考訂爲林鳳。又矢野仁一據一五七六年菲督（Francisco de Sande）對於西班牙之報告，Li-ma-hong 爲 Dimmhou（林鳳）之訛云，詳見張星烺斐律賓史上李馬奔之眞人考（燕京學報第八期）拙著斐律賓史上李馬奔之眞人考補遺（同學報第九期）。

駛南行。近乙羅羔(Ilocus Sur)沿岸遇一西班牙小艇，攻而捕之岸上西班牙軍官，望見其事，急報告於未岸(Vigan)之軍官撒示洛(Juan Salceds)。撒示洛聞警，急遣三土人乘小舟，告警於馬尼剌。未幾未岸亦失守，撒示洛與軍人五十乘小船他逃。林鳳遂乘勝前進，攻馬尼剌。十一月二十九日林鳳兵抵馬尼剌灣泊馬里未禮(Mariveles)，命部將日本人莊公(Sioco)，率兵六百人進攻馬尼剌，會暴風起舟多覆者，溺殺幾二百人。莊公以餘衆自馬尼剌南七哩登岸，西班牙人大驚。莊公先攻軍長高弟(Martin de Goiti)之居室，殺高弟，其妻受傷。西班牙人在城內者乘隙預備，莊公來攻城時，西班牙人殊死守，莊公不得利，退至機易山(甲未地 Cavite)，合林鳳大營，作第二次攻城之舉。時馬尼剌無堅城深池，守備甚弱，僅有小礮臺一，環以木柵而已。撈力撒里知林氏必欲再來，命全城男女，不分晝夜，建築守牆，嚴爲防守，而撒示洛亦率有舊戰艦六艘西兵數百人，趕至補爪第之職，共謀守禦。十二月三日林鳳作第二次之攻城，命莊公率兵一千五百人登岸，分爲三隊，進撲守城，繼火焚其市街，而戰艦自港外發礮助攻，惟西軍殊死戰，終不能攻入，莊公陣歿，林鳳復發五百人繼之，終無功而退。時菲人苦西班牙人苛政久矣，撈力撒里苛待土人，曾執二土酋爲質，使供給西人食物，否則殺之，林鳳未入境時，撈氏竟殺二土酋，土人怨憤。聞林鳳來攻，多有殺西教士，聚衆於禮拜堂中宰牛羊爲誓決議俟林軍勝，卽合力驅西班牙人，奉華人爲主。及林鳳第二次攻城不克，菲人團體渙散，有自首於西政府乞宥者，西政府分別首從嚴懲之。林氏見內應既失，遂引軍北航至品牙詩蘭（Pangasinan）之玳瑁港（阿峨河 Ango R.）上四哩地相地築城，建設礮臺，作久居之計。西班牙人聞之，恐其再起，乃聯合羣島西人組合一軍，令撒示洛爲統帥。翌年三月，撒示洛率西兵六百五十名，以菲人六千爲導，前攻之，圍困者四閱月，林氏終不敵，於八月四日突圍出海走，其餘衆逃入深山中，今菲律賓有乙峩羅地支那人（Igorote Chinese）卽其苗裔云。法國古諺有云：「自助者得神助」（Aide toi et Dien taidera），西班牙之幸免華人之襲擊也，自謂得神聖安陀羅神（San, Andres）之助，因定爲馬尼剌之保護神，每年十一月三十日舉行酬神大典云。

中西史書，皆謂林鳳爲海盜，然其攻取馬尼剌，不得謂之海盜行爲也。若言海盜，則西班牙之據菲律賓亦海盜，卽勝墨西哥，侵祕魯亦海盜行爲也。菲督撈力撒里，亦曾請求西王菲律第二征中國，故此種侵略之行爲，福爾曼（John Foreman）氏謂爲當時之時代的精神（the spirit of the age)（註一）其然？豈其然乎？

萬歷三年（一五七五年）春，潮州把總王望高(Omocon)奉福建巡撫及潮州知府之命，率戰艦一艘，追捕林鳳至仁牙因灣(Lingayen Gulf)，得悉林鳳已爲西班牙人圍於品牙詩蘭，將成擒矣，故決意歸國報捷。撈力撒里聞中國艦隊至，邀中國軍官至馬尼剌，議通商事，旋遣僧侶馬丁拉達(Martin Rada)與加奴尼摩馬丁(Geronima Martin)附艦內渡，攜公牒要求通商，表示友誼，受福建巡撫之優待，轉奏明廷。萬歷四年（一五七六年），中國遣使至馬尼剌，允許西人在廈門地方通商，爲中國與西班牙通商之始。

林鳳自呂宋失敗後，蹤跡不詳，或謂復入廣澳，擾閩海，爲林雲翼所敗，逃往渤泥（大泥）云。（註二）

【中國人刺殺菲督敝裏系勝事件】一五九〇年（萬歷十八年）郎雷氏敝裏系勝(Gomez Perez Dasmarinas)爲菲律賓總督時，美洛居(Molucca)之蕭島(Siao)土酋苦荷蘭人侵略，遣使至馬尼剌，願臣服於西班牙。郎雷氏敝裏系勝大悅允之。一五九三年（萬歷二十一年）十月六日，自甲未地出師，率戰艦一，大木艦六，小艇一百艘出發，載西班牙人百名，菲人一千四百名。另有華

人二百五十人，專司駕駛大木艦之職，以高甯為把總，魏惟秀、楊安頓、潘和五、洪亨五等為哨官，鄭振

（註一）Foreman: The Philippine Islands, p. 50.

（註二）明史凌雲翼傳「鳳初屯錢澳求撫，(殷)正茂不許，遂自澎湖奔東番魍港，為福建總兵官胡守仁所敗。是年冬犯柘林、清海、碣石，已復犯福建，守仁追擊至淡水洋，沉其舟二十，賊失利，復入潮州。參政金淛諭降其黨馬志善、李成等，鳳夜遁。明年秋把總王望高以呂宋番兵討平之。」黎光明斐律賓史上李馬奔之眞人考補正（燕京學報第十期）引粵海重編謂林鳳據神前赤澳，（萬歷三年）——劫海豐，攻呂宋，突入廣澳，敗走，復入烽火，遁去渤泥。又廣東倭變記：「萬歷三年，海盜林鳳，突入廣澳，凌翼雲擊走之。……鳳因奔外洋，攻呂宋、玳瑁港，築城據守，且修戰艦，謀協番人，復圖內逞。福建巡撫劉堯誨遣人諭呂宋國主，集番兵擊之，巢船燒燬，賊衆大挫。至是又從外洋突入廣澳，雲翼乃檄總兵張元勳監軍副使趙可望追勦之，與福建總兵胡守仁兵合，追至碣石，獲賊徒男婦八十餘人。復追至淡水洋，賊船飄遯，兵隨擊之，焚賊艘二十餘隻，鳳遁走」。而黎氏謂林鳳攻呂宋失敗以後，復回廣澳，又逃至渤泥。按明史謂林鳳敗於淡水洋後，再往呂宋，翌年王望高追之呂宋。王望高即西人紀載之 Omocon，中西史實相吻合。而廣東倭變記謂林鳳敗於淡水洋在呂宋回國後，且同為胡守仁所敗，同沉二十舟，疑倭變記傳訛。因林鳳自呂宋敗後，實力大喪，已無復再起之勢力矣。至於渤泥（大泥）當時為中國海盜窟宅，林鳳之逃往該地，固亦可能，但是其他史實可資證明，疑為林道乾事之附會也。

岳爲通事大木艦載總督先行，約至馬完加蠻羣島（Maricaban Is.），與餘船相會。西人日酣臥，使華人日夜駕船稍倦輒箠之，或至刺殺者。和五憤曰：叛死箠死等死耳，否則亦且戰死，曷若刺殺西人，勝則揚帆歸，不勝則見縛死，未晚也。衆然之，再行至馬完加蠻羣島北之萬門灣(Punta de Ajufre)衆乘機起事，時深夜，西人皆熟睡，郎氏於夢中驚醒，爲華人所殺。僅西兵十八人泅水逃命，和五等盡收西人之金寶甲杖，駕舟以歸。失路之廣南，爲交酋所掠，獨郭惟太等三十二人走免，附他舟回國。

郎雷氏敝裏系勝既死，餘船停於朔霧(Cebu)不敢前進，南征之舉，爲之中輟。其子郎雷氏猫客(Luis Perez Dasmarinas) 繼爲總督，明年遣教士至閩，致書訴父寃。書云：「郎雷氏敝裏系勝是猫客爺氏奉干系蠟國（Castile 西班牙中部省名）主命，鎮守東洋、呂宋等處。蒙差官來探日本消息，招回唐人。日本近雖稱兵入境，然彼國有征伐之兵，敝國有備禦之固，況日本熟知敝國士卒精壯，遇敵無不爭鋒，何足以懼。前革回唐人，係久居不安生理。今之革者，因敝國狹窄，米穀稀少，糧食不給，別無他端，伏望尊慈鑒察。其被害戰船，乞追軍器金銀寶貝，幷究殺父之人，償命以警後人，以正法紀。從兄巴禮於舊年十月，駕船往貴省，奔訴父寃。萬里懸情，惟冀秉公嚴追究治。從兄巴禮厚遺歸國，感佩圖報。又訴詞一紙，爲辯明父寃事。緣父守國，欲討美洛居，時有澗內唐民，願充助敵者二百五十人，自備行糧，立功給賞。時父與兵同船，開駕到交逸地方，有佛郎人與唐兵言競，父責番人，吊在船桅懲戒。原船裝載金銀莫計，同船番目各帶寶貝銀錢數多。船進合萬門灣泊，父令唐人牽罟捕魚，共烹而食。臥至半夜，唐人心貪財寶，陰謀不軌，將父并番目四十餘命，盡行殺死，僅存巴禮書記二人報息，將本船寶貝駕逃。僕時奉命帶兵駐劄朔霧，各屬聞變，共議報寃，將城內舊澗拆卸，僕聞計回國勸諭，不許生端報怨，復議設新澗城外。慮及番兵橫爲擾害，着頭目四人，逐日在澗看守，以便唐人生理。不想起蓋未完而日本報警，番目思見澗地接邇城郭，兼之唐人每有交通之情，恐招蕭牆之禍，再議移澗。此非本心，革回唐人，每船給米五十包資助，想來人必能道其詳者。激切含寃，伏望作主轉達施行。」

閩撫許孚遠具疏以聞，略曰：「我民往販呂宋，中多無賴之徒，因而流落彼地，不下萬人。番酋築蓋鋪舍，聚劄一街，名爲澗內，受彼節制，已非一日。去秋彼酋抽取我民二百餘人爲兵，刑殺慘急，遂致激成此變。夫以番夷犬狼之性，輕動干戈，不戰自焚，固其自取。而殺其酋長，奪其寶貨，逃之交南，我民狠毒亦已甚矣。」（註）明帝敕兩廣督臣，以禮遣西教士回國，置惟太於理，和五遂留安南不返。

【菲律賓慘殺中國人事件】　初自林鳳之役後，西人讐視華僑殊甚，惟因菲律賓之正待開闢，不得不利用華僑之力。爲預防華人作亂起見，於萬歷八年（一五八〇年）於馬尼剌地方建設一大廈，西人名之曰 Alcayceria，華僑名之曰澗內，爲華僑之居留地。華人日間在城外貿易，夜間必宿於此。又設屬官（Bailiff）管理澗事，不時派兵查察有無不法行爲。至萬歷十六年（一五八八年），華僑之人數增至一萬人。萬歷十八年（一五九〇年）郎雷氏敝裹系勝爲總督，思驅逐華僑，幸有主教沙撈撒（Salazar）出而反對其議。時西人之教權高於政權，其議遂不果行。

萬歷三十年（一六〇二年）鑛稅使四出，奸宄蠭起言利。有閻應龍、張嶷者，更新奇其說，上疏曰：「呂宋有機易山（Cavite）其上金豆自生，遣人採取之，歲可得金十萬兩，銀三十萬兩」。詣闕奉聞，帝即納之，有詔下閩，舉朝駭異，廷臣力言其謬。都御史溫純疏言：「近中外諸臣爭言礦稅之害。天聽彌高。今雲南李風至汙辱婦女六十六人，私運財賄至三十巨舟，三百大扛，勢必見戮於積怒之衆，何如即今撤之，猶不失威福操縱之柄。緬酋以寶井故，提兵十萬，將犯內地，西南之蠻，岌岌可危。而閩

（註）文見張燮東西洋考卷五。

中奸徒，又以機易山事見告。此其妄言，眞如戲劇，不意皇上之聰明而誤聽之。臣等驚魂搖曳，寢食不寧。異日變興禍起，費國家之財，不知幾百萬，倘或翦滅不早，其患又不止費財矣。臣聞海澄市舶高寀，巳歲徵三萬金，決不遺餘力而讓利。卽機易越在海外，亦決無遍地金銀，任人採取之理。安所得金十萬，銀三十萬，以實其言。不過假借朝命，闌出禁物，勾引諸番，以逞不軌之謀，豈止煩擾公私，貽害海澄一邑而已哉。昔年倭患，正緣奸民下海，私通大姓，設計勒價，致倭賊憤恨，稱兵犯順。今以朝命行之，害當彌大。及乎兵連禍結，諸奸謀效汪直、曾一本輩，故智負海稱王，擁兵列寨，近可以規重利，遠不失爲尉佗，於諸亡命之計得矣，如國家大患何。乞急寘於理，用消禍本。」疏上不聽。命海澄丞王時和百戶于一成偕嶷往勘。三人抵馬尼剌，華僑聞使至，大駭，乃言於西班牙政府曰：中國無他，特奸人橫生事端，今遣使者來按茲土，使奸人自窮，便於還報耳。西班牙督亞加迎（Tonas de Acuna），遣教士迎之。論及金礦事，乃問丞曰「汝等言開山，山各有主，安得開也。譬中國有山，可容我國開耶？且金豆是何樹生來？」丞無以對，嶷則曰「此地皆金，不必問豆所自。」此語含有侵略意，遂留其後慘殺案之伏因。西班牙欲囚嶷，由華僑求情釋歸，時三十年（一六〇二年）四月也。丞還任以病悸死，守臣以聞，請治嶷妄言罪。但三人返國後，西人聲言謂中國遣使探呂宋虛實，採金乃其託詞。西政府官吏，惶惶修守備，土人亦羣起武裝。翌年（一六〇三年），謠言更甚，幷有殺盡華人之說，羣情惶惶，不可終日。華人不得已爲救死起見，於八月三日，卽西人聖法蘭西節日（Saint Francosoday）起事。在唐多（Tando）溪泊（Quiapo）二地，聚衆焚市，殺人頗多。明日前總督郞需貓各（Luis Perez Dasanarinas）率西班牙兵一百三十人往征之，爲華人所擊敗，無一生還者。九月五日，聚衆攻城，西人旣夙有戒備，且軍械完善，又有戰艦駛入城旁，連發火器以助威。華僑以烏合之衆，空拳白梃，究非其敵。土人又羣起爲菲人助，不數日大敗，退至大崙山（San Poblo dfl Monte）。困守數日，糧援俱絕，西軍長驅直入，聚而殲之。是役也，華僑死者凡二萬四千人，存者僅五百人云。

明年（一六〇四年）西班牙遣甲必丹葛發（Captain Marco de le Cueva）篤迷尼康甘都羅（Dominican Luyo Gandullo）至澳門，通知葡萄牙守使殺戮華僑事，幷函達廣州漳州中國官吏，謂華人將謀亂，不得已先之。福建巡撫徐學聚等據以入奏，萬歷帝大怒，歸罪於張嶷，下令誅之，梟首傳示海上。學聚等移檄亞加迎，痛責西班牙人之無禮，謂中國人對於西人向極優遇也。並云：

明帝不與西班牙宣戰，以保護其僑民者，厥有三故。一、兩國人民，自來親善已久。二、兩國興戎，最後勝利，不知究屬何方。三、其最要理由被殺者乃係拋棄鄉里以牟利為目的之賤民。呂宋人民，當知感謝明帝之大度大量，及其慈悲云。(註)

第一次大屠殺後，不一年中國人因利源所在，復源源前往。泰昌元年(一六二〇年)，西班牙人限制馬尼剌之中國人數不得過六千，且須奉天主教。數年後，又使每人付居留稅六十四李爾，貢金五李爾，房稅十二李爾。限制雖嚴，而來者仍日增，因西班牙官吏貪財好貨，受中國人賄賂也。不久馬尼剌之華僑仍繁盛如故，西班牙人大忌之。崇禎十二年(一六三九年)，華僑有二大商船，滿載自華運來之貨物，駛至呂宋島北岸嘉牙因(Cagayan)地方，西班牙人擊沈之，及與交涉，則彼以商船

(註)此據 Antonio de Morga: The Philippine Islands, Vol. XXXIX, pp. 217-220, 231-247. 或以為明廷不保護華僑政策之證。但據東西洋考則謂「徐家聚等告變於朝，帝驚悼，下法司議奸徒罪，議上，帝曰『嶷等欺誑朝廷，生釁海外，致二萬商民盡膏鋒刃，損威辱國，死有餘辜，卽梟首傳示海上。呂宋酋擅殺商民，撫按官議罪以聞』。學聚等乃移檄呂宋，數以擅殺罪，令送死者妻子歸，竟不能討也」。此可見明廷並未以華僑為死不足惜之賤民，殆因不能出兵征討，故疆臣曲為此說，以保其體面耳。

自己觸礁爲辭。多數華僑財產，悉寄於此船中，貨物全沈，貿易阻滯，不免心生觖望。西人乃愈加虐待，菲督呵菲迎（Hurtado de Corcuera）強迫華人至加拉巴（Calamba）作工，進貢納餉，稍有遲誤，責罰隨之，各種苛政，猛於虎豹。華人怨聲飛騰，在加拉巴之華工先作亂，殺官吏，馬尼剌附近各邑和之。亂事亙一載，此一年中，華僑爲西人慘殺者不下二萬餘人，財產被毀者七百餘萬比沙。當時中國正當鼎革之秋，國內無主，更無暇問及僑民之事矣。

【鄭成功與菲律賓之交涉】 清順治十七年（一六六〇年）鄭成功（國姓爺 Koxinga）逐荷蘭人，佔領臺灣。遣意大利篤迷尼康利支西阿（Vittorio Riccio）使馬尼剌，令奉臺灣之正朔。利氏服中國之制服，赫烜不可一世，西班牙人優禮待遇之。華人久在西人壓迫之下，痛苦甚深，聞國姓爺佔臺灣，逐荷蘭人，喜躍不可名狀。值利支西阿來聘，由臺灣同胞私函，知其目的，舉動不免豪放。然西班牙人佯爲不覺，而陰加準備，招集騎兵一百，步兵八千，礮臺軍械，佈置周密。又鼓勵華僑之倡亂，以爲殺戮之口實。忽捕去中國船主二人，華僑大憤，擾亂遂起，殺一西班牙人於市場，澗內火起，秩序大亂。一部分膽怯之商人大恐懼，有自縊而死者，有乘小舟冒險出海者，大多數皆溺斃，僅有一小部分得達臺灣，尚有逃亡山中者。僅有八九千人留居靜止不動，以待西班牙人及土人之襲擊。戰事情形，華僑甚得優勢。馬尼剌總督乃遣利支西阿與約瑟夫(Eray Joseph de Maridid)前往調和，允還中國二船主。華僑留約瑟夫爲質，而由利支西阿往來兩方說項。不意利支西阿回至總督方面，而約瑟夫忽被殺害，戰事再啓。華僑力戰不屈，終以寡不敵衆，結果大敗，被殺者殆過半數。據西人査安康西輿(Juan de la Concepcion)之說，是役也，其初意非殺盡華人不可。嗣以菲島之商業，不可一日缺華僑，因此種需要之故，乃體上帝好生之德，令殘餘之華僑解除武裝，而恕其叛逆之罪云。（註）

因此意外之變亂，利支西阿不得結果，而歸臺灣。臺灣人民，聞此惡耗，痛同胞之被害，恨西人之殘暴，咸欲屠馬尼剌而甘心。鄭成功亦大怒，正擬興師，不幸忽患熱病，於翌年六月，竟告別於此新領土之人民而去。鄭經繼位，清廷乘其新立，大興征臺之師，荷人復助之，鄭經困於強敵，不敢南征，反遣利支西阿重渡菲島，與西班牙人立約，恢復臺灣商業。不久鄭經卒，臺灣亦入淸領。曾招集會議，討

（註）Juan de la Concepcion Hist gen de Philipinas, Vol. VII, p. 48.

論臺灣事宜。因利支西阿隨鄭成功久，得列席會議。其時有議興師伐菲，報屠殺之讐者，利支西阿力陳不可，說及西班牙兵力之強，及西人之殺戮華僑，純爲自衛起見，理由正當，其議遂寢。英人福爾曼：嘗曰當時若滿人關心其被征服之人民（指華僑）者，則菲律賓之命運若何，尙在不可知之數也。（註）

一七五五年西班牙政府下令驅逐不信教之華僑，當時華僑出境者凡二千零七十八人。一七五六年歐洲發生七年戰爭之役，西班牙加入法蘭西，與英人爲敵，戰事波及東方。一七六二年英人突攻馬尼剌，西班牙不備，總督羅賀(Rojo)舉城降。副總督安那(Simon de Anda)出走至東坂岸省(Bampanga)，自稱菲督，舉兵抗英。馬尼剌之華僑歷年來受西班牙之壓迫甚深，恨西人甚，有投入英軍，爲義勇兵者。同時東坂岸之華僑，聚衆武裝，掘戰壕，築礮壘，聲言爲防禦英人計，實則有反抗西班牙人之意。安那派西兵十四人及土人多名，至源源城(Guagua)，欲解決之，而華僑人數聚集甚衆，安氏思誘之降服而不能。乃遣一西班牙人名伽塞斯(Miguel Garces)爲使，用西班牙王命，

（註）Foreman: The Philippine Islands, pp. 76–78.

令華人解除武裝。華僑不應，反殺專使，安氏大怒，開始攻擊之，安氏得勝，殺華人甚多，有逃往鄉間者，菲兵擒而絞殺之。且下令謂本省之華僑反抗西政府，凡遇者格殺勿論，其未與戰事之華僑，亦遭屠殺，死難者共有六千人云。

西班牙人之苛待華僑於中外交通史上，影響頗大。據威廉姆氏(S. W. William)之說，中國人在馬尼剌者，受西班牙人種種之限制及苛稅，彼等請求本國政府，亦還施於留華之歐人。故廣州對歐商之公行(Co-hong)制度及各種限制條例，皆源出於此。(註)

(註) William: The Middle Kingdom, Vol. II, pp. 231-233.

我國研究近世史者，對於清初中國政府對待歐商之態度，每以其處治失當批評之，蓋不明此段因果也。

本節參考文獻

Gowen: Asia, A Short History.

Stieler: A History of Orient.
Foreman: The Philippine Islands.
Windstedt: Malaya.
Morse: The International Relation of the Chinese Empire.
田中萃一郎——東邦近世史。
藤田豐八——東西交涉史の研究南海篇。
矢野仁一——支那近代外國關係研究。
李長傅——南洋華僑史。
李長傅譯——菲律賓史。
張星烺——菲律賓史上李馬奔眞人考（燕京學報第八期）。
李長傅——菲律賓史上李馬奔眞人考補遺（燕京學報第九期）。
許雲樵——林道乾略居渤泥考（東方雜誌三十二卷一號）。

李長傳——十六世紀中國海盜Chang-si-lao漢名考（中南文化第一卷第二號）。

第二節　西人分割下之南洋與清初之殖民事業

【荷葡之競爭】繼葡西人而東來者，爲荷英二國，其在南洋之軋轢，亦猶初期之西葡也。荷蘭人之東來，其動機亦由於香料也。十六世紀時，荷蘭商業發達，盎凡爾斯、阿姆斯特丹漸成大市場，自西葡轉販東方各地出產至北歐貿易，利市倍蓰。先是荷蘭屬神聖羅馬帝國，一五七九年西班牙王菲律勃第二任神聖羅馬皇帝，荷蘭歸西班牙統治。未幾荷人起而獨立，一五八四年建設荷蘭共和國。一八五〇年西葡合併，葡之屬地歸西，是時西班牙尚許荷人至葡經營此項貿易。自荷蘭獨立後，菲律勃第二下令禁荷船至葡京里斯本貿易，荷葡之通商，爲西班牙所封鎖，不得不開直接赴東方販賣香料之航路。

荷人蕣士哥登(Jan Huyghen van Linschoten)曾於一五八三年至一五八九年間至西葡印度各地，熟於東方情形，歸國後著書詳述東方之航路，引起荷人東渡之熱心不少。先是有霍特曼（Cornelius Houtman）者曾在里斯本與葡人同從事東洋貿易，乃勸阿姆斯特丹之商人設立東洋貿易公司，自率商船四艘，攜粦士哥登之著書，於一五九五年四月二日自特克塞爾（Texel）向東洋出發。此時粦士哥登欲東北經北冰洋航行印度而不通。霍氏乃取道好望角，一五九六年六月二日達爪哇之萬丹（Bantam），受葡人之妨害，無法與土人通商，既而因土人之反抗，船燒燬者一艘，而以餘三艘歸國時，一五九七年八月二十日也。

一五九八年范聶克（Jacob Van Neck）又率艦六艘東航，經萬丹，至香料羣島，與土人貿易，滿載香料而歸。一六〇二年荷蘭東印度公司（Oostindische Vereenigde Maatschappij）成立，乃合數東方貿易公司組織而成者，得荷蘭政府之允許，操有東方香料之專買權，且有對土人酋長訂立條約及宣戰之權利，爲當時之印度南洋，在葡萄牙人勢力之下，荷人如欲在東方建立勢力，非排除葡人不可。遂先與錫蘭之土人相聯絡，攻陷葡萄牙之城堡，又攻臥亞不利，而在香料羣島亦發生糾紛，土人憤葡人與西人之橫暴，而與荷人相結納。但荷人在東印度基礎鞏固之始，則在一六〇九年，荷人與萬丹土酋結商約，新設東印度總督府之時。第一任總督彼得普（Pieter Both）於吉羅維、簡拉底、萬丹、蘇門答剌以及印度、錫蘭、紅海、波斯灣沿岸設立商館，與葡人相抗。次任總督彼得遜（Jan Pieterszoon Koen）於一六一九年在爪哇之惹卡德拉（Djackatra）建設巴達維亞，是爲東印度之首府，以迄於今。

一六〇四年（萬歷三十二年）及一六〇七年（萬歷三十五年）荷人兩至廣東，欲與中國通商，皆爲澳門之葡人所阻。一六二二年（天啓二年）荷蘭海軍大將拉佑遜（Kornelis Rayerszoon）率軍艦十五艘，兵士二千人攻澳門，失利而退，乃東據彭湖羣島。一六二四年（天啓四年）遂進而佔據臺灣，於安平港建紅毛城（Zelandia）至一六六二年（康熙元年）爲鄭成功所逐，此爲歐洲人東來第一次失敗於東方人之事蹟也。

一六四〇年荷蘭奪滿剌加於葡萄牙之手。一六五一年建設好望角殖民地。一六五六年取哥倫坡，一六六四年取馬拉巴爾沿岸之葡萄牙殖民地。更驅逐西里伯島之葡萄牙人。於一六六七年征服望加錫。於是葡萄牙人之領土完全轉入荷蘭之手。

荷葡之所競爭者香料羣島，而不知亦與中國移民發生關係，此一有趣味之史實也。明史謂

「美洛居（Molucca）地有香山，雨後香墮，沿流滿地，居民拾取不竭，其酋委積充棟，以待商舶之集。東洋不產丁香，獨此地有之，可以辟邪，故華人多市易」。又謂「佛郎機（葡萄牙）與紅毛番（荷蘭）爭美洛居，歲構兵，人不堪命。華人流寓者遊說兩國罷兵，分國中萬老高山為界，以北屬紅毛番，以南屬法郎機，始稍休息」。夫葡荷之爭香料島固為事實，而中國人之為兩國調人，恐無此能力。不過由此可知當時之販買香料者，中國人尚在歐人之前耳。

荷人初抵爪哇，據當時荷人之紀載，當時之中國人以萬丹、蒲家龍(Pekalongan)杜并(Toe-ban)為居留之中心，從事胡椒等商品之販買，亦種植稻米，製造甘蔗糖，頗稱富有。總督彼得遜於一六〇二年任華僑蘇明光為甲必丹，是為華僑第一任荷蘭官吏者。彼得遜氏曾主張虜華人為奴隸，以開闢土地。彼於一六二三年，致其繼任之總督卡賓德爾（Pieter de Carpentier）書有云：「吧達維亞、摩鹿加、安汶、萬蘭需人甚多，更需多金，以博厚利歸國，世界中無如中國人更適我用者。貿易既不得以友誼得，現在風候正好，可以遣戰船往中國海岸，盡量捕其男女幼童以歸，若與中國戰爭，特須著意多捕華人，婦女幼童更好。移住吧達維亞、安汶、萬蘭等地。華人之贖金八十兩（Ryals）」

人，決不可讓其婦女歸國或使至公司治權以外之地但使之移住上述等地可也」。此直以非洲黑奴視中國人故日後歐人之至中國販買豬仔，是爲當然之事矣。

此政策雖未實行，但此後公司遂有毀華僑之居屋，沈中國之船隻，強迫華僑移居吧達維亞、萬丹安汶之舉。一六一九年，曾奪取自華南來之船五艘，強迫其乘客二千，在吧達維亞居住云。

荷蘭人之通中國也，多由海外中國奸民及海盜爲嚮導，其占領彭湖，即由海澄人李錦所誘說者。荷人之取滿剌加，亦有多數中國人在荷人軍隊中服務云。

【英荷之競爭】 爲荷蘭之勁敵者，英國也。當發現好望角，開通印度航路時，英國或航繞美洲之北岸，或航繞亞洲之北部以求印度之航路，均歸失敗。一五七七年德來克(Sir Francis Drake)環航地球，歸途經香料島，取其商品而歸。至一五七九年，有斯締芬（Thomas Stephens）者，始至印度，介紹印度之事情於國人。一五八三年，有英商費治(Ralph Fitch)、紐伯來(James Newberry)、里茲（Leeds）三人由陸路冒險至印度經商，爲葡人所忌，捕而投之忽魯謨斯獄中，旋放逐於臥亞，繼被赦。紐伯來於臥亞開商館。里茲仕於印度蒙兀兒(Mugal)之朝廷。費治浪遊錫蘭孟加拉（榜葛剌）白古暹羅、馬六甲（滿剌加）及印度諸國而回英。

一五八八年，英國大破西班牙之無敵艦隊，其航海通商頓振。自一五九六年，荷蘭霍特曼航海成功時，英人亦繞好望角至印度，而與葡萄牙相競爭焉。一六〇〇年倫敦之商人設立東印度貿易公司(The Governor and Company of Merchants of London Trading to the East Indies)，繼而類似之公司迭起，至一七〇九年遂合併爲英吉利東印度貿易公司(The United Company of Merchants of English Trading to the East Indies)此爲英國經營印度之基礎也。

初航東方之英船，爲東印度公司所遣，一六〇二年由蘭徹斯德（Captain Lancaster）領率，抵亞齊、萬丹、摩鹿加等地。一六〇三年建商館於萬丹。一六〇三年第二次東航，自蘇門答剌、摩鹿加、萬蘭、安汶、萬丹等地，直接運胡椒及香料而歸。因此招荷蘭之嫉忌。一六二三年荷人藉口英人有謀戮荷蘭人奪取城塞之陰謀，執而施以酷刑，強取口供而殺之，計死者有英人九人，日本人九人及葡萄牙人一人。引起英國之抗議，結果由荷蘭酬金了事，此卽所謂安汶慘案是也。

英人既不得利於東印度，乃轉而侵略印度。與葡萄牙相衝突。先壓迫葡人，於印度西岸之蘇朧特（Surat）建立英國之根據地時一六一二年也。繼而英國政府遣使至蒙兀兒帝之朝廷，求其諒解，不但於印度西岸增設商館，且擴充其勢力於東海岸，而麻打拉斯即最早成英國屬地，時一六三九年也。至一六九〇年東海岸之加爾各答，亦爲英國東印度公司之根據地。前此一六六八年，西岸之孟買，亦歸公司之手。

一六二〇年英船初至中國。一六三六年英皇查理第一遣威德爾（Captain Weddel）率艦三艘至澳門，受葡萄牙人之冷遇，乃入廣州求通商，經虎門，與中國兵衝突，英艦礮陷虎門，入廣州。經葡人之斡旋，始得載中國貨物而回，此爲中英通商之始，但與英人最初之希望不迨遠甚。後十年復遣艦至廣州，亦不得利。英人既不得利於廣東，乃至福建，交歡鄭成功，給以軍器，得其允許，在台灣、廈門通商。鄭氏既亡，英國仍在廈門通商，因廈門稅額之繁重，乃復至廣州通商，直至鴉片戰役之時焉。

英國自安汶慘案後，失去其香料島之根據地。至一六八四年，萬丹之英國商館，亦爲荷人所排斥。不得不改其目標於蘇門答剌，一六八五年取蘇島西岸之孟古粦（Bengkaelen），此地爲英國在東印度之政治中心者凡一百三十餘年。

一七九五年英荷戰爭，英國占領馬六甲。先是一七八六年佔領檳榔嶼，此爲英國經營馬來半島之始。

【吧城慘殺華僑事件】荷人自建設吧達維亞後，強迫華人移住該地，在一六一九年時，華人僅有一百數十家。翌年（一六二〇年）任華僑蘇明光爲甲必丹。一六四一年明鼎革，明遺民多亡命海外，南島華僑日增至一七二〇年巴達維亞市內有華僑六萬，市外有四萬人。在城市者多巨商，市外的爲小商販。最大之營業爲糖業及胡椒業，執實業界之牛耳。在外島者，亦經營荷人之專利事業，大爲荷蘭人所嫉視。乃立新例，以限制華人。在路旁開設食物店者有禁，隨意遊行村外者有禁，無業者須報告官吏，將其一部分送還中國，一部分流放於錫蘭島及好望角。然因此限制律之頒行，失業者更多，又發行大字（卽入境許可證），以資限制。東印度公司職員視大字爲奇貨，凡大字之發行，索賄舞弊，准其所不當准者，不准其當准者，正額之外，復課特稅，華僑對此虐舉，深致不滿，而荷人亦覺無法取締矣。

一七四〇年七月二十五日總督阿盧安伴吉年（Adrian Valkenier）與參事伴熊木（Van

Imhoff) 會議，凡貧苦之中國人均移住錫蘭，其費由公司墊用，俟抵錫蘭謀生後，設法扣還。此令執命甲必丹連富光通告各華人，而華人竟無一人自願移往者。而甲必丹亦不願強制執行。伴熊木乃問華人之貧苦者著何衣服，則答以烏衫褲。乃下令逮捕華人之着烏衫褲者。而執行者以平日偏見，嫉視華人之故，其所逮捕者，不盡屬著烏衫褲者，凡有名望之華人，亦有在內，以致華人人人驚懼，人心惶惶，遂釀成巨禍。

十月九日，伴熊木將所獲華僑，押解上船，遣戍錫蘭。舟中數日，虐待萬端，稍爲抗拒，卽指謀叛，鞭笞交加，甚至捆而投諸海。此船之華人，尤多數被轟擊而死，餘則盡投諸海。其泅水慶生還者，潛赴巴城，哭訴於同胞，華人大憤，乃相私議曰：「與其坐而待斃，不如起而作難，庶幾死中求生」。意見紛紛不一，遂有懼禍逃去甘打利亞(Gandaria)，伴熊木令士兵追之，中國人驚惶奔走，有走不及者，勢出無奈，與之相鬪，兩方均有死傷，華人被殺者多，被擒數百人，均投之獄中。於時人情鼎沸，謠傳四起，華僑不得已，作困獸之鬪，而亂事遂肇矣。華僑連懷林楚（註一）二人聚衆計議，不如先發制人，分發劄符紅白烏布二色，約期舉事以自救。不意林懷得荷人賄金八十荷幣(Ducat)及其他賞賜，乃洩其計於荷人伴熊木乃下令曰：「凡安分華人，閉門家居，切勿夜出，恐巡夜兵誤傷平民」。連懷不知謀洩，仍令中國人分作三隊攻取吧城。一、丁腳蘭之衆攻文登墟礮臺。二、望加寺之衆攻荷蘭營。三、得勝之兵合攻吧城。約定十月九日（陰歷八月十八日）起事。不知荷人已有準備，迨望加寺三百人往攻荷蘭營，被槍礮擊死者二百餘人，僅有七十人逃入黃班塞中。黃班本擬率衆攻吧城東門，尚未至。丁腳蘭諸衆攻文登城不克，恐失約期，會衆從洪溪（洪河）直下，軍勢甚盛。其他華僑來合同攻小南門，而荷兵大至，華人不利，混戰良久。下午伴熊木令人出西門，喩城外土人，令其盡殺華人，當與重賞，番衆均來援助。時華人軍器不過槍劍刀戈而已，亦有取竹縛豬刀者。且烏合之衆，無紀律可言，終非槍礮之敵，自不能得勝。荷人則於城內逐戶拘執華人，不論男女老幼，擒便殺之。號哭之聲，耳不忍聞，華人自知不免，亦羣起而反抗，總之寡不敵衆，終歸於盡而已。甲必丹連富光（註二）則奔至荷署

（註一）林楚名見華僑開吧事略，卽萊佛士（Raffles）爪哇史所謂 Lin Chu，溫雄飛譯作劉昭。又華僑之領袖，萊佛士作 Sinpanjang，溫雄飛譯作高長人，疑卽連懷是也。

（註二）連富光卽皇朝文獻通考之連富。後荷人以其不善處分華人事，流往安汶。

求庇。城內華人，殲滅殆盡。

翌日（十月十日）城外華人仍圍攻吧城，伴熊木令放大礮，小南門外皆成平地，城內華人街亦被擊毀，並放火焚之，紅光照天。伴熊木又登城訓令番人，凡屬華人，格殺勿論，有殊償。華人前後夾攻，如此自十日至十二日，前後屠殺之華人，凡九千人，逃死者一百五十人而已。流血所被，河水為赤，相傳紅河之名，自此而來，(註)即華僑相傳至今之「紅河事件」是也。

吧城華人屠殺迨盡，所存者祇有甲必丹連富光，雷珍蘭黃咸，陳忠合，武直迷連蓮光，均與其家屬為荷蘭所囚。時黃班正欲率衆攻東門，忽聞華人大敗，乃守望加寺，逡巡不進，華人之敗逃者均歸之。荷兵聞訊來攻，黃班抗之，不相下。明日再戰，荷兵死者數十人，華人被傷者數人，荷兵退卻。迨荷兵再來攻，黃班已出走爪亞藍（Joana），荷人將所留之傷人盡殺之。

黃班去吧城，集合逃出之華僑合組一隊於南旺（Rembang）及爪亞藍地方，襲擊荷蘭人，並

(註)說見夏思病南洋卷二第六頁，林有壬南洋實地調查錄二四四頁。但據華僑開吧史略，當亂事起時，已有洪溪之名，此殆後人所附會，不足深信也。

乘勢攻三寶壠。當時爪哇馬達蘭姆(Matarm)國王巴古巫呵娜第二(Pakoe Boevana II)暗通華人，約明中國人得勢則公然作反荷之舉動。不幸馬都拉(Madoera)之酋長，反與荷人聯絡，屠殺華人。卽革兒昔（錦石 Gresik）一處，華人死者凡四百焉。華僑圍攻三寶壠四日不下，巴古巫呵娜第二見中國人不利，遽改變其態度降順巴達維亞政府。其部下見其變節，不勝憤怒，擬一致援助中國人，抗其國王，奪取王都梭羅(Solo)，焚燬市街，擁立馬士卡蘭底(Mas Garandi)爲新王，稱安蒙古納第二(Amangkoerat II)。巴古巫呵娜第二勢成孤立，其王位危不可保，乃哀訴於巴達維亞政府，請其保護。而國內亦不幸內鬨，華人與土人勢力分離，安蒙古納第二自降於荷軍之門，巴古巫呵娜復國。中國人之反荷運動亦終止於是時，一七四二年也。

當紅河事變之時，爲清乾隆帝朝時代，事傳至中國，福建總督策楞，提督王郡，聞於朝。策楞又奏言：「被害漢人久居番地，屢邀寛宥之恩，而自棄王化，(註)按之國法，皆干嚴譴，今被其戕殺多人，事

(註)清康熙五十六年立海禁，凡在海外人民不得復歸本土。繼下恩旨，凡五十六年以前出洋人民，限三年回籍，然未能實行也。乾隆元年又下令，自康熙例禁後，私出洋者不准歸國，其例前之民願歸者聽。

屬可傷，實則孽由自作。但噶喇巴(Calappa Djackatra)以地隔重洋，恃其荒遠，罔知顧忌，肆行殘害，恐嗣後擾及商船，請禁止南洋商販，俾知畏懼」。廣東道監察御史李清芳則奏言：「商人往東洋者十之一，南洋者十之九，江、浙、閩、廣稅銀多出於此，一加禁遏，則四省海關稅額，必至於缺，每年統計不下數十萬，其損於國帑一也。大凡民間貿易，皆先時而買，及時而賣，預爲蓄積，流通不窮，今若一旦禁止商旅，必至大困二也。應暫停噶喇巴貿易，候至哀求，然後再往，至南洋各道，不宜盡禁」。既而王大臣會奏，其大意皆以「仰體皇上懷柔無外之聖心，令海外遠夷悔過自新，均霑德澤，卽議令暫禁噶喇巴者，原欲使其畏懼。今聞噶喇巴已將夷目黜責，於我船返棹時，加意撫慰，護送，囑令再往，並無擾及商客之意，宜仍准其通商爲便」。奏入，朝議從之。(註一)據吧城舊礮臺日記之記載，荷人恐淸廷興師問罪，次年遣使奉書謝罪，謂事出萬不得已，以致累及無辜云云。而乾隆帝則答之曰：「天朝棄民，不惜背祖宗廬墓，出洋謀利，朝廷概不聞問云」。(註二)但威廉教授(F. W. William)則謂

(註一)見皇朝文獻通考四裔門。

(註二)見 Arnold Wright: Twentieth Century Impressions of Netherlands India, pp. 75, 76

並未回書，(註)總之因海禁之故，漠視移民之利害，而未盡保護之責，則係事實也。

【明桂王與緬甸之關係】 滿洲入關，明崇禎帝殉國。明臣擁立福王於南京，繼而南都亦陷。魯王監國於紹興，福王卽位於福州，是爲隆武，不久亦爲滿洲所滅。順治四年，桂王立於肇慶，是爲永歷帝，或稱永明帝，蓋明朝最後之君主矣。桂王爲清師所逼，退梧州、桂林，輾轉桂黔間，最後李定國奉之入滇，時永歷十二年（一六五八年）也。

永歷十三年正月，永歷帝爲清兵窮追，走永昌，繼見大勢日危，乃走騰越，更西行入緬甸。先是帝困於永昌時，羣臣中有主張北入四川，南入交趾者，而黔國公沐天波進議曰：「自迤西達緬甸，其地糧糗可資，出邊則荒遠無際，萬一追勢稍緩，據大理兩關之險，猶不失爲蒙叚也」。帝納之，乃決意西行，納金百兩於緬王平格力(Pentegle)，求其庇護，緬王允之。閏正月十五日，永歷帝自永昌起行，十八日至騰越，二十五日至鐵壁關，二十八日入緬境，緬甸命帝從人解除武裝，是日抵蠻莫(Bhamo)。

(註) William: Problem of Chinese Immigration in Further Asia, Amer. Historical Association, Vol. I.

二月初一日抵大金沙江（Irrawaddy R.），僅得四舟，可供永曆帝之用，餘各自雇小舟，或陸行。自騰越起行時，從人不下四千，至是祇有一千四百七十八人，從舟行者六百四十六人，餘皆陸行。十八日至井梗。初八日抵緬京阿瓦（Ava）郊外，緬人居之於對岸之者梗（Sagaing）蓋草房十數間居之，留兵百人為衞，從臣自結草舍以居。時緬民男婦往來貿易，雜踏如市，諸臣短衣跣足，闌入緬婦貿易隊中，踞地喧笑，呼盧縱酒，雖大僚無不然者，為緬官所經鄙。又陸行從人先帝至阿瓦，緬人疑其有侵略意，發兵圍之，死者甚多，餘衆分散於附近各村。時明將白文選自大理間道追隨永曆帝之後，而帝已入阿瓦，文選於二月至大金沙江，不知帝之行踪，乃退回南甸。久之招集流亡，得萬人，七月復至大金沙江，假道迎帝，緬人不之許，文選攻之，至阿瓦，距永曆駐蹕地僅六十里，而緬人守備甚嚴，不克，乃大掠殺退去。

緬人待遇永曆帝甚惡，令沐天波對緬王行跪拜禮，天波不得已從之。又嘗斷食至三日，帝碎璽以供日用，時李定國亦入緬，初勢甚窘，後賀九儀師自廣南來赴，得萬人，攻孟艮據之。文選則居木邦之南甸，相去二千里，不相聞也。迨攻緬不克還，乃約定國共勤王，兩師會於中途。緬甸遣邊牙鮓、邊牙稞為將，集兵十五萬人禦之，遇於錫波江（Hsipaw R.）上，緬人臨戰列巨象千餘，佐以槍礮，乃自葡萄牙所輸入者。陣陳二十里，明軍不足什之一，所持軍器僅刀槊而已，奮勇攻之，幸獲勝利，殺邊牙稞，而邊牙鮓退走，時永歷十五年二月也。乃渡江近逼阿瓦。阿瓦三面阻江，惟東南憑陸，緬人掘陸引水為湖，湖內築隄三匝，外立木城以自固。定國圍攻之，緬人驅衆為戰，且佐以槍礮，定國攻之不得利，乃分兵四下掃糧，絕其孔道，相持數日，城終不下。繼而疫作，明軍死亡相繼，定國不得已退回孟艮。其後文選入邊，降於清師。

五月緬甸政變，王弟莽猛白（Mahâ Parara Dhamma Râja）弑平格力自立。疑永歷帝與李定國等通謀，乃設辭，招永歷帝從人至者梗之屠丕揚塔（Tupayon pagoda）飲咒水，宣誓無作亂心。明從臣不可，強而致之。緬人以兵三千圍其外，殺從臣四十餘人，惟沐天波出袖中鎚擊殺十數人，然後死。緬兵入永歷居，搜取財幣宮女及各官妻孥，自縊者甚衆。永歷與太后等二十五人聚於一小屋，逾數時，緬王遣人賜酒肉於永歷帝，並責其從人之罪。永歷曰：「彼等有過，責之宜也，朕惟求苟全性命，得安居足矣」。（註一）

是年十一月，清將吳三桂至木邦，責緬人縛僞王來獻，否則加重兵。臘月，三桂率兵一萬八千至阿瓦，營於城東之舊晚坡。緬相錫直持貝葉緬文請降。明日遷永歷過江，行百餘里至三桂營，執永歷帝及馬太后王皇后等以獻。初三日吳三桂擁帝還滇，以捷聞。永歷十六年四月二十六日，永歷父子被殺於雲南。先是明遺臣馬九功者爲古剌（白古）招明潰兵三千。江國泰入暹，暹酋妻以女，（註二）各遣使約李定國於孟艮（Mong-keng），將犄角夾攻緬。而清軍已取永歷王於阿瓦，二國師失望返，李定國亦憤死於孟臘。

【清之緬甸侵略】 自三桂入緬甸後，中緬無國際關係往來。但中國人移殖緬甸，而尤以緬滇邊界爲盛。如猛拱土司出虎魄，猛密有寶井，多寶石，又波龍山產銀。是以江西、湖廣及雲南大理永昌人出邊商販者甚衆，且屯聚波龍以開銀鑛爲生，不下萬人。自波龍迤東有茂隆廠，亦產銀。廠長吳尙賢，雲南石屛州人，乾隆初家貧走滇緬間之葫蘆國（犿狐 Kawa），其酋大山王蜂筑信任之，與開

（註一）語見 Harvey: History of Burma, p. 200.

（註二）見魏源聖武記卷六，暹羅史書不詳，此所謂暹者，殆 Shan states 之一部也。

茂隆銀廠。廠例無尊卑皆以兄弟稱，一人主廠，次一人統衆，次一人出兵。尚賢爲廠主，時華人赴緬者極衆，廠既旺，聚至數萬人，儼然一中國殖民地。尚賢勇敢有警每身先兄弟，土人不敢侵。然尚賢爲人陰戾深險，茂隆廠出兵者黃耀祖不善之，乃請假徒往山獵，尚賢許之，乃以其徒入葫蘆國，獵所得禽，時以遺蜂筑，筑不之虞也，一夜遂破其國而有之，尚賢屢招其歸不答。

先是有某武弁，以事革不能自存，往投尚賢。尚賢雖豪，然故廠徒，不識官府事，某因以進貢說之，可邀恩得葫蘆國王，尚賢正無如黃耀祖何，聞言心動，某因爲稟介耿馬土司罕世屏獻茂隆廠，抽銀課，時乾隆十年（一七四五年）事也。

時阿瓦東有桂家土司（Gwē Shans）相傳爲明桂王遺臣之後裔（註）其酋長宮裏鴈（Gonna-

（註）師範緬事述略「貴（桂）家者故永明（永歷）入緬所遺種也。緬刼永明時，諸人分散駐沙洲，蠻不之逐，謂水至盡漂矣。已而水至洲不沒，蠻共神之。百餘年生聚日盛稱貴家」。巴克爾氏謂卽蠻德勒東之 Gwē Shans（Parker, Burma, Relations with China, p. 75）。但明桂王從人已爲緬人殲滅殆盡，此蓋因發音相同，遂加附會。又敏家卽 Gwē Karens 係緬王莽應裏（Bayin-naung）（一五五一—八一年）戰爭時俘虜之 Gwē Shan 故逐於白古之北部者（Scott: Burma, p. 184），可見與明人無關也。

ein）貌偉而怪，滿面皆髯，爲羣蠻所畏。憤阿瓦王之苛稅，聯合敏家（Gwē Kerens）與阿瓦相抗。尙賢伺間入緬，欲和之，不聽，因搆緬與桂家戰，不勝。乃說阿瓦王麻哈祖（Mahadammayaza-Dipati）以進貢假威重，可陰爲己地。阿瓦王從其言，十五年（一七五〇年）（註）進京貢馴象、塗金塔。但尙賢終不能得葫蘆劄符，怏怏回，已稟辭大府西行矣，忽追回餓死之，尙賢死而廠徒遂散。

十七年（一七五二年）白古王之敏家酋長嗹喇（Binnya Dala）破阿瓦，逐麻哈祖。嗹喇據阿瓦者五年。時有木梳部（Moksobo）酋長甕籍牙（Alaungpaya）者掘起，十八年（一七五三年）與桂家戰勝之，遂敗敏家。十九年（一七五四年）嗹喇爲得楞人（Talaing）所殺。雍籍牙自立於木梳，旋徙阿瓦，舉兵征服緬甸各部，且敗波龍，走桂家，遂統一緬甸。二十五年（一七六〇年）雍籍牙卒，子孟絡（Naungdawgyi）立，不久，弟孟駁（Mangra）（即緬史所謂白象王Hsinbyushin）即位，時二十八年（一七六三年）也。

時宮裏鴈敗走孟連，二十七年（一七六二年）謀內附，未果，會石牛廠主周彥青招之，宮裏鴈

（註）年份據西人紀載，王昶征緬紀略作十八年（一七五三年），師範緬事紀略則作十六年（一七五一年）。

乃置其妻曩占及部下千餘人於孟連，而自赴大金沙江之石牛廠。宮裏鴈既去，孟連土司刁派春，乃分散其人於各寨，而置曩古及二女於城中，初索其貲財，繼索其女。曩占乃夜襲殺刁派春，遂縱火，其部下來接應之，同走孟養，宮裏鴈不知也。永昌守楊重穀，欲以宮裏鴈為功，誘致之，坐以擾邊罪，肆諸市。

初中緬交界諸土司，皆有年金貢緬甸。自木梳部興，諸土司不復入貢，而木梳與木邦（Shweli）酋長罕底莽及桂家宮裏鴈相抗，亦無暇過問。其後木邦及桂家敗竄，我邊邊吏不扶植之，反為助剪所忌，邊疆自此多事矣。曩占走孟艮，聞宮裏鴈被中國誘殺，乃促孟艮內侵，及普洱南江外諸土司，又引木邦內犯。雲南總兵劉德成敗退，總督劉藻自殺死，時乾隆三十年（一七六五年）也。明年普洱敵兵退，而孟連又以緬人入寇聞。然緬人之目的在徵孟連之歲幣，與中國無與也。

乾隆三十一年（一七六六年），大學士楊應琚任雲南總督，巡撫常鈞奏請普洱事畢，卽辦永昌邊外事，於是楊應琚移駐永昌，屬吏喜功者，遂爭言緬甸可取狀。騰越州陳廷獻遣人招孟密土司，不聽，則誘致其所屬之孟斂土目來降。虛獻孟密，又招致木邦古土司子弟，使虛獻木邦，遂以外收二大土司地千里，戶十數萬入告，適又發生緬甸苛待華商事，初有中國商販，要求蠻暮緬官於太平河上建設一橋，緬官遲疑不答，中國商人嚴辭責備之，緬官因囚其人，送往阿瓦，旣而釋出，則貨物蕩然矣。又景東（Kengtung）之緬人購華商貨物而不償款，兩方發生齟齬，中國商人被殺，而緬官亦不治兇手之罪。（註）事聞於滇督，遂命副將趙宏榜以兵數百攻蠻暮之新街，克之。蠻暮抱大金沙江水口，爲中緬通商地，據阿瓦之上流，緬甸必爭之地也，不旋踵，復陷於緬。蓋緬人善操舟，舟尾置葡萄牙大礮，且利用象爲陣，宏榜軍不能敵也。緬軍數萬，乘清軍之退卻，尾追之，直搏隴川之虎踞關。提督李時升，檄諸將禦之，然緬兵不取攻勢，繞入萬仞關，掠永昌騰越邊境，越隴川江而出。旣而兩方妥洽，互市罷兵，可以無事矣。應琚以所奏新收諸土司地，無以報命，於是檄部將哈國興至猛卯，爲緬軍所圍不能前進。楊應琚亦檄總兵朱崙等進取木邦，運糧困難，瘴癘又興，緬兵大舉來攻，遂敗潰，時三十二年（一七六七年）四月也。於是楊應琚奏得不償失，請棄新附諸土司地。乾隆帝震怒，逮楊應琚李

（註）緬甸苛待華商事，中國紀載不詳，此據 Stuart: Burma Through the Centuries, p. 95. Harvey: History of Burma, pp. 253-4.

時升俱治罪。魏源氏會批評此時之政策，以緬王孟駁實無內犯之心，諸邊臣徒張皇而啓兵端，本可罷戰而其情不盡上聞，遂有乾隆帝大舉征緬之役。(註)

是年五月乾隆帝命明瑞以將軍兼總督，發滿洲兵三千，及雲貴四川兵二萬餘，並攜帶大礮，大舉征緬。明瑞由木邦，孟艮攻東路，參贊額爾登額由孟密老官屯攻北路，而約會於阿瓦。明瑞以九月二十四日啓行，連旬雨潦，又負糧以牛，行程遲緩，十一月二日始出宛頂，越八日至木邦，不戰而下，留參贊珠魯納，按察使楊重英以兵五千守之。明瑞自率兵一萬二千，爲浮橋渡錫箔江。緬甸素不養兵，有事則徵兵於各部。惟阿瓦蓄勝兵萬人，有戰事則合各部兵居前，勝兵督其後，又以騎兵爲兩翼。戰旣合，則兩翼分繞而進。度未可勝，則樹柵自衞，以槍礮掩護入柵據守。明瑞軍渡江行四日至天生橋，橋南有緬寨相逼，會有中國商人言橋東三十里水淺可涉，且岸頗平，乃以兵出其後，緬人復棄寨去。十月至蠻結，緬兵二萬依山立十六柵拒守。清軍領隊大臣觀音保麾衆先據山左，哈國興等三路登山俯薄之，直逼其壘。貴州兵先入壘，衆乘之，緬兵披靡，遂拔其柵，復連破三柵，而十二柵均退走。繼進

(註)見魏源聖武記卷六，乾隆征緬甸紀上。

至象孔，去阿瓦可七十里，迷失道，而軍糧已罄。明瑞念北路軍約由孟密入，其地近孟籠，有緬屯糧，乃議向猛籠，果大得糧濟。時清軍深入已二千里，會歲除，而北路之師無消息，復議取道大山土司向木邦以歸。緬人偵知清軍糧盡，即悉衆來追，清軍且戰且退，日不過三十里，疲憊不堪。至蠻化休軍數日，取所得牛馬犒士，而緬軍之先一日過者已壘於要路。得波龍人引以間道，由桂家銀廠舊址而出。時緬人襲木邦，守兵五千人盡潰，珠魯訥自刎死，楊重英被俘。於是緬軍乘勝迎擊明瑞軍。先是，額爾登額之進猛密也，途次老官屯（Kaungton），爲緬軍所阻，相持月餘。乾隆帝以明瑞久絕軍報，趣額爾登額移師援之。額爾登額因迂道回銅壁關，再出宛頂，而老官屯之緬師亦畢集，明瑞不支，至小猛育地方，緬衆至者不下四五萬，清軍分七營拒戰，因援兵不至，明瑞乃遣諸將率軍士夜出，而自與觀音保等以親兵侍衛數百人血戰，逾時力盡，觀音保及明瑞皆戰死，時三十三年三月十日也。餘衆萬餘人，潰入宛頂，而額爾登額以屯兵觀望不救，逮處極刑。清廷更命大學士傅恆再征緬甸。

三十三年（一七六八年）五月，緬王孟駁縱所獲兵許爾功八人，自木邦持緬書來云：「暹羅國得楞國……及金銀寶石廠，飛刀飛馬飛人，有福好善之王殿下掌事官，拜書昔吳尚賢至阿瓦，敬述大皇帝仁慈樂善，我緬王用是具禮致貢，蒙賜段帛玉器諸物。自是商旅相通，初無釁隙。近因木邦蠻暮土司從中播弄興兵爭戰，致彼此傷損人馬。茲特投文敍明顛末，請循古禮貢賜往來，永息干戈，照舊和好」。署雲南總督阿里袞以聞，乾隆帝以明瑞軍入關者尚逾萬，所喪亡不過十之一二。然將帥親臣皆捐軀，而緬甸求款，不親遣頭目，不之應。

三十四年（一七六九年）春，命大學士傅恆爲經略，阿桂、阿里袞爲副將軍，發索倫、吉林兵四千，火器營四千，荊州成都駐防滿洲兵五千，厄魯特、鄂倫春各三百赴軍。傅恆以四月朔至永昌、騰越，議進兵之路，分水陸三道而進；一軍由檳榔江出河西，經孟拱孟養兩土司地，覆其木疏舊都，陸行直抵阿瓦，是爲正師。一軍由東岸經孟密支江而下，是爲偏師。而一軍由大金沙江南下，先造舟於蠻暮，以通兩軍聲勢，是爲策應之師。前後調滿漢精銳不下五六萬。時距霜降尚早，諸將以南徼多瘴，議稍遲出師，傅恆謂師老則懈，不如及其銳用之。七月二十日大軍啓行，渡檳榔江而西，至孟拱、孟養，時緬方秋成刈穫，未暇整兵，又二地非其腹地，而大軍歷二千里不血刃。然正當雨季，行軍困難，多僵病，又道路不習，難於深入。阿桂東路軍萬餘，從虎踞關出，至野牛壩。會蠻暮野牛壩新造軍艦成，閩粵水師亦集，乃議兩軍併歸一路。傅恆耀兵諸土司而還，亦以十月朔渡江抵蠻暮，出金沙江。緬人已列舟扼河口，又分軍兩岸以拒。哈國興將水兵，阿里袞阿桂將陸兵，分趨兩岸，而東岸敵先至。阿桂合步兵矢銃兩發，而勁騎左右衝入，敵大潰。哈國興與海蘭察率舟師乘上風蹴之，敵舟自相撞擊，殺溺數千。阿里袞亦連破西岸敵柵，餘皆遁，於是三路大捷。會傅恆病，阿里袞瘡卒，諸將議不向阿瓦，而向老官屯，卽前歲額爾登額屯兵處也。老官屯臨大金沙江，敵軍分扼東西，清師逼其東寨。緬人守甚固，旬日不得進，清軍以大礮攻之不下，再以火攻，但緬人力守亦無效。緬寨有水門通舟，阿桂以戰艦五十艘截之，斷其糧道，亦無功。緬將莽勒西哈蘇（Mahathihathura），以久持無益，乃乞和，清將以兵士病瘴，亦請罷兵。兩方協議，出席者清將十三人，緬官十四人，立約：緬甸對中國行表貢之禮，歸俘虜，返土司侵地。中國以木邦、蠻暮、孟拱、孟養諸部人口付還緬甸。約既成，清師遂焚舟鎔大礮，班師回，時十一月事也。傅恆還朝自劾，未幾以憂恚死。

魏源對此役之批評，有云：「新街江口順流六日，可至阿瓦，使舍戛鳩江（梹榔江）之行程，與攻老官屯之日力，以擣阿瓦有餘。刻綎、白文選再攻阿瓦，皆輒破，非堅城也。卽爲城下之盟，亦必能制其死命，稱臣請貢無反側。若老官屯偏在東岸，止需留偏師羈縻之，非能阻我遄進。此與唐太宗頓兵安市城，不直趨平壤者何異。是役以出師過早，失天時。以頓兵堅壘，失地利。以多調客兵，少募士勇，失選士。……」（註）可謂的當之見解矣。

三十五年（一七七〇年）緬師既罷，遷木邦、孟拱、蠻暮等土司於關內，而空關外地，緬甸移書索之。阿桂使都司蘇爾相檄責之，被緬甸所拘留。時緬甸方與暹羅搆兵，帝命阿桂出偏師擾之，使奔命不暇。而阿桂請乘此大舉征緬，帝不聽，且嚴責之，以溫福相代。既而中國有金川之役，而緬甸亦方有事於暹羅，兩國得相安者數年。時緬甸王孟駁卒，嗣王贅角牙（Singusa）以四十四年（一七七九年）爲孟魯（Maimg Maung）所殺，國人又殺孟魯而立雍籍牙季子孟雲（孟隕Bodawpaya）。因內亂作，國勢漸衰，又東有暹羅之抗爭，北與中國斷互市，緬甸之土產木棉、象牙、蘇木、寶石及波龍廠銅，恃雲南爲銷場者，均閉關罷市，而國用反增，財政因之困難。至五十一年（一七八六年）暹羅入貢中國，爲藩屬。孟雲見國際情形不利，五十三年（一七八八年），由木邦齎金葉表，馴象，金塔求

（註）見魏源聖武記卷六乾隆征緬甸紀上。

入貢，并放還楊重英等奏云：「孟隕乃雍籍牙第四子，幼爲僧……（註一）深知父子行事錯謬，感大皇帝恩德，自撤兵以後，不加剿，屢欲投誠進貢，因與暹羅構釁，且移建城池，（註二）未暇備辦。今緬地安寧，特差頭目遵照古禮進表納貢」。帝允之。五十四年孟雲復因帝八旬壽誕，備表祝釐，請封號，願十年一貢，又請開關禁以通商旅，帝允之，而中緬交涉始告一結束焉。

【鄭昭之王暹羅】 暹羅自十四世紀以來，建都阿踰陀（Ayuthia 大城府）是爲阿踰陀王朝。自十六世紀以來，屢受緬甸之侵略，緬王莽瑞體、莽應裏、雍籍牙，均侵略暹羅，并數陷其都城。最後孟駁王於一七六七年攻入大城府，暹王伊克塔（Ekatat）逃於荒野而死，王族皆爲俘虜，王城焚燬，阿踰陀王朝遂亡。

鄭昭者，土生華僑，父鄭鏞，潮州澄海人，因無賴貧不自聊，且見惡於鄉里，乃南渡至暹羅大城府，

（註一）緬甸君主，必於幼時出家一度，再還俗，暹羅亦然，蓋二國以佛教爲國教也。或謂孟隕因幼曾爲僧，故不好武事，乃向清廷求和云云，近於附會。

（註二）緬甸於一七八三年自阿瓦遷都至阿摩布剌（Amarapura）（在曼得列 Mandalay 附近）。

藉賭爲生，漸致富任暹羅賭餉官娶暹婦洛央生一子曰鄭信，（註）卽昭也。暹人稱之曰 Phya Tak Sin 或 Chao Phya Tak Sin. Phya 爲尊號，Chao 爲王之意，Tak 其封地因其曾任該地太守，Sin（信）其名，昭卽 Chao（王）之譯音，鄭昭者鄭王之意也。初生爲父所棄，財政大臣丕耶却克里（Chao Phya Chakri）收之爲養子，年十三入王宮爲侍衛，二十一出家，越三年還俗，（此爲暹俗）繼而仕於萬大克（Bantak）後擢爲太守。又結交暹廷之權臣，而得任必差武里（Petchaburi）之總督焉。一七六三年，緬甸占領地那悉林（Tenasserim），攻暹羅之半島部，時鄭昭守必差武里，敗之，緬軍退回地那悉林。

一七六六年，緬甸之圍攻大城也，鄭昭被招入京守禦捍衛東城，抗拒敵軍，因同僚之不合作，戰事不利，又因未得暹王之允許，燃放大礮，爲同僚所讒，忠而見謗，昭見事不可爲，乃率其部下五百人突圍而去。一七六七年大城陷落，國王伊克塔（Ekatat）逃出王宮，爲緬人所困，餓死於荒野。前王烏吞勃（Utump）被擄至緬。緬人焚大城，留將蘇格伊（Sugyi）屯守，而大軍退卻。

（註）見四十二梅居士鄭昭傳（珊瑚半月刊第三卷第三號）。

鄭昭之退出暹京也，至暹羅灣東岸之拉容（Rayong），不久占有拉容及春武里（Jonburi）一帶。時尖竹汶（Chantabun）之總督，初與鄭昭親善，及聞大城之陷落也，忽發生王暹羅之野心，欲消滅鄭昭，爲昭所偵知，夜襲之，據有其地。時一七六六年六月，距大城之陷落後二月也。昭自是領土擴張，四方之官兵多歸之，至十月間，部衆自五百人而增至五千人矣。乃興師伐緬，謀恢復，率戰艦百艘，溯湄南河而上，取他拉富里（Tanaburi 今盤谷），殺緬甸總督奈東因（Nai Tong-in），本暹羅之叛臣也。緬甸大將蘇格伊屯大城郊外之三寶樹（Three Bo Tree），遣將蒙耶（Maung Ya）率大軍迎戰，其兵士半爲暹羅人，皆叛去，蒙耶退三寶樹，昭追之，兩方劇戰，蘇格伊被殺，恢復大城，距陷落之期，僅六月耳。

昭至大城，掘起前王伊克塔王之尸，行火葬禮，優遇前王遺族，散財施食於衆，以收人心。見城垣燬壞，宮殿頹傾，乃遷都於盤谷（在今城之對岸）。進登王位，年不過三十四歲耳。英人伍德氏（W. A. R. Wood）評之曰：「鄭昭父爲中國人，或亦爲混血中國人，母爲暹羅人，皆非世家大族。昭之得踐王祚，固由其勇而多才，而一部分亦由於其篤信命運。是蓋爲昭之特性，終身不移者。彼以爲成敗悉由天命，如命中註定成功，則時勢亦受其支配。又因篤信天命，故他人所認爲不可能之事，昭獨敢於嘗試，底於成功。拿破崙第三以信仰命運見稱，昭亦其流亞也。」(註)

鄭昭之佔領尖竹汶時，曾由中國廣東船商陳萬勝致書清廷，於乾隆四十年（一七七五年）達中國，內稱：「平定打馬（Chantabun 卽尖竹汶）部落人衆投歸，內有滇省八十九名，附船送回。幷情願合擊緬甸，乞賞給磺鐵礮位」等語。兩廣總督李侍堯據情轉奏，清廷諭：「中國當此全盛之時，果欲征剿緬甸，何必借助於海外小邦。況撫馭外夷，亦自有道，如藉其力剪滅叛蠻，彼必恃功而驕，久且難於駕馭，此一定理，李侍堯蓋見未及此也。現令軍機大臣代擬檄稿發去。」侍堯接到後，卽照例繕發，其文曰：「兩廣總督李爲檄諭事。本閣部堂接閱來稟，並開列名單，送回滇省兵名十九名，具見小心恭順。所請軍火，前經駁飭，今除銃仔一項，不准出洋外，其需用硫磺鐵鍋，准照上年請買之數，聽爾置回。至所稱合擊緬匪，所言已悉。但天朝統馭寰宇，中外一家，國富兵強，勢當全盛，前此平定準噶爾回部，西北拓地二萬餘里，德威所布，遐邇震懾。緬酋頑蠢負嵎，甘棄生成之外，實爲覆載不容，遐

(註)見 Wood: A History of Siam, pp. 253-4.

來因仲討金川，將滇兵暫撤，今策勛在卽。或閱一二年，稍息士卒，再行集兵，將緬人一舉掃平，此時自難預定。如果興師剿伐，以百戰百勝之王師，奮勇直進，視攻搗阿瓦，不啻摧枯拉朽，何藉爾海外彈丸，聚而合擊？或爾欲報故主之仇，糾約靑霾（Chengmei）紅沙（馬來半島）諸鄰境，悉力陳兵，盡除花肚（緬甸），亦爾自爲之！設爾志得伸，據實稟報本閣部堂，當代爲轉奏，大皇帝爲天下共主，亦必鑑爾忠誠，予以嘉許。至中國之欲平緬匪與否，天朝自有權衡，固非我守土之臣所敢料，亦非爾之所當請問也。爲此檄諭知之，須至檄者。

鄭昭及王位，又遣使航海至中國告捷，奏稱：「自遭緬匪侵陵，雖復土報讐，紹裔無人，羣吏推昭爲長，遵例供獻方物。」其使節於四十六年達京師，淸廷未之答也。

當鄭昭之恢復大城，適中國有征緬之役，緬甸內顧不暇，不遑東顧。昭遂得乘此時機，統一全國。時暹羅全國情形，成割據之狀，中部在鄭昭直接統治之下。半島部分，爲那坤司譚馬辣（Nak'on-Sritammarat）卽六坤（Sakon）總督丕耶勃臘（P'ra Palat）所佔領，自大城陷沒後，自稱摩西卡王（King Musika）。東部柯叨（Korat）一帶在泰勃丕勃公（Prince Tep Pip'it）治下，建都碧邁(P'imai)北部之碧士奴(P'itsanulok)則歸隆王(King Ruang)治理。北邊地方則有范僧王(Priest King of Fang)治理，其所領者爲僧軍，都沙灣富里(Sawangburi)，鄭昭逐次征服諸部碧士奴及那坤司譚馬辣皆取消尊號歸誠中央。泰勃丕勃公仍請求復其封位。最後范僧王亦輸誠鄭昭，遂統一全國。

時緬甸軍仍屯住於拉富里(Ratburi)，停軍艦於湄克隆河(Mek'long)口，一七六八年中國征緬軍失敗，緬甸無內顧憂，命緬甸土瓦(Tovoy)總督聯合拉富里之屯軍攻暹羅，反被敗於暹羅，拉富里被奪，暹羅之首將曰丕納瑪哈蒙特里(P'ra Maha Montri)卽隆約克拉巴(Luang Yokrabat 丕耶却克里)之弟，却克里後登王位，而瑪哈蒙特里則任副王焉。

一七六八年五月，昭征北部，攻碧士奴不幸失敗，己亦受傷。碧士奴王遂自號暹羅王，但一星期後忽逝世，弟丕耶英(P'ra In)繼位，因隆王之稱號不吉，遂不繼承王號。范僧王初侵碧士奴不克，至是乘機佔領之，丕耶英被殺，僧王遂奄有北暹羅，但僧王不守佛教，殘忍好殺，故亦不久於其位。

一七六八年雨季，昭轉其目標於柯叻。碧邁王泰勃不勃公，聯合緬敗將蒙耶軍，與昭相抗，經兩度之劇戰，蒙耶大敗死，柯叻被克。泰勃丕勃未身與此役，逃往南掌（Wieng-Chan），爲昭追獲，昭本無與前王族爲難之意，本思優待之，而以泰勃丕勃之傲慢無禮，虐待俘虜，終與其他叛徒受相同之命運。

時當大亂之後，食糧不給。一七六八年之末發生鼠疫，鄭王乃大興滅鼠之隊，而貧民因之得食。又輸金海外，廣購米糧，以資民食，此爲前朝帝王所未有者，民心大服。

一七六九年初，柬埔寨（Combodia）兄弟爭國，王弟藉安南兵力，推翻國王拉馬菩提（Rama Tibodi），王逃至盤谷。王弟得國，稱納萊拉加王（Narai Raja）。鄭王見機可乘，乃責新王入貢，貢品有金銀樹，此爲古例也。納萊王不允，謂不願對於下級中國人之子，行朝貢之禮。鄭王大怒，時正出師那坤司譚馬辣，乃命柯叻駐軍立取暹叻（Siemrap）、馬德望（Battambang）二城，以待那坤司譚馬辣師之回。若柬埔寨再不稱臣入貢，當滅其全國云。

出征六坤（那坤司譚馬辣）師，初不利。至伽耶（Jaiya），大軍遇阻，而將士不和，發生內訌，王急由海道至伽耶，解決此問題。摩西卡王戰敗，逃往六坤，繼而大軍兵臨城下，摩西卡王不得已，又南逃。至大泥(Patani)，鄭昭以兵威脅大泥，使其獻逃王回六坤。鄭王待之甚優，從人有請誅之者，昭曰：「彼非我臣，我非彼君，我二人同爲前王之臣僕。前王崩駕時，我兩人較之他人，均少踐王祚之可能，總之我不過較他人幸運耳。」攜之回盤谷，任以高職，繼而遣回那坤司譚馬辣，仍任總督。鄭王留居六坤至一七六九年五月始回。時風聞鄭王已卒，暹叻及馬德望之師已先王師回盤谷，蓋諸將恐京師紛亂也，征東之舉，一時中止。

一七七〇年初，范僧王遣兵刧掠伽納城(Jainat)，鄭昭見時機已至，乃遣兵三隊，共二萬人北伐，立下碧士奴城稍留，前攻，僧王都沙灣富里，小城也，外圍木柵，僧王大駭。又因城中產生小白象，僧王以爲不祥豫兆，乃北逃，不知所終。沙灣富里乃暹羅舊壤之最北界也。至是鄭昭殆已恢復舊阿輸陀王朝舊壤，所缺者僅土瓦及地那悉林耳。鄭昭又處分僧王部下不法之僧侶，自南部遣派僧侶前往焉。

時緬甸虐待其屬邦老撾之居民，其人民有逃往森林中及流爲盜匪者。一七六九年老撾之緬甸總督阿丕卡密尼(Ap'ai Karnini)卒，寶馬玉梗(Bo May Nguan)繼之，遣兵侵沙灣富里，暹兵堅守者一月，待大軍至，乃驅緬軍出境。暹軍更北攻景邁（Chiengmai），老撾人歡迎之，不抵抗而下。但暹羅軍達景邁後，卽退兵至其九日程之地。因暹羅之古寓言，暹王之取景邁，未有第一次攻擊而可占領者。緬人見暹軍退卻，遣兵追之，但卽爲暹軍逐回，損失甚鉅。

柬埔寨王納萊乘鄭王有事於景邁，興兵侵尖竹汶及德辣（Trat），此侵略引起鄭王廢棄叛王，而立菩提爲王之決心。乃發師一萬五千，載二百舟，先後下邦泰米斯（Bantéay Meas）金塔城（Phnom Penh），馬德望及寶林文（Boribun），繼攻其首都邦泰勃（Banteay Pech），在金塔城東五英里。納萊王逃往北部，菩提王卽帝位，後納萊王降服於其兄，爲該國副王。現暹王朝之始祖，加入此役，因功上尊號曰丕耶却克里（Chao P'ya Chakri），其弟曰丕耶蘇納西（P'ya Surasih）。

一七六九年中國第三次征緬甸，緬王孟駁承認中國爲朝貢國，中國退兵。一七七一年，南掌與拉勃拉邦（Laung P'rabang）相爭，南掌乞援於緬甸，緬甸遣大將波蘇勃拉（Bo Supla）率師爭之，克拉勃拉邦。一七七二年緬甸又進攻暹羅之拍界（Pijai），由兵力單薄，不克。明年波蘇勃拉親率大軍征之，經劇烈之戰爭，亦不利而回。

一七七四年緬王孟駁豫備大舉征暹羅。擬出師二路進攻，一向景邁，一向西部。鄭昭正於新京城籌守備，忽聞緬甸白古（Pegu）發生叛亂，發兵並取馬爾答班（Martaban）。遂決意先取老撾諸邦，以弱緬甸之勢。十一月，率軍二萬北征，軍次拉亨（Raheng）聞緬甸白古之亂已平。波勃拉與丕耶查邦（P'ya Chaban）不睦，發生爭執。南嗙（Lampang）為北部軍事要地，其總督法界科（Fa Tai Keo）本暹人，為一七六四年緬甸所任命者，為緬人所疑，使為質於景邁，而使其子伽維拉（Chao Kawile）繼任總督。暹軍由却克里率領當達邊境時，丕耶查邦被遣往孟斛（Müang Hawt），所率軍由緬人及老撾人組合而成，查耶盡殺緬兵而降於暹羅。伽維拉在南嗙盡殺該城之緬甸人而開門迎暹羅軍。景邁總督波馬玉梗聞之，乃下其父法界科於獄。一七七五年正月，暹軍克景邁，波馬玉梗及波蘇孛拉退走。正月十六日，入城，釋法界科。查邦遂封景邁親王，上尊號曰丕耶維經（P'ya Wijien），伽維拉則遣回南嗙。

時緬甸之白古，發生叛亂，叛徒逃入暹境，緬兵追入拉亨省地。一七七五年二月，鄭王自景邁班師回朝，聞緬兵三隊，入暹境，驅逐甘富里之暹羅守兵，乃立率其軍隊至拉富里。緬兵有一隊，計二千人，刼掠蘇班（Supan）及那坤賽西（Nak'on Jaisi）一隊計三千人，向拉富里，結果均爲暹軍擊敗。拉富里緬將及部下多人被俘，囚之於盤谷時景線（Chiengsen）尙在緬人手中。一七七五年十月，波蘇勃拉攻景邁，因該城兵糧缺少，遂被佔領，繼而却克里及蘇拉西率軍來援，緬軍復退。時緬甸又大舉攻暹，却克里兄弟急自北回，謀守禦。緬軍首將莽勒西哈蘇（Maha Sihasura），中緬戰爭時之名將也。立佔拉亭又與蘇拉西戰，勝之，克速古台（Sukotai）時一七七六年正月也。蘇拉西退至碧士奴，鄭王親率大軍前往，劇戰多時，因軍糧不繼，却克里不得已退出碧士奴，衝過緬兵陣線，退至必差武里。緬軍亦因軍需缺乏，退出碧士奴回緬境。時八月末也。

當時緬王孟駁卒，贅牙角嗣位，不主張征伐暹羅，降莽勒西哈蘇之官階。彼之主張在保有緬甸之舊疆，而老撾諸邦，爲緬甸之主要地方，則非恢復不可。乃遣軍六千人攻景邁，查邦初固守，終以軍力不繼，乃退至南磅。終鄭王之世，暹緬未發生戰爭。

一七七七年，柯叻省之南廊（Nangrong）總督及占巴塞（Champasak）之親王作亂，鄭王命却克里弟兄前征伐，擒其首領而誅之。却克里回朝，列爲王族，上尊號曰上將軍（Supreme Warlord）。占巴塞之役引起南掌之戰爭，初南掌之貴族丕拉巫（P'ra Woh）者與南掌莽沙英親王(Prince Bun Sarn)相爭，逃至占巴塞，於今武汶附近建設一小國曰孟特丹(Mot Deng)及占巴塞克服，乃臣服於暹羅。迨暹羅退兵，南掌忽攻丕拉巫，捕而處以斬首之刑。鄭王以爲南掌之舉乃明示反對暹羅也，遂發兵二萬人征之。拉布拉班酋長蘇里望殺(Chao Suruvongsa)抗暹羅軍，乃攻克之，於是南掌與拉布拉班，皆爲暹羅屬邦。

一七七七年柬埔塞內亂，王被殺，前王納萊之七歲幼子嗣位，他拉哈親王(Prince Talaha)攝政，樹反暹之幟。一七八一年初，鄭王命却克里兄弟率大軍二萬人征之，立太子英丕塔克（In Pi-tak）爲柬埔塞王。柬埔塞攝政王逃往南圻，乞援於安南。英丕塔克入邦泰勃，而安南軍已抵金塔。兩方正擬接戰，而却克里忽聞盤谷發生內亂，急班師回朝。

數年來，鄭王因迷信佛教太深，發生精神病，舉止錯亂。（註）忽又自稱自己成佛，令諸僧以佛禮

（註）或謂王有二寵妃或告發其與二衞萄牙侍衞有奸，因殺之。事後王忽自悔，悲痛過度，而神智昏亂矣。見許雲樵譯暹羅王鄭昭傳三三頁三四頁。

禮之，有拒之者，鄭王下令殺之，死者達五百餘人，而領袖僧侶亦降級或下獄。暹羅為佛教國家，此舉大失民心。又當時暹羅之出口貿易歸政府經營，鄭王疑民間私營，令人告發，因此告訐之風大起，富室巨賈都被牽及，鄭王不加視察，皆科以嚴罪，有處死刑者。於是怨聲載道，民心叛離，而亂事肇矣。

大城府有工人一隊，專從掘取大城陷落後埋沒之金寶。承辦人曰勃拉威吉納隆（P'ra Wijit Narong）年納政府稅金四千銖（Ticals）承辦者因謀利起見，苛待工人，工人不滿，亂事遂起。一八七二年三月，大城附近作亂，以推翻鄭王為口號，月秣，大城遂入暴徒之手，掘金之承辦人被殺，總督逃往盤谷。鄭王遣丕耶詘加富里（P'ya Sank'aburi）往平之，不意詘加富里至大城，與暴徒聯合，被舉為領袖，三月三十日，反攻盤谷，囚鄭王於王宮，而暹京大亂矣。

時却克里駐暹拉，聞訊，命柯叻總督丕耶蘇里耶阿丕（P'ya Suriya Apai）率軍先入盤谷。四月中，至京詘加富里表面宣言，其目的乃擁護却克里，陰存攫取王位之野心，擇王侄阿奴納克宋克南（Anurak Songkram）率軍攻蘇里耶阿丕，結果大敗，部軍大部分降於敵軍。四月二十日，却克里率大軍至盤谷，平亂，殺詘加富里，羣臣擁却克里登王位，宣言鄭王暴亂罪，殺之，時年僅四十八歲也。其生平事業稱爲暹羅有數之名王，其在中國殖民史上亦爲傑出之人物，可與之比肩者，僅鄭成功一人，而二人均爲混血兒，亦足異矣。

却克里卽位稱丕拉普他約華失拉祿(P'ra Putta Yot Fa Chulalok)卽拉馬第一(Rama I)，爲今王朝之始祖。曾於乾隆五十五年(一七九〇年)入貢中國，自稱鄭華，謂係昭子。(註一)表稱「乾隆三十一年，被烏土國構兵圍城，國君被陷，其父鄭昭克服舊基，僅十分之六，其舊地丹著氏 (Tenasserim)，麻叨 (Mergui) 塗懷(Tavoy)三城，尙被占踞。請勅令烏士割回三城。」淸廷詔以「烏士卽緬甸國別名，前以緬酋孟駁與暹羅詔 (Chao) 氏搆兵，非新主孟隕之事。今緬甸已易世，暹羅且易姓，何得上煩天朝，追索侵地。」命兩廣總督郭世勳檄諭止之，而封鄭華爲暹羅王。

【鄭天賜殖民河仙】　鄭天賜本名鄭玖，廣東雷州人，淸康熙初至安南南圻之河仙(Hatien)此地當南圻與柬埔塞間，沿小河曰 Panthai-Mas 注入暹羅灣，卽我國紀載所稱港口是也。(註二)鄭玖據河仙，招致亡命，建築城堡數處，屯積貨物，與海上通貿易。其城以木爲之，宮室與中國無異。自王居以下，皆用磚瓦。服物制度，彷彿明代。王蓄髮戴網巾紗帽，身衣蟒袍，腰圍角帶，以韡爲履。又建孔子廟，令中國子弟讀聖人書。一七一五年安南王室授以總兵之職，封琮德侯。一七三六年死，子鄭壇立，旋復受安南委任爲總兵，繼其父之職。時鄭昭王暹羅稱雄後印度半島，於一七八一年招鄭壇至盤谷有事相商，不洽，覊不令返，鄭壇憤而自縊焉。其子鄭山，復被委爲總兵，至一七九〇年死。時暹羅已佔領柬埔寨地，以鄭氏主河仙久，未便易他人，仍委其弟鄭廣平繼之，未久病卒，乃委暹人任總兵焉。

同時中國人殖民於馬來半島之宋卡(Songkla)者，尙有一吳陽，福建漳州人，當鄭氏建國之初，自廈門入宋卡，征服馬來人，據有其地，築城垣，立官署，半島之東西海岸，或在其勢力之下。曾受鄭昭封敕爲子爵，死後諸子爭權，遂爲暹人所有，任其子爲地方官吏，今後嗣猶給恩俸云。(註三)

(註一)鄭華之華字係 P'ra Futta Yot Fa Chulalok 之 Fa 之譯音。卻克里因入貢中國，故不得不改姓名冒稱昭子。我國史家遂加附會，謂華係昭之婿，或養子，均無根據。

(註二)見皇朝文獻通考四裔。

(註三)見 Graham: Siam, Vol. I, pp. 31-32.

本節參考文獻

Gowen: Asia, A Short History.

Stieler: A History of Orient.

Raffles: The History of Java.

Crawfurd: History of the Indian Archipelago.

Campbell: Java, the Past and Present.

Wood: A History of Siam.

Scott: Burmr, A Hand Book.

Harvey: History of Burma.

Stuart: Burma Through the Centuries.

Swettenham: British Malaya.

明史。

東華錄。

皇朝文獻通考。

魏源——聖武記。

師範——緬事述略。

趙翼——平定緬事述略。

王昶——征緬紀略。

痛史。

明季稗史彙編。

李長傅——南洋史綱要。

溫雄飛——南洋華僑通史。

李長傅——南洋華僑史。

歷代開吧史略（僑務旬刊一百二十期）。

田中萃一——東邦近世史。

舟木茂——蘭領印度史。

朗葦吉懷根——暹羅王鄭昭傳（許雲樵譯本）。

第五章　歐人勢力時代

第一節　中國移殖民地域之推廣

【十九世紀世界殖民地之推移】　本世紀資本主義勃興，世界交通便利，因需要勞力之原因，華僑由南洋而推廣於全世界。故於本世紀世界殖民地之概況，不得不先加以說明。

先論及南洋，一九一〇年荷蘭歸法帝拿破崙統治，故爪哇亦成爲法國領土。一八一一年英國印度總督明道(Minto)，經萊佛士(Stamford Raffles)之勸告，攻爪哇，占領巴達維亞。萊佛士治理爪哇者六年，迨維也納會議，荷蘭屬地，仍歸還荷蘭，於是萊佛士乃交還爪哇於荷政府，而任英屬西蘇門答臘總督。一八一九年萊佛士取新加坡建設爲英國在南洋之根據地，以迄於今。一八二四年英荷協約，兩國政府未得兩方之允許，不得在東方建立新殖民地，荷蘭將印度之殖民地，讓渡於英，而英國將蘇門答臘之屬地，讓渡於荷，荷之滿剌加之讓予英國。更訂明荷人不得再與馬來半島任何土王訂約，英國於蘇門答臘亦然。於是英荷兩國在南洋之地位乃確定。一八二六年，英國建設海峽殖民地，經數十年經營，終將半島諸土邦，置其保護之下。

雅各不律（James Brooke）者，英國東印度公司之職員也，勇敢有大志，得其父遺產，欲於東方有所建樹。一八四〇年率一百四十噸之小軍艦羅雅列斯特（Royalist）由英東航，繞好望角至新加坡，適新加坡商會因沙勞越（Sarawak）之拉加優待英國之遇難人，欲加以答禮，遂託雅各不律負其命。不律遂於八月十五日抵沙勞越首府古晉（Kuching）。時沙勞越在汶萊王俄瑪爾阿里（Omor Ali）治下，任其叔父瑪打哈輿（Raja Mada Massin）爲總督。不律受哈輿之優待，適勞仔人（Dayake）爲亂，不律氏代平之。一八四一年，不律氏受哈輿之推戴，上拉加之尊號，任沙勞越總督，一八四六年，乃脫離文萊之宗主權，宣告獨立。一八六四年受英國承認，一八八八年列爲英國之保護國，而文萊亦於同年歸英國保護。又北婆羅洲亦由英國支配下之北婆羅公司治理。

後印度諸國之成歐洲殖民地，則在本世紀初葉以後。緬甸王孟隕征服阿剌干（Arakan）與印度孟加拉州之英軍發生衝突，兩國發生交涉，至次王孟旣（Bogyidow），兩國遂發生戰爭，卽所謂第一次英緬之役時一八二四年也。緬甸戰敗，一八二六年緬甸割讓阿刺干、地那悉林二地，償金一千五百萬盧比。一八五二年因緬甸苛待仰光英國商人問題，發生第二次英緬戰役，英軍溯大金沙江而上，克白古、勃生等城，緬甸求和，割白古省與英，於是下緬甸完全割棄，緬甸僅保有上緬甸而已。一八八二年緬甸最後國王體保（Thibow）聯絡法國，欲減滅英國之勢力。一八八五年，緬甸政府因英國孟買緬甸公司違法之故，科以二百三十萬盧比之罰金，英國提出種種無禮之要求，緬甸不允，遂發生第三次英緬戰爭。英軍溯大金沙江而上，不二周，克緬京蠻德勒，捕體保王，而緬甸遂亡。事後中國以緬甸宗主國之地位，向英國交涉，一八六六年英國允許緬甸仍舊例十年入貢中國一次，然後亦未果行。

十八世紀之末，安南新舊阮爭權，舊阮氏所建之廣南王覆亡，其宗室嘉隆王出亡暹羅，以復國爲目的。由法國悲袞神父（Pigneau de Behaine）之遊說，向法國乞援，允法國種種之權利，因此藉法國兵力得復國。嘉隆王之承繼諸王，對法國不踐約，法國乃以安南虐待教徒爲口實，於一八六一年出兵佔西貢安南屈服。翌年立約，安南割南圻三省償金四百萬元。一八六三年法國與柬埔寨立約，得柬埔寨之保護權。一八七三年法國因要求紅河航行權，又發生戰爭，法軍攻河內，安南得太平餘黨劉永福所率黑旂軍之助，敗法軍，法將安業（Garnier）戰死。但法國仍向安南提出交涉，一八七四年立約，法國承認安南爲獨立國，而獲得紅河航行權。一八八〇年，法國根據前約，進兵河內，又爲黑旂軍所敗，法將李維業（Henri Riviere）亦與安業蹈同一之命運。法軍乃轉攻順化，陷之，立約安南承認爲法國之保護國。

中國以安南宗主權名義，向法國提出抗議，結果引起中法戰爭，一八八四年兩國戰於北圻，中國初失利，終戰勝於諒山。但李鴻章終與法國立約，承認安南爲法之保護國，時一八八五年也。一八八八年法國向暹羅提出割讓湄公河東岸老撾之要求，暹羅不允交涉蘊釀，至一八九三年，法國採取最後手段，一面派陸軍佔領老撾，一面以礮艦威脅盤谷，暹羅無條件屈服，訂立法暹條約。暹羅承認湄公河以東爲法國領土，償法國軍費三百萬法郎，割湄公河兩岸二十五粁爲中立地。法暹之紛爭引起英國之注意，一八九三年英法協定於巴黎，兩國於湄公河上流，雙方領土內，設立中立地帶。一九〇四年兩國又訂約，以暹羅之湄南河爲兩國勢力範圍之界線。時暹羅王拉馬第五(Rama V)鑒於國勢之危險，乃效法歐洲，努力維新，幸得在兩國均勢之下，而保持獨立。

美洲之中美南美諸國，如墨西哥、中美、哥倫比亞、祕魯、玻里維亞、智利、阿根廷、巴西，自一八一一年至一八二五年間，脫離西班牙及葡萄牙而獨立。亞美利加合衆國自獨立之十三州，漸拓其領土。自英國獲得密士失必河東之地，一八二〇年向西班牙購取佛羅里達。一八四八年，戰勝墨西哥，獲得新墨西哥及加里福尼亞，遂達太平洋岸。一八九三年取檀香山，伸其勢力於太平洋。一八九八年，因古巴獨立問題，與西班牙開戰，遣海軍占領菲律賓羣島，由巴黎條約，以代價二千萬元，獲取菲律賓、關島、波多黎各爲殖民地。時菲律賓乘美西戰爭之機會，成立菲律賓共和國，不承認巴黎條約，美國則以武力征服之。

澳大利亞在前世紀本爲英國之流刑殖民地，自一八二〇年採自由移民政策，努力拓殖，自烏修威(新南威爾士)漸次及達斯馬尼亞、維多利亞、坤斯蘭以及西南澳洲。又收附近之紐絲倫及菲濟羣島爲殖民地。自一八五〇年東南澳洲發生金鑛，移民數頓增。一八四〇年人口僅十一萬，一八六〇年，達九十萬，至一九〇一年遂達三百七十七萬。各殖民地亦成自治州，一九〇〇年，英政府遂承認澳洲聯邦之成立。

非洲在本世紀中爲歐洲列強分割殆盡。英國自荷蘭人手中奪取南非洲，征服布爾人（Boer）（註）所建德蘭士瓦共和國與鄂蘭吉自由邦，建設南非聯邦。法國於一八三〇年獲阿爾及爾，一八八一年取突尼斯爲保護國。又略取撒哈剌、尼日里耳、剛果及馬達加斯加島爲殖民地。法國侵略非洲最遲，但亦獲取東非洲及西南非洲（一八八四年）等地。比利時則建設剛果自由國（一八八五年）。義大利則佔有索謀里蘭（一八八九年）焉。

俄國（一八八五年）於本世紀，屢侵波斯，略取裏海西岸地。一八六八年遂戡定土耳其斯坦之大部，取布哈拉（Bokhara）爲保護國。一八七三年又得基發（Khiva）之保護權。一八七六年滅浩罕（Khokand），遂南下及阿富汗。一八五八年之愛琿條約，一八六〇年之北京條約，取得我國之烏蘇里江以東及黑龍江以北地，前者設立東海濱省，後者設立阿穆爾（黑龍江）省。卽所謂俄

（註）布爾荷蘭語農夫之意，卽移殖於南非洲之荷蘭人也。

屬遠東地方（註一）是也。

自十九世紀中葉以來，各國新土地及新殖民地之開闢，需要勞動力，而舊金山（美國加里福尼亞）新金山（澳州南部）金鑛之發現，加拿大、美洲西部、南美洲之開發，檀香山及太平洋諸島之甘蔗栽培事業之發展，招致或引誘中國人之移殖，而華僑遂由南洋而推廣其地域於全世界。

【中國人與南洋繁榮之關係】 自十九世紀以來，英國開發馬來半島，荷蘭努力經營爪哇，開發外島（爪哇以外荷屬東印度各島）中國人之助力甚多。一則中國人為最能適應氣候之民族，凡最寒最熱及氣候不良之地，皆能忍受，此為地理學者所公認者。（註二）南洋氣候之酷暑，為歐人所不能堪，而中國人則安之若素。二則中國人之於南洋，完全係經濟的殖民，而無政治之野心，故歐人樂為利用之。歐洲學者有言：「歐洲人獲牛而中國人取其乳。」（註三） 此尤足以形容十九世紀

（註一）俄國稱亞洲屬地之舊貝加爾省、黑龍江省、東海濱省、岡扎德加省為遠東，以別於西伯利亞。

（註二）Semple: Influences of Geographical Environment, pp. 104, 629. Keller: Colonization, p. 77

（註三）Brown: The Dutch East, pp. 158, 159.

中國人在南洋之經濟地位也。歐洲人之利用華僑開發殖民地，美國威廉姆教授（F. Wells Williams）論之最切，其言曰：「歐洲諸國，惟有英人能吸收利用此百萬強健果毅之民族（指中國人），當彼等開發馬來亞、婆羅洲、香港也，彼等必需要勞工、商人、買辦、僕役，使其生活適宜，否則必失其地位。蓋此等地方，非歐洲勞工及移殖民之所習也。」（註一）

中國人之初至南洋也，多為一時的移民，由海道前往，當一定時間，於季候風轉移時，乘船回國。後漸有因經商之便利，納土人為婦者。當其回國時，其婦即代為經營商業，所生子女，男子則攜回中國，女子則仍留居南島，惟不與土人結婚，嗣後新來之華僑即與土生子人婚配。此等土生之中國人名曰哇哇（Baba）一稱 Peranakans（註二）而稱新自中國來者曰新客（Sinkeh）。哇哇居南久，

（註一）William: Problem of Chinese Immigration in Further Asia, Ame. Hist. Assoc. 1899, Vol I.

（註二）Peranakan 普通謂混血兒之意，非也。Peranakan 實自馬來語 anak（小兒）變化為形容名詞之辭，為生長於本土之意，凡歐洲人以及他國人之生長於南洋者皆曰 Peranakan，不一定專指中國人。而土生之中國人則專稱哇哇。此土生之外國人，混血兒固有之，而非混血兒亦有之也（據竹井十郎富源之南洋二七〇頁）。

數傳而後，至有不能操中國語言者，然其姓氏習慣，猶仍中國之舊。其服務於居留地政府，歐洲人商業機關及經營大企業者，以哇哇為多，因其與居留地相習也。新客則以從事小貿易或勞動者為多。

十九世紀歐洲人在南洋殖民之中心地，凡三處，卽西班牙之於呂宋，荷蘭之於爪哇，英國之於馬來半島，中以馬來半島開發最後，而其有賴中國人者亦最鉅。一八一九年萊佛士開發新加坡，(註)當時島人僅有漁夫一百五十人，而中國人占二十餘。英人經營該島，不四月，人口增至五千，而大部分均中國人。一年後人口增至一萬二千，亦以中國人為多，重要商業，多係中國人經營。

十九世紀中葉以後，英國政治勢力漸次侵入半島內部。當時草萊初闢，經濟勞力，全恃華僑。前海峽殖民地總督瑞天咸氏（Frank Swettenham）說明華僑開闢之功最為詳盡，茲引之如下：

「吾曾謂馬來諸邦之維持，專賴錫鑛之稅入。首由政府用種種方法獎勵之，一八八二年，有法國公司始於霹靂之金帶（Kinta）地方開掘錫鑛，漸推廣其事業於各邦，嗣後歐人所經營之公司繼之。惟開始作錫鑛之工作者，首推華僑，彼等繼續努力之結果，世界用錫之半額，皆由半島供給。彼等之

(註) Makepeace: One Hundred Years of Singapore, Vol. I, pp. 341-362.

才能與勞力造成今日之馬來半島。馬來政府及其人民，對於此勤苦耐勞守法之華僑之謝意，非言語所可表達。當歐人未至半島時，華人已在該地開鑛捕魚經營各種貿易，英人初經營半島時，着手經營道路及其他公共工程，皆成於華僑之手。至於開鑛事業純由華僑導其先路，投身蠻荒，冒萬死，清森林，闢道路，每有犧牲其生命者。此外爲煤工、伐木工、木匠、泥水匠者尙多。英政府之修鐵道，築橋樑，皆由華工包辦。當時歐人不敢冒險投資，華僑則冒險爲之，又經營商業，開半島之航路。招致華工，開半島未啓之富源。英政府收入十分之九，皆出華僑之手。凡一事既成，宜知其成功之所在。讀此文者應知華僑有造於馬來各國，爲何如也。」（註）

馬來半島之繁榮，而人口亦隨之增殖，試觀下列海峽殖民地人口表，（見下頁）其中移殖之中國人與全人口之比例率可見瑞天咸氏之批評，非過譽也。

此外南洋各屬，亦有相同之情形。英國之開闢沙勞越、北婆羅，其新闢之商埠，最初主要之商人，多爲中國人。其他鑛山之開闢，農田之墾殖，亦以中國人之力爲多。一八五七年沙勞越之中國人鑛

（註）Swettenham: British Malaya, pp. 231-233

年份	全人口			中國人口					
				人數			全人口比例		
	男	女	合計	男	女	合計	男	女	合計
一八二一	七、一〇六		四、七二七			一、一五九			二四·五
一八二四	七、一〇六	三、五七七	一〇、六八三	二、九五六	三六一	三、三一七	四一·六	一〇·一	三一·〇
一八二五	八、六二〇	三、二三一	一一、八五一	三、五六一	二六七	三、八二八	四一·三	八·三	三二·八
一八二六	九、一九七	三、七〇八	一二、九〇五	三、八三三	三九六	四、二二九	四一·七	一〇·七	四四·三
一八二七	一〇、三〇七	三、四二五	一三、七三二	五、七四一	三四一	六、〇八八	五五·八	一〇·〇	
一八二八						六、三一〇			四〇·三
一八二九	一四、五七八	四、二四一	一八、八一九	七、一六三	四一二	七、五七五	四九·一	九·七	
一八三〇				六、〇二一	五三四	六、五五五			
一八三二				七、一四九	六一三	七、七六二			
一八三三				七、六五〇	八六七	八、五一七			
一八三四				九、九四四	八二三	一〇、七六七			

一八三六				一三、八七〇	八七九	一三、七四九			
一八四〇									
一八四九			三九、〇四三	二五、七四九	二、二三九	二七、九六八			四七・一
一八六〇									
一八七一	二〇〇、四三三	一〇七、六六四	三〇八、〇九七						
一八八一	二八一、六八七	一四一、六九五	四二三、三八四			一七四、三二七			四一・二
一八九一	三四四、五五一	一六七、七九一	五一二、三四二			二二七、九八九			四四・五
一九〇一	三七九、一五一	一九三、〇九八	五七二、二四九			二六一、九三三			四九・二

工，由三合會主持起而作亂，陷首府古晉。事後沙勞越拉加查理烏拉不律（Charles Uyner Brooke）曾曰「微華僑吾人將一無能爲，若禁止其祕密結社，則管理亦易」云。（註）爪哇中國人之經濟勢力建設甚早，其人數與全人口之比例，不迨英屬遠甚，但在經濟上之重要不亞馬來半島。其在經濟之任務，所謂歐洲人與土人間之仲介商人（tusschenhandelaar）是也。歐洲輸入之製造

（註）Pall Mall Gazette, Sep. 19, 1883.

品，經中國商人之手銷售於土人小商販及消費者之手。歐洲所需要之原料，由中國人收自土人之手。是以窮鄉僻壤，莫不有中國人之足跡。其他經營大農業者亦多，其中有爲大地主而役土人爲佃戶者，有經營糖業獲利億萬者。美國戴教授（Clive Day）之批評爪哇之華僑曰：「彼等依腦以謀生，而不用手。」（註）此適可說明爪哇中國人之地位與他島不同之點也。

當時菲律賓之中國人，雖受西班牙政府之種種限制，但菲島商業，非華人不可，西班牙商船，繞好望角或麥哲倫海峽東來，往返必經歲，菲人所需物品，皆賴華商供給。自一八四三年起，西政府許中國人商鋪與外國商人同等待遇，故華商日益發達，而同時經營農業者亦有之。一八八六年之統計，全島有中國人六千八百餘人，在馬尼剌者有五萬一千餘人，餘在怡朗（Yeoilo）宿務（Ceba）及其他各地。

【中國人移殖於日本朝鮮及西伯利亞】中國之移殖於日本雖早，但自明倭亂以來，中國禁止對日通商。清初日本對中國之通商，以長崎爲主，但禁止祕密貿易，並限制中國入港之船隻，故中

（註）Day: The Policy and Administration of the Dutch in Java, p. 361.

國移殖於日本者迥不及南洋之盛。十九世紀以來，中國人之移殖於日本者數亦不多。清末主張在日本設立領事保護僑民，同治十二年（一八七四年）福建巡撫王凱泰奏稱：中國人之流寓日本者，不下萬人。同時李鴻章亦奏稱：中國人之在長崎兵庫及其他口岸者，不下一萬餘人，此等統計，不免失實。蓋至一八九四年至一八九五年中日戰爭後，據日本政府估計，在橫濱之華僑不過千人，合全國計之不過二千五百人，迨至十年後，亦不過增至八千人而已。當時僑民以商人爲多，勞工可謂絕無。商人以進出口貨爲最大，中國雜貨商人次之。

中國與朝鮮之通商，在朝鮮未開港以前，以陸路爲主。當時朝鮮絕對禁止外國人入境，惟對中國爲例外，圖們江岸之會寧、慶源每年開市一次，許兩國商人往來。試就會寧之歲市而言，凡咸境北道之麻布、大口魚、麝香、熊膽、甘草、北黃紙之外，牛三百三十三頭，鹽三百八十石，犂三百八十個，自各郡分別繳納，集於會寧，經會寧府尹之手，待中國差遣官之來。每年陰曆十二月十二日中國差遣官五人，部下商人二百餘名前來，府尹出北門迓之，備別館七十餘間以供寄宿。市場在南門市街，差遣官收納貢品，同時賣出之，而兩國商人亦互相買賣，貿易極一時之盛。此種情形繼續凡二百五十年云。

一八七六年，朝鮮釜山開埠，一八七八年，元山開埠，一八八三年仁川開埠。中國新移民，漸次移來，而尤以仁川爲中心，在仁川開埠後八年，日本信夫淳平氏之韓半島謂仁川之貿易大概言之，輸出權操之日本之手，輸入權在中國商人之手。並謂中國商人優於日本商人，且細舉其原因。蓋仁川與山東半島一海相隔，故成中國人最早之根據地，猶之日本之長崎也。初來之中國人以商人爲主，繼來者亦有從事蔬菜栽培者。嗣後中國移殖者日衆，分布達於全國，至日韓合併時，已有中國人九千九百七十八矣。

西伯利亞之俄屬遠東地方與我國接壤，其黑龍江省與東海濱省本我領土，自一八六〇年以後，始割予俄國。當俄領之初，該地有中國人二千至三千之間，從爭狩獵捕魚及採掘砂金等。在歐戰以前，東海濱省有中國人堡屯約十所，散布全省。

俄國人經營遠東，需要勞力，曾於一八七〇年間，自山東招募苦力一百五十八人，嗣後因海參威築港，鐵路敷設，需要勞力更亟，而民間企業發達，故歡迎中國人移殖。尤以一八八〇年以來，砂金場中，最歡迎中國苦力。自西伯利亞鐵道告成。中國人更由鐵道而西，移殖於西伯利亞一帶。但彼等常住者稀，大概春去冬回，所謂季節的移民是也。

西伯利亞之華僑往來無定，俄國方面亦無人口統計，故人數不詳。但據各方面之報告，自一九〇六年至一九一〇年五年間，入俄境之中國人凡五十五萬人，五年間歸國者，約四十萬人，其差數十五萬人，爲定留之商人僕役及下級勞動者云。

【中國人移殖美洲之開始】　一八一〇年，巴西京城里約熱內盧之植物園，試種茶樹。繼欲經營茶葉乃招致中國茶工數百人，由華來巴，從事種植。主持其事者爲葡萄牙國務總理林哈來斯伯爵(Count of Linhares)。葡萄牙文稱茶曰 Cha ，即自中國傳入者。巴西種茶之試驗，不幸失敗，未幾卽行解散。(註)但此爲近代中國人移殖新大陸之始。

自一八四四年以後，英屬圭亞那招致契約華工入境，繼而祕魯效之。一八四七年古巴亦有大規模之中國苦力輸入。計自一八四七年至一八七四年間，中國契約工人自廈門、香港、澳門至古巴、

(註)見 Fletcher and Kidder: Brazil and the Brazilians, pp. 418, 419.

祕魯、智利及檀香山者約四五十萬人，此等華工實為美洲黑奴之替人，待遇之惡劣，亦與黑奴無異，卽所謂豬仔，西人稱為苦力貿易（coolie trade）者。（註一）至今此等地方之中國僑民，概係此等契約工人之後裔也。

美國與中國通商，早在一七八四年有美船中國皇后（Empress of China）至廣州販買茶絲，為中美直接交通之始。（註二）中國人之至美國大概在一八二〇年以後，自一八二〇年至四〇年間，至美之華僑僅有八人。迨加里福尼亞省之金鑛發現，需要勞工，而華僑驟增。在一八四九年金鑛發現之年，祇有中國人三二三人，至三年後，遂增至一萬八千人，彼等皆為自由勞動者，此與古巴祕魯不同者也。彼等稱加省曰新金山，（註三）前往者絡繹不絕，至一八六〇年數達三萬五千人。除

（註一）詳見本章第三節。

（註二）Morse: The East India Company Trading to China, Vol. II, p. 95.

（註三）加里福尼亞（California）簡稱加省，因發現金鑛，故華僑稱之曰金山。後澳洲又發現金鑛，乃稱澳洲曰新金山，加省曰舊金山。三藩市（San Francisco）華僑呼曰金山大埠，意謂加省（金山）之大都市（大埠）或稱三藩市曰舊金山，非也。

鑛工外有從事各種勞役者，當時中央太平洋鐵路，正在建築，中國人之從事鐵路工作者，亦有數千人。此後數年每年增加之數，平均在三千人以上。至一八六八年（淸同治七年）美人蒲安臣（Burlingame）所訂之中美條約，美國鼓勵華人來美，該約之第六條有云：「大淸國與大美國切念民人前往各國，或願常住入籍，或隨時來往，總聽其自便，不得禁阻。爲是現在兩國人民互相來往，或遊歷，或貿易，或久居，得以自由享其利益。」同年美國國會更通過議案，修正國憲，增加條文，准各國人民，得自由來美居住，並與以入籍之權。因此華人來美者爲數更多。至一八七〇年增至六萬三千人，其後十年益見增加，至一八八〇年達十萬五千人，爲美國華僑人數最高點。但同時因華工之發達，引起美人之排斥。自一八八二年限制華工律頒行後，華僑人數遂逐漸減退矣。

美國華僑之增加數，列表如下：

	移入者
一八二〇—四〇年	八人
一八四一—五〇年	三五八
一八五四年	一三、一一〇八

一八六〇年	三四、九三三人
一八七〇年	六三、一九九人
一八八〇年	一〇五、四六五人

華僑對於美國，尤以加州之開發，其功自不可沒。美國蘇華特氏(Seward)曾論及之，略謂：當時加里福尼亞省尚未開闢，居民稀少，且以其地過遼遠，交通不便，故人口之增加極難。而各省之在加省以後隸入合衆國者，其發達咸駕乎其上。蓋加省雖多天然富源，但受種種困難，致無進步。其最缺憾者爲鐵路，而尤要者爲一橫貫大陸之鐵路。次則爲水路交通，汙田亟待開墾，鑛產亟待開掘，農田亟待耕種，各項實業亟待發展。後此種種事業之發展進步，使加省得有今日之富庶繁榮者，其成功之速，實非當時所豫料。而該省所痛惡嫉視之華僑，實爲造成此美滿結果之要素焉。(註)

坎拿大之華僑，則自美國移殖而去者，相傳一八五八年間，加省之中國人聞加拿大之卑詩省(B. C. 卽英屬可倫比亞 British Columbia)地方富庶，工資高昂，乃前往作工，至一八六四年，

(註)見 Seward: Chinese Immigration, pp. 14-29.

中國人數已達二千人左右。初去者多作鑛工。因其耐勞苦工資低廉，頗爲英人所樂用，故除鑛工外，亦有從事捕魚、鋸木、農夫及爲歐人僕役者。至一八七九年間卑詩省之華人增至六千人，一八八一年坎拿大太平洋鐵道興築，需要勞工，中國人驟增，自一八八一年至一八八四年間，中國人自本國及美國移入坎拿大者凡一萬五千七百人，在一八八二年間，卑詩省之中國人數達三萬二千，遂爲英人所嫉視，排華之論大起，自一八八六年起坎政府遂徵華僑之入口稅，限制華工入境。

【中國人之移殖海洋洲之開始】 澳洲之通中國，早在英國初殖民時期，一七八八年英國東印度公司有船二十六艘在廣州，其中一艘來自美洲，二十艘來自倫敦，尚有三艘自澳洲之植物灣(Botany Bay)者。(註)中國人之移殖澳洲，殆始於一八四〇年，當一八四〇年至五九年間，澳洲之烏修威尾〔新南威爾士(New South Wales)〕需要牧場之放牧人，而歐洲人不足供其求，於是乃廣招有色種人，是爲華人入澳之始。繼而發現金鑛，華僑乃源源而至，而稱澳洲曰新金山，以別於美國之舊金山也。一八五四年域多利省(Victoria)之中國人有二千四百三十一人，至一八五

(註)見 Morse: The East India Company Trading to China, Vol. II, p. 151.

七年，在金鑛附近者，有二萬五千人。一八五九年，至少當有四萬二千人。烏省金鑛，需工尤多，一八五六年有華工一千八百人，五年後，增至一萬三千人。中國人之初至者，以從事金鑛者為多，自一八五〇年起，受歐人之排斥，人數漸少。復從事園藝，當時全澳蔬菜之產額百分之七十五在中國人之手，販買者亦不少。烟草之栽培，亦為中國人獨占，白人之勞動者，不過百分之二而已。牧場之中國人不多，其他多作僕役者，而全洲之廚師，中國人占其全數。故仍為白人所嫉視，自一八五五年起，域省遂通過限制華工入境條例，各省政府效之，華僑勢力，遂逐漸減退。

中國人之移殖紐絲倫，大概亦與澳洲同時，初以掘取砂金為業，其數約三千五百人。中國金鑛工人對於該島之繁榮，不無勞績。嗣後上層冲積層之金採掘殆盡，因增加勞力之必要，更僱入少數之華工。又該島之酪乳業，亦由中國人開創。一八七一年全島中國人共四千二百十五人，其中在柯他古（Otago）省者四千一百五十九人，受僱為鑛工者三千五百人，占該省人口百分之六。因此引起該島歐洲人之嫉視，遂限制華工入境。

中國人最初移殖於海洋洲之地，當推夏威夷羣島。一七九八年有萬高華（George Vancouver)著書名探險紀程(A Voyage of Discovery)述及一七八九年有航船伊蘭諾號(Eleanor)自澳門出發，船主梅特卡夫(Captain Metcalf)，船上有美國水手十人，中國水手四十五人，此船曾至夏威夷及茂宜島(Mani)。一七九四年萬高華氏至夏威夷，見有外國人十二名，其中十一人爲白人，餘一爲華人，殆水手之逃船而至者。相傳一八〇二年有中國人攜磨至夏威夷，並於爛尼島(Lanai)種植甘蔗，故夏威夷之製糖，或謂係中國人傳入者。初期之中國商人，經營中國與該島之貿易，夏威夷王加咩霞咩霞第一(Kamehameha I)遣大酋長泰阿納(Taiana)主持其事。該島之輸出商品，以檀香爲大宗，故中國呼夏威夷曰檀香山(註一)云。當時中國人與羣島之世家大族相通婚，此混血之子孫，成居民中優良之分子。十九世紀之初葉，中國文化曾給與夏威夷王朝之影響。據哥德列(Goodrich)之說，土王登朝及出行時用中國傘云。(註二)一八五〇年以來，因羣島廣

(註一)檀香山指夏威夷羣島而言。其首府漢挪路盧(Honolulu)，華僑呼曰檀香山正埠，意卽夏威夷之首埠，簡稱正埠，或稱爲檀香山，非也。

(註二)見 Goodrich: The Coming Hawaii, p. 220.

植甘蔗，土人不耐勞苦，乃招致中國工人，至一八八六年，羣島共有中國人二萬，其中在蔗田工作者凡五千五百人。中國人數之增加，引起土人之嫉視，排華之論四起，一八八三年起遂頒布禁律，限止華僑入口。因華工入口之困難，自一八八五年起日本人踵至，其數日增，然蔗糖之栽培家所不喜，而對於日本政府及日僑之態度，尤感不安。有科曼（Coman）者曾謂之曰：「夏威夷之將東方化，其實際比之昔日中國人移殖時代，不啻倍蓰。時有被日本吞併之慮，其要求合併於美國，此重要原因之一也。」（註）是則中國人於無意中，間接造成美國在太平洋之勢力焉。

【中國人移殖歐非之開始】 中國人之移殖歐洲有東西二途，一由海道至西歐，一由陸道經西伯利亞，至歐俄。倫敦金星墩博物院中陳列中國帆船一艘，謂道光二十五年（一八四五年）有此種帆船一隻自中國來英。自海運勃興，輪船通航，歐亞間海輪水手，多係中國苦力，而中國人至歐洲者亦漸多。同治五年（一八六六年），我國初遣使至歐洲，時巴黎已有華人經商該處者。光緒初

（註）Coman: History of Contract Labor in the Hawaii Islands, in Amer. Econ. Assoc., 3d ser., Vol. IV, p. 35.

年，李鴻章曾派兵弁七人至德國習陸軍，光緒二年福州派船政學生三十二人至英法留學，是爲中國第一次派往歐洲之留學者。當時留歐之華僑，以經營小商業者爲多，均在英法大海口商埠在一九〇〇年間，不過數百人而已。陸道之移殖，較海道爲早，近莫斯科有城曰中國城，該城有雉堞，有楡眼，街市較城外整齊，據俄人之說，十七八世紀時，有華人來此經商，此足見中國人至俄國之早也。至於大規模的移殖，則在十九世紀末葉，俄人經營遠東，建築西伯利亞鐵路，開掘阿穆爾省金鑛，招致華工，自是華工遂由西伯利亞入東歐洲。又新疆之纏回，長於經商，亦取道中亞細亞而入土耳其焉。

歐洲之中國人中，有二特殊結團，卽浙江青田縣之賣石器人與湖北天門人之買紙花者，其入歐甚遲。相傳光緒二十九年（一九〇三年）有青田人三人，乘輪赴歐，是青田人至歐之始（註）其初來歐時，不知歐羅巴之名，更不知法蘭西、義大利、德意志等爲何國，但知旣有來船，必有去處，信輪

（註）青田縣產青田石，可刻爲圖章及小文具等，清光緒二十年間，有陳某者販至普陀，售與外國遊客，頗獲厚利，其鄉人效之，由長江流域而至黃河流域，於是取道朝鮮而往日本，有經東三省入俄者，亦有經閩廣而往南洋羣島，更東至美洲西達歐洲，幾分布於全球矣。

船所往之地，冒險而去，風俗不知，語言不諳，惟利是圖。漸引其同鄉以俱去，足跡遂遍歐洲，人數最多時達二萬餘云。天門人之買紙花者，亦與青田人同時至歐洲（註）乃由西伯利亞步行而去者，其人數雖不及青田人之多，而足跡亦遍歐洲，此均我國移殖史上特殊之情形也。

中國人之至非洲者，則由海道至馬達加斯加及東部諸小島，英屬模里斯島（Mauritius）在一八四三年法屬時代，已有中國人移殖。馬達加斯加島在一八六七年，已有中國人移殖。一八九六年—九七年間因築路工事，曾移入廣東省移民數千，因工作能率不滿意，後大部分遣回。南非洲之華工則始於一九〇四年，爲英國招募之金鑛契約工人，人數最多時達五萬五千人云。

（註）相傳天門人初至俄者，爲易成林，因遊蕩不事生業，貧困無聊，流浪東三省，入俄境，以牙醫爲生。後至赤塔，醫愈俄軍官之愛子，因一躍爲名醫，獲利三萬羅布，衣錦還鄉，爲鄉人所慕，乃接踵赴俄。以賣拳藝售紙花爲業，由西伯利亞而至歐洲，儼然中國之吉布賽人矣。

本節參考文獻

Ta-Chan: Chinese Migrations.

MacNair: The Chinese Abroad.

Campbell: Chinese Coolie Emigrations.

Swettenham: British Malaya.

Campbell: Java Past and Present.

Song-ong Sing: One Hundred Years of the Chinese in Singapore.

Makepeace: One Hundred Years of Singapore.

Foreman: The Philippine Islands.

Coolidge: Chinese Immigration.

Seward: Chinese Immigration.

Clementi: The Chinese in British Guiana.

Cheng Tien-feng: Oriental Immigration in Canada.

Coghlan and Ewing: Progress of Australasia in the XIX Century.

李長傅——南洋華僑槪況。

李長傅——南洋華僑史。

梁啓超——新大陸遊記。

涂汝涑——旅美華僑實錄。

小林新作——華僑之研究。

長野朗——華僑。

小田內通敏——朝鮮に於ける支那人之經濟的勢力。

小山清次——支那勞動者研究。

檀香山華僑編印社——檀山華僑。

吳稚暉——朏庵客座談話。

陳里特——歐洲華僑生活（海外月刊第八期）。

第二節　祕密會黨之傳布海外及其殖民事業之建設

【中國祕密會黨之起源】　凡人民對某時代之政治及社會制度抱不滿時，希望加以改革，而祕密會黨遂起，故祕密會黨常係一革命團體。此祕密會黨有二種，一、思想的結合之祕密會黨，如我國革命之興中會，俄國革命之共產黨，其同志在思想上相結合以革命爲其目的，此含有近代之色彩者。一、信仰的祕密結合，利用宗教迷信之信仰，結合一般社會人民，企圖改革政治及社會，在教育未進步時，以此種祕密會黨爲主。此時以首領之野心，而偪迫多數之會員供其犧牲者，亦往往有之。我國自古以來，屢興起之祕密會黨，多屬於後者，大概利用宗教之迷信，以爲其結合之要素。

中國之祕密會黨，殆始於前漢末之赤眉賊。純粹宗教之祕密結社，則起於漢末，卽黃巾賊是也。平黃巾之劉備、關羽、張飛有桃園結義之佳話，流行於民間，是爲後世祕密結合之模式。元末，韓山童發起白蓮會，以佛教迷信爲基礎，更含有民族革命之意識，此爲我國正式祕密會黨之始。明太祖統一中國，白蓮會遂闃然無聞。至明衰，白蓮會復興，王森、徐鴻儒爲領袖，更加入道教之色彩，蔓延直隸、山東、山西、河南、陝西、四川各省。後被官軍平復，但不久流寇四起，滿清入關，明祚亦終。淸代白蓮教亂事，累世不絕。乾隆間，蔓延陝西、四川、湖北等省，黨徒有以奉明後裔爲號招者，擾攘者及十年，至嘉慶七年，始克戡定。但其餘黨並未消滅，嘉慶十八年遂有天理教之林淸攻北京皇宮之舉。此後白蓮會名雖無所聞，但其支派，仍留於民間，爲亂不絕。淸末因外國勢力之侵入，其教徒復以扶淸滅洋爲號招，遂釀成義和團之亂。至於近年，北方農民苦於軍閥之橫暴，而有紅槍會等結社，亦其流緒也。

中國後起之祕密結社，與海外移殖事業有關係者，則爲天地會。白蓮會之活動區域在陝西、四川、湖北、河南、山東等省。天地會之活動地域，則在福建、廣東、廣西、浙江、江西、湖南以及南洋羣島。天地會之起源，據其本黨之傳說，近於神話，略說康王（淸康熙？）年間，西魯（西藏？）入寇，淸軍屢戰失利。有福建省福州府九連山少林寺僧人，鄭君達挺身救國，戰勝西魯，不受爵賞，復歸少林。時有奸臣張近秋、陳文耀進讒康王，謂官軍屢爲西魯所敗，而少林寺僧乃輕易征服之，設有異志，朝廷滅亡，特反掌間耳，請圖之。康王乃賜毒酒於少林寺僧，並圍少林而焚之，僧衆慘遭焚死，逃出幸生者五人，曰蔡德忠、方大洪、馬超興、胡德帝、李式開，即所謂前五祖是也。五僧逃往廣東，轉途廣西向湖南，途次丁山，遇鄭君達之妻妹及二子作一小團體，詣鄭君達之墓，蓋鄭君達已爲陳文耀殺死於北京矣。彼等拜鄭墓之際，爲官軍包圍，忽於墓中躍出劍一口，鄭妻取其劍與官軍相鬬，不勝，乃予劍於二子，令其他逃，已則與其妹投三合河死之。五僧聞張近秋之橫暴，殺之，有五勇士吳天成、洪太歲、姚必達、李式地、林永超相助，卽所謂後五祖，或謂五虎是也。時有翰林學士陳近南，反對康王之討伐少林寺，爲陳文耀所讒，辭職歸里，與五僧相結納，組織會黨，以復仇爲職志。時有一美俊少年來訪，蓋崇禎帝之孫朱洪竹也。陳等乃擁之爲主，於甲寅七月二十五日，陳爲香主，盟誓起兵，時深夜，東方忽發紅光，因稱洪家大會，洪紅音相通也。陳近南以蘇洪光爲先鋒，五祖爲中堅，令五虎至龍虎山募集兵馬爲後備。途過萬雲寺，院長萬雲龍（本名胡得起）加入之，陳命爲大哥。八月二十日，與清軍接戰，萬雲龍戰死，幼帝失蹤，黨人乃暫行解散，臨別作詩爲證曰：「五人分開一首詩，身上洪英無人知，此事傳得衆兄弟，後來相會團圓時。」持以爲證，周遊各省，約期再舉。果也運動數年，果於惠州府高溪廟重行結合，時諸頭目均死，忽崇禎帝忠官黃承恩之靈附蘇洪光而復生，定名天祐洪，握三合軍之司令與清軍連戰連捷，掃蕩七省，不幸死於四川，而三合軍四散，七省亦爲清軍恢復。

其說人名地名，皆係虛構。據陶成章氏之說：「洪門之名取諸明太祖洪武年號，指天爲父，指地爲母，故又名天地會。始倡者爲鄭成功，繼述而整頓之者爲陳近南。凡同盟者皆曰洪門，門者家也，故又號洪家。既爲一家卽係同胞，故入會者不論職位高低，入會先後，均稱弟兄。」(註一) 其言稍覺可信。

溫雄飛氏解釋天地會起源之神話，以爲少林寺僧人指鄭芝龍及其黨羽，所謂萬雲龍大哥，指鄭成功，香主陳近南指陳永華，爲成功之謀臣。(註二) 其說亦可參證。總之天地會爲一反淸復明之祕密結社，確係事實也。

天地會反淸之運動，有正史可稽者，爲乾隆五十二年林大彰之起事於臺灣，終淸之際，反淸運動，史不絕書。繼因避淸廷之注意，取洪字邊旁水之義，號曰三點，或又嫌其偏而不全，非吉祥之瑞，乃又取共之義而連稱之，又改號曰三合。朱九濤者本爲三合會之首領，傳天地會之緒於洪秀全，秀全

(註一)見陶成章教會源流考。

(註二)見溫雄飛南洋華僑通史一〇七頁至一一〇頁。

復取天主教之義以附會之。其稱天爲父，及國號天國，官以天名，上下一體，皆以兄弟相傳，皆師天地會義也。

太平天國運漸衰，李秀成、李世賢等，知大勢已去，逆料湘勇嗣後必見重於清政府，日後必能左右中國之勢力。乃隱遺福建，江西之洪門弟兄，投降於湘軍，以引導之。又避去三合三點之名稱，因會黨首領有老大哥之別號，遂易名哥老會，於是湘軍中哥老會之勢力大盛，乃間接擴充其勢力於長江一帶。

天地會、哥老會傳布日久，深入下層社會，清末興中會及保皇黨均聯絡哥老會、三合會等，從事革命，然會黨之本身，仍保存其獨立之團體，始終未成爲近代化之革命結社也。

【中國祕密會黨在海外之活動】　中國祕密會黨之傳入南洋者，厥爲天地會。蓋天地會之活動地域在廣東、福建等省，與南洋地理接近。其宗旨在反清復明，又以臺灣爲根據地。臺灣既亡，則隨明遺民傳入於南洋，此爲必然之趨勢也。天地會之在南洋之活動有紀載可稽者，爲羅芳伯之建設婆羅洲殖民地，當時荷蘭勢力尚未及外島，羅芳伯藉天地會之勢力，聯合僑居坤甸之中國人，征服士人得酋長之允許，組織公司，芳伯自任爲客長，其政治組織，宛如獨立國家。卒後，並傳位於其黨徒，凡歷十代，至一八八四年，始爲荷蘭所滅。

沙勞越密邇坤甸，中國人殖民地，自十九世紀初葉以來，中國人至古晉附近採掘金鑛，亦係天地會徒。一八五〇年以來爲古晉政府所嫉視，時加虐待。一八五七年，遂起暴動，佔領古晉，不律王僅以身免。終以烏合之衆，不久爲古晉政府所平，黨徒退走，被殺者凡千餘人。

馬來半島中國人數最多，而天地會之活動亦最盛。一八二四年新加坡中國天地會黨員械鬬，死傷者數人。一八三一年，會黨勢力日盛，中國商人，每被強迫入會，輸金以保安全。一八四九年，新加坡之華僑陳玉成設三合會支部於廈門，名曰七首會，一八五一年爲官軍所捕殺。其黨黃威者繼之，部下頭目多新加坡華僑，聚衆至八千人，占領廈門，自稱明軍指揮官。嗣因餉械缺，不能久持，乃與清軍議款，解散部下。威率親信渡海至南洋。其黨徒之在新加坡者，粵幫擬捐款助之，閩幫不欲，兩方發生械鬬，警察之力不能壓迫之，亂事亙十日，殺人放火，捕虜婦女，事後統計死者六百人，房屋被毀者三百處。政府逮捕五百人，審訊達十七日之久，判處死刑者六人，然祇有二人執行，判處苦工者六十四人，驅逐出境者十四人，時一八五四年也。

天地會之在南洋，本以反清爲宗旨，又有貧病死傷互相援助之義，故僑民入會者多。惟會員多係無識之徒，或不法之輩，每於其地犯法，居留政府無如之何。如豬仔之販賣，卽由會員從中主持。至於販賣煙土，聚衆開賭，在所不免。又因姓族及地方之分歧，另分多派，如新加坡以義興會勢力爲巨，又因地方觀念又分爲福建義興、廣肇義興、潮郡義興、客屬義興、海南義興等。義興而外，又有海山、義福、義信、福興等，每以小事，互相尋讐，自相殘殺，擾亂治安。但並不違反政府，而政府起而鎭服之，亦並不違異，故英人亦任之。自一八五六年，廣州中英交惡以來，馬來半島之祕密黨會，漸有反英之舉動，英政府乃竭力壓制之，然其潛勢力甚大，活動如故也。

霹靂土邦之拉叻（Larut）者，華人從事錫鑛工作，其祕密結社，分爲二派，一義興公司，爲閩人組織，一海山爲客屬人組織。兩派互相鬬爭，馬來酋長因兩方勢力之大小作左右袒。自一八六二年至一八七三年間，拉叻成爲戰區，商旅爲之裹足。終由英國出而干涉，亂事始定。

同光間，葉來爲雪蘭莪之天地會首領，經營鑛業，戰勝巴生之土酋，得雪蘭莪蘇丹之信任，被任爲甲必丹，擁有大錫廠，儼然若一中國殖民地，亦一中國殖民史上之佳話，可與羅芳伯媲美者也。

英政府因祕密會黨不但有亂治安，且漸有反英之趨勢，乃於一八六九年，命會黨註册，使祕密之結社成爲正式團體，而政府乃有案可稽。（註）遂漸次放逐其首領之跋扈者，以減殺其勢力。又因放逐之方法，祇可適用於新客。乃又禁止土生入黨，其已入黨者亦強迫其退出。黨會之勢力漸衰，至一八九〇年乃下令解散之。

暹羅中國人數，與全人口之比例率甚大，故天地會之活動亦盛。今王朝拉瑪第三時代（一八

（註）天地會之秘密，在南洋最先洩漏者，於荷屬吧城。因有華人在吧城居留地聚衆開賭，夜深遣警察掩捕之，賭具之外，獲得天地會之文件，悉數送往警署，研究之下，始發現天地會祕密。時漢學家希勒格(Schlegel)在爪哇充政府之通譯，乃交之研究。希氏乃參考當時各種傳說，著書曰天地會(Tian Ti Hwui, The Hung League, or Heaven-Earth League)以英文出版，時一八六六年也。英屬之天地會則於一八五二年洩漏，爲馬來人阿都刺蒙西（Abdullah Munshi)（萊佛士之部下）所發現者。一八七七年，畢麒麟 Pickering）任首任華民政務司，畢氏本爲水手，曾住臺灣福建，在福州海關供職扞手，習福建方言，後至香港時，英人以新加坡政府無通中國語言者，乃遣之至新加坡，初任法院通譯。畢氏乃與天地會徒相往還，得詳悉其內容，英政府之取締天地會，畢氏之功占大部分也。

二四年至一八五一年），黨員忿地方官之苛虐，起而暴動，一在那坤西施（Nakhon Xaisi），一在北柳(Patriu)，均不久爲暹兵所剿平。拉瑪第五初葉（一八六八年間）森烈昭丕耶爲監國，欲利用洪字會黨以抵歐力之來侵，乃召集各部頭目，使宣誓盡忠於暹廷。於是勢力大盛，會黨幾成官辦，無復顧忌，凡承辦烟酒賭與夫各種雜稅之商人大都皆需會黨爲其爪牙。初洪黨名義興公司，皆閩、潮人，而粵人則分立粵東及八角兩派，客屬則分立明順及羣英二派，海南人亦以義興爲號，而自成一部。監國卒後，各部之結合遂解，潮人又組織義福及壽禮居二派。各派互相讐視，毆鬬仇殺之事，時有所聞。敲詐良民，擄殺旅客，種種不法，大亂治安。復發生新派曰義英，擁暹婦路氏爲首領。拉瑪第五某年，義英與壽禮居因爭工人而發生械鬬，互相殘殺，他派亦加入之，以盤谷之居留地爲戰場，惡戰兩日，警察瞠目不敢干涉。暹政府不得已，乃遣軍隊包圍之，黨員被擊斃者數十人，各方被搜捕者千人。事平之後，暹政府乃下令頒布取締洪會條例，至於中國人讌會亦加限制云。

十九世紀中葉，洪門傳入檀香山、美國及坎拿大及中美諸邦，而以美國最盛。其團體之最大者爲致公堂，亦因地域關係分爲其他團體。如美國致公堂而外，其廣州屬之四邑人所立者曰廣德堂，三邑人所立者曰協義堂，香山人所立者曰丹山堂。淸末興中會及保皇黨各利用致公堂爲己用，致公堂之流弊亦與南洋之洪會同蹈一轍，各派以小事互相械鬬，亙數日不息，黨員固互有死傷，終因擾及治安，致美人干涉而罷，卽美人所謂堂鬬（Tong war）是也，爲美國排華口實之一，近年有識者出而提議各派互結條約，以保中國人名譽，故堂鬬之事不復發生矣。

【羅芳伯建設坤甸殖民地】　十九世紀初，中國人之婆羅洲西海岸坤甸一帶，採金鑛作貿易。多天地會徒，各自立團體，名曰公司（Kongsi）各戴有頭目，而納貢歲於三發（Sambas）蘇丹，儼然若小殖民地。羅芳伯者，廣東嘉應州人，爲天地會徒。乾隆初至三發，與蘇丹相結納，繼而勞仔人作亂，蘇丹籌備軍實，遣芳伯征之，芳伯大勝，蘇丹大喜，約爲兄弟，深加信任。有戴燕（Tajan）者，在卡浦斯河下流，其土酋時有侮蔑華人之舉，芳伯令其部下頭目吳元盛征之，克其地。時芳伯有黨徒三四萬，益以土人數萬，勢力大盛。芳伯遂併合各小公司爲一大團體，名曰蘭芳公司（Lafong）停止納貢於蘇丹，蘇丹知勢不敵，乃裂土而讓之，計其所治地，含有萬勞（Mandor）、山口羊（Singkawang）、邦戛（Pemangkat）、喃吧哇（Mempawa）等地，時一七七六年也。

芳伯被任爲蘭芳公司第一任領袖，刻印璽曰大唐客長制旂作三角式，顏曰「蘭芳大統制」—（註一）今尚存於吧城之博物院中以坤甸爲政治中心（註二）新埠頭設副廳，其餘若喃吧哇、松柏港、淡水港、萬勞、打勞鹿、山口洋、邦戛、雙溝月皆設治所。官制則分數級，曰甲大曰正副書記曰尾哥曰老太，皆洪會制度，均由黨員公選。法律則搶掠奸淫者死，罪稍輕則施以體罰或遊街示衆。公司大事由衆會議公決，平時各安其業，有事則全體爲兵，規則井然，儼然若一獨立國。當公司最盛時，有荷人曾至其地，謂天地會共和國治下之人民有十一萬人之衆，亦稱盛矣。

芳伯沒於一七九三年，年五十八歲。卒後傳其位於江戌伯。江沒，闕泗伯繼之，闕卒，則爲宋揷伯。至一八五五年，荷蘭勢力侵入於蒙特拉多（Montrado）設駐紮官，蘭芳公司之客長則受荷人之任命爲甲必丹，蓋由獨立國而夷爲保護國矣。歷任之甲必丹有劉古、謝、葉等人。當劉死時一八八四

（註一）梁啓超中國殖民八大偉人傳，謂廣東人陳蘭芳於乾隆間經商坤甸，平國亂，土番及華僑推之爲王，自注據近人筆記。此殆指羅芳伯，乃蘭芳大統制之傳訛也。

（註二）今坤甸尚有羅芳伯廟，該埠中華學校設此。

年，荷人欲收爲直轄殖民地，遣兵佔領之。會衆反抗，於萬勞殺荷吏，焚其公署。未幾荷人僞下赦罪令，由山發蘇丹轉達中國人，被欺，又佔喃吧哇，殺荷吏，驅逐荷兵出境。未幾荷兵大至，遂敗，首領梁路義，逃至沙勞越境被獲，荷艦前往引渡，路義自縊死。坤甸之中國殖民地，自芳伯開闢以來，歷百餘年，繼世者十八人，至是而亡。

【沙勞越暴動事件】沙勞越與坤甸接近，首府古晉之中國人，多從事經商或小販。其餘在石龍門(Bau)、卑地(Bidi)、帽山(Paku)、頓當(Tundong)從事開鑛，在瑤灣(Sinawan)、施高邦(Segobang)從事農業。石龍門爲金鑛業之中心，華僑名其地曰金山，鑛工均爲天地會徒，設立公司。一八五〇年以來，勢力漸巨，沙勞越拉加不律漸加注意，警告其首領出會，但毫無效果，會黨反誘惑或強迫中國人入會。新加坡之義與公司亦遣人前來，徵求會員，爲政府所獲，判處死刑。一八五二年金山之華工，態度漸強硬，會員有犯法者，政府逮捕之，竟有率衆拒捕之舉。政府遣兵至，始逮罪犯以去。政府乃於比利達(Belidah)建築礮臺，專爲防中國人而設。一八五六年，英國輿論不滿意不律在沙勞越之行政，提出請求查辦，英政府乃派員前往調查。羣衆遂輕視拉加政府，謂拉加爲英國所不滿，一旦有事，祇求不傷英人，可以無患，遂有推翻沙政府之陰謀。一八五七年沙勞越中國人數達四千，大部分居住鑛區。天地會徒私販雅片，爲政府發覺，科以一百五十鎊之罰金，華人雖如數呈繳，但反抗之舉更加一層決意矣。初一八五六年，拉加因政躬不適，赴新加坡休養，王侄 Charles Anthoni Brooke，時任都摩大（Tuan Muda）（後任第二任拉加），因建築礮臺事赴西克冷(Sekrang)，接古晉官吏之報告，風聞中國人有不穩消息，擬藉建築大伯公廟，在古晉起事，推翻現政府，建立中國人獨立國。請都摩大於陰曆新年回京。都摩大卽回古晉，見平靜無事，以爲虛驚而已，遂仍回西克冷。時拉加尙未回京，政府職務由克羅沙克(Arthus Crookshank)代理。古晉本有一小木柵，爲防守而設，駐有衞兵。

一八五七年二月十四日，卽大亂前四日，有中國黨徒，自沙勞越驅逐出境者，在汶萊勸英領事斯賓塞（Spenser St. Johns）之中國僕人入天地會，謂沙勞越之亂事正在醞釀，中華人不久當握政權，且聞有忠告馬來人令守中立之說。

時拉加自新加坡回古晉，聞此不靜之謠言，警務總稽查密德爾敦（Middleton）竭力主張預防，但拉加則不之信也。三月十八日，公司首領，在石龍門率衆六百人，攜帶武裝，進至頓當，登所備之船舶，沿沙勞越河而下，至夜半，乃抵古晉。分爲兩隊，襲擊政府公署及各礮壘。王府亦被包圍，拉加幸機警，自王府逃出，泅水過小河，隱身泥淖中而逸。中國人焚王府，英人之供職於政府者死數人。時全市鼎沸，火光燭天，儼如白晝，各政府機關，均爲中國人佔領。雖有少數馬來兵誓忠於拉加，亦失其抵抗之力矣。英人之未供職於政府者，其寓所未被襲擊，徒以事出深夜，莫明眞相，倉皇失措，齊集於禮拜堂，有男女六人小孩八九人，持有軍械，僅謀自衞，牧師則率衆祈禱，求上帝保祐。天甫拂曉，卽有中國人七人前來，謂此爲對政府交戰，與全體英人無涉。並求牧師至醫院，爲受傷之華人治療，其數約十三四人，乃攻礮臺時受傷者也。

拉加逃出後，至馬來土官處，與英國官吏及英國婦孺相集合，謀反攻中國暴徒。但所招集之士人，皆烏合之衆，缺少槍械，反攻之舉，急切不能，乃向沙馬剌漢(Samarahan)出發，至羅北（Batang Lupar）礮臺，組織軍隊，驅逐叛徒。

翌日公司之首領，招牧師婆羅洲公司經理罕爾馬(L. V. Helms)英國商人盧派爾(Rupell)，馬來酋長萬達(Datu Bandar)至公署。公司首領，高踞拉加之位，祕書等人陪坐，宣布獨立之宗旨，命罕馬爾盧派爾管理外人事件，萬達管理馬來人，同在公司全權之下。牧師乃警告，拉加生死未知，都摩大在外，若聞其叔之死耗，必率勞仔人前來復仇，不可不慮。中國首領乃通知勞仔人允以各不相犯爲條件。當時並知拉加未死，並懸賞緝捕之。又要求英人與馬來酋長宣誓盡忠於公司，而以死刑相恫嚇，允之。

馬來人集會於萬達家中，知拉加未死，故依違未決，有單獨行動，向中國人攻擊者。中國人知馬來人尙忠於舊主，乃召集上沙勞越之新兵數百人，施高邦之農人，亦強迫加入，謀固守。一面將軍械，輜重，搬運舟中，便於往來接濟。馬來人以爲中國人有遁志，率衆來攻，死傷甚多，古晉仍在中國人之手。拉加不得已乃沿河下流，退出海岸。適北婆羅公司之不律勳爵號來自新加坡，而王姪都摩大亦率勞仔兵至，軍威大盛，形勢一變。輪船首先向岸上攻擊，勞仔兵馬來兵纔登岸。中國人乃設法退卻，於是以一部分渡河，焚馬來村落，以報宿仇。不幸渡河時，船爲勞仔人所獲，乃向森林退卻，爲勞仔人追殺，幾無一倖免，其未被殺者，則餓死或自縊殺。大部分中國人則自陸路退去施高邦，登舟向上流而去。中國人為阻止勞仔人及馬來人追擊起見，在河之左右支流會合處之里達丹南（Lidah Tanah）臨時建一強固之木柵，委一頭目率精兵駐守，有自古晉擄去之槍礮及來福槍等，馬來人及勞仔人來攻克之，公司首領死於此役。其餘中國人已退至石龍門，向邊界前進。勞仔人更前追，但中國人有古晉擄來之來福槍等，勞仔人不得利。乃變更戰略，從旁襲擊，中國人死傷甚多。因大隊退出古晉時所攜輜重無數，至是不得不放棄其戰利品，勞仔人圖取財物，中國人乃得安然越甘邦（Gombang）而達荷屬三發境。此役也，中國人之死者至少在一千以上，逃出境約二千餘人云。

四月十五日，沙勞越全境宣布和平恢復。當暴動時英國軍艦斯巴達（Spartan）號由新加坡開到，奉命保護英國人之生命財產，保守中立，未加入戰事。但荷人因利害相關，坤甸府尹聞變時，卽遣艦前來相助。古晉慘殺消息傳至倫敦，有和平會（The Peace Society）等團體，攻擊之甚烈，而以「最近之屠殺」「極端之殘酷者」「流血之使命」種種名詞醜詆之。但大部分輿論則同情於不律氏。以統治者與民族之立場視之，其左袒拉加政府，宜也。

古晉自大亂之後，現狀大難，國庫一貧如洗，檔案全毀，公文無片紙存留。拉加身無長物，祇得着土人衣着倘自各處假來者。但不久中國人復來集，漸恢復原狀。

洪會之組織並未解散，不過潛伏不動而已。一八六九年，又有反抗政府之舉，並慘殺一告發者。政府立卽行捕獲會黨之首領多人，處以笞刑及長期徒刑，期滿驅逐出境，如再私自入境，則處死刑。一八八五年荷屬坤甸中國洪會與荷蘭之戰爭，其首領逃至沙勞越，荷蘭遣艦來要求引渡，首領乃自縊死。（註一）一八八九年，洪會又活動於胡椒之中心地施高邦，乃蒙特拉多萬勞犯罪出境之會員所組織者，其目的在荷屬起事，殺盡外人。七月十五日搜獲其機關，蓋與新加坡及萬勞之義興公司有關，首領六人判處死刑，七人處無期徒刑，中有一人曾與一八八四年萬勞之亂者引渡於荷政府。此後雖尚有洪會發現，然皆無甚勢力可言矣。

雖然，沙勞越之繁昌，仍有賴於華僑之力，古晉亂事後二十年，王侄繼拉加位，曾曰：「苟無華僑，吾人將一事無能爲，若禁止其祕密結社，治理亦易，故凡違禁結社者，當格殺勿論。」現拉加及其家人，對華僑亦表示其友情，亦謂「華僑曾大助於吾邦之繁榮。」（註二）此可見沙勞越對華僑之移殖固所歡迎，而鑒於過去之教訓，對於其會黨，則深懼而痛絕之矣。

【霹靂暴動事件】 馬來半島之西部，如霹靂雪蘭莪、森美蘭，多中國採錫鑛工人，彼等多爲天地會徒，因受酋長之壓迫，常與之反抗。又天地會之各派，因利權衝突，亦時啓鬬爭。尤以英國政治勢力未達到以前，天地會之勢力極巨，其代表之史實，可以霹靂暴動及葉來事件，可以代表之。

霹靂之拉叻（Larut），在該邦西北隅，地濱海，一片濕地，在十九世紀以前，殆爲無人之荒土。初至其地者爲馬來小酋長名曰郎加法（Long Jafar），其初至時，境內祇有中國人三人而已。其後發現錫鑛，遂逐漸興盛。初發現之地爲吉蘭保（Kelian Pauh）即今之太平（Taipeng）地方。繼而有鑛工之象逸入林中，鑛工尾追之，又發現一新鑛，即甘們丁（Kamunting），後稱之曰吉蘭巴哈魯（Kelian Baharu）者是也。

一八五〇年，郎加法得霹靂蘇丹之命令長拉叻區。一八五六年郎加法卒，子伊伯蘭亨（Ngah Ibrahim）繼之。時全境有中國人二萬，馬來人三千，大部分皆從事鑛業者，鑛稅爲酋長收入大宗。

（註一）參照前段。

（註二）Ranee of Sarawak (Lady Brooke): My Life in Sarawak.

中國之鑛工，均天地會徒，而分爲二派，一曰義興三合會（Ghi Hin Triad Society）閩籍四縣人所屬也。一曰海山及大伯公會（Hai-Shan and Toa-Peh-Kong）客籍四縣人所屬也。當一八六二年間，海山之鑛區在吉蘭保，其首領曰鄭景貴（Cheng Keng Kwi），義興之鑛區甘們丁，首領曰蘇亞昌（So Ah Chang）（註）各劃地工作，故各安其業，無利害衝突也。

一日，有義興之徒，偶入吉蘭保區，不自謹愼，且混入賭場中滋事。海山之人起而大呼，殺此奸細，遂捕十四人至會所，翌晨遂殺之，以尖竹刺其喉，而取其血以染會旂。中有一人幸逃回甘們丁，義興之徒亦大譁憤。海山之徒，路經其區外者，亦捕而殺之。兩方發生鬬爭，各訴於伊伯蘭亭，而伊伯蘭亭乃一扶強抑弱之徒，當時見海山占優勢，乃助海山，捕蘇亞昌而殛之，驅義興之徒出境。

義興之徒被逐，心不甘服，乃以損害英籍華人之生命財產爲理由，上訴於海峽殖民地政府。殖民地總督加文拿（Colonel Covenagh）乃派軍艦至霹靂沿岸，要求要賠償損失一萬七千四百四十七元，否則封鎖其海口。霹靂蘇丹不願付款，又無法強迫拉叻酋長交付，祇有向該酋長要求，使其

（註）人名均照英轉譯文。

負賠償之責。伊伯蘭亨允之，而以擴大職權爲交換條件。蘇丹不得已封伊伯蘭亨爲萬地利（Mantri）其職位較酋長爲高，有支配領地之全權，宛然一獨立部落焉。

此問題既解決，兩方復業如常，但兩方仇恨未消，亂事有一觸卽發之勢。鑛工之生活極困苦，苦力工作於熱病流行虎蛇出入之濕地中，其死亡率達百分之五十。首領因經鑛致富，則擁其厚貲，寄寓檳榔嶼，度其享樂之生活，鑛務則另委之代理人。義興首領蘇亞昌死後，何義瑞（Ho Ghi Siu），本人居檳榔嶼而委李亞昆（Li Ah Kun）爲代理人。亞昆好冶遊，與鄭景貴近親之婦通奸，爲海山之黨徒所捕，以豬籠二乘奸夫淫婦，舁而遊行街市，呼嘯而過，最後溺之廢鑛穴中而畢命。義興之徒，亦武裝而起，預備復仇。幸兩方首領，爲避免流血計，乃主張調解。由海山出款二千元，以撫卹李亞昆之家族，分期付款。第一次之款已交，不幸又以他故，暴亂忽發。時海山因受萬地利之扶殖，勢力較義興雄厚，人數倍之。義興因鑒於勢力之不敵，早隱蓄亡命爲備，鬬爭一起，立逐海山出鑛區以外。海山退至萬地利之馬丹（Matang）礮臺地方。至是萬地利又左袒義興，備帆船多艘，載海山之徒至檳榔嶼，蓋彼僅求鑛稅無缺，故扶強抑弱，原無成見也。

海山之徒，既至檳榔嶼，上書海峽殖民地總督柯特（Ord）氏，請求伸雪，總督據以轉萬地利，萬地利黨於義興，則以所伸訴不實見答。總督乃通知海山，謂拉叻在英國治權以外，無權干涉。海山見無法申訴，乃私購軍械，爲報復計，並擬暗殺義興首領何義瑞於檳榔嶼寓所。義興及萬地利乃請求英國總督取締海山之行動。然英政府亦無法制止，又購買軍械與英商有利，故英政府亦無如之何也，於是海山購置軍械，招集亡命，乘帆船抵拉叻海岸，適義興首領赴馬丹與萬地利議委任中國甲必丹事，黨徒無領袖，爲海山所擊，不支，死者數百人，餘衆逃入森林中。婦女均爲海山所擄，且侮辱之，貞烈者自縊死，餘則爲海山視爲戰利品，分派於海山之領袖及萬地利諸商長。蓋萬地利又師故技，左祖戰勝者矣。

義興失其鑛區，又受侮辱，憤極，知訴諸英政府，反徒勞口舌，乃遝招募壯士，載以帆船，赴拉叻作復仇計。一八七二年十二月，進佔拉叻之馬丹。而進攻鑛地則不可能，乃變計封鎖其海口，以禁止其錫鑛之輸出及糧食之運入，以久困之。正月，有英國小礮艦馬六甲號（Fair Malacca）懸英國旂，欲駛入拉叻河口，爲義興所礮擊。船長丹尼森（Denison）雖捕其二舟，但無法解其封鎖也。義興乃改變戰略，於大船之外，別置快艇，以二三十人共駕一舟，四出剽掠，既可追擊敵，又可避英國礮艦之礮火。此役也，直接戰鬬之流血少，而暗中偷襲剽刼之死亡者甚多。雙方均懸旂樹纛，義興則黑旂紅邊，書其首領郭保安（Koh Bu An）之名於其上。海山則紅旂白邊，則書其首領何義瑞之名於其上。亂事自拉吻而延至檳榔嶼，或暗中格鬬，或明訴之法律，全境騷然。至一八七三年春，萬地利亦至克蘭（Krian）河口，避居船上，以備萬不得已時，逃往英國殖民地。

檳榔嶼總督安森（Anson）於一八七三年八月十日召集一會議，謀停止拉吻之戰爭，出席者有萬地利、霹靂蘇丹、阿都剌（Abdullah）、義興之代表何義瑞，海山之代表張亞貴（Chang Ah Kwi）等，並有密德基號（Midge）之格蘭特（Grant）船長。決議下通告，先使兩方停止戰爭，命蘇丹阿都剌通諭拉吻。何義瑞實不願和解，故通告雖出，彼並不派人諭其黨徒，義興部衆不聽命，和解無望。安森乃稟告海峽殖民總督柯德，柯氏遂決心用武力干涉之。先承認拉吻為一獨立部落，完全脫離霹靂之管轄。一面使之募印度兵，維持境內之安寧。一面援助海山，助以軍械，使壓迫義興。時九月三日事也。但亂事仍繼續，九月十二十三十五間，格蘭特船主率密德基號前往拉吻河口，後隨小馬來帆船，爲二義興礮船所攻擊，英艦二官軍受傷，密德基馳回檳榔嶼。萬地利在檳榔嶼之寓所被爆炸，傷五人，死警察一人。九月二十九日萬地利所募之印度兵至，由英人斯匹德（Speedy）統之，率礮艦一，快船二，小艇十五，均滿載軍械，接濟海山鑛工者，直駛海岸，沿拉叻河而上，義興不敵，乃率衆去。海口爲英國小礮艦所扼，內又有印度兵鎮守，乃退山內，但兩方尙保守其對爭之勢也。

一八七四年六月，新總督克拉克（Andrew Clark）遣華民務司畢駟驎，與霹靂諸酋長中國人首領會議於邦各（Bangkor），訂立有名之邦各條約。收霹靂爲保護國，放出擄掠之婦女交還義興，解除雙方之武裝，毀雙方所建之礮壘，賠償兩方所受戰事之損失，而拉叻暴亂，乃告終結。

【葉來事件】　葉來同光間廣東惠州歸善人，少貧不自聊，又無賴不容於鄉里。年十八，南渡至馬六甲，爲人傭保，生活艱難，僅足自給而已。繼入天地會，時雪蘭莪之吉隆坡錫鑛開發，招鑛工，葉來乃前往，依巴生（Klang）之甲必丹劉甲，充馬子官（公差），受劉甲之信任。甲經營錫鑛業，頗有權勢，既而病篤，薦葉來於吉隆坡蘇丹姑麻離，繼任甲必丹，而令華僑葉四爲證，蘇丹允之。僑民中有歸善人張昌及嘉應人黃三，謀爲甲必丹，暗賄蘇丹，蘇丹悅之。及甲死，蘇丹食言，葉四與爭，張黃等怨之，乃暗殺葉四。來大憒，率衆占黃三之錫廠，三借巴生土酋昔士河兵來攻，爲來所敗，遁往內地。繼又復募土酋昔士河所部來攻，與葉來衆戰於麥沙羅，而張昌亦來助之，兩方戰於干津，來大敗，僅以身免，逃至麥沙羅埠。

來任劉甲馬子官時，與土酋端姑靈頗友善，於是在麥沙羅，收集流亡，得數十人，端姑靈以糧械資之。適來之族弟傳聞葉來有錫鑛公司發達，偕鄉人百人來依之，勢大盛。其鄉人中有曾參與太平軍之役而精造噴筒（火器）者，來使之監造，因潛攻黃三於古打獜，三敗走死。

葉來既滅三，占古打獜，爲鄰近諸土酋所嫉忌，孤路之土酋阿山系與昔士河相約共滅來。來率衆攻其寨，阿山系殊死守，來以噴筒攻之，阿山系不支出走。繼約昔士河及土酋士麻仁回攻，來與戰，大勝之，土酋中彈死，昔士河被殺，阿山系被擒。巴生附近全爲葉來所佔。

時吉隆坡蘇丹已卒，新蘇丹立，見葉來敗諸土酋，乃委之爲甲必丹。來於巴生埠設大稅廠，徵出入貨稅，而於入口華貨及自吉隆坡所輸錫鑛，則免徵。凡出入巴生港之船，凡懸有葉氏之旗幟者，一律通行無阻。而鑛區內數十里之鴉片烟酒賭博典押之類，皆歸葉氏管理。雖曰甲必丹，儼然一小土酋矣。

一八七四年邦各條約，英國駐代理官於吉隆坡，後遂收回葉來之政治權，仍任之爲甲必丹。來死，英人任其族人阿石爲甲必丹。阿石死，葉觀盛繼之，後遂廢此職，而華僑直隸華民政務司矣。

來子韓進不肖，揮霍無度，常攜蘇丹賜其父之寶刀御杖，徜徉於市，與英吏爲難。爲衆所棄，故父死後不得襲甲必丹職。某年藉神誕演戲爲名，聚衆數千，勢欲暴動，效其父曩年故事。英人益惡之，乃遣戍馬六甲，不准在吉隆坡居住，卽有家事須處分者，准在吉隆坡留二十四小時云。

總之，葉來不過一甲必丹，藉會黨之力，跋扈於吉隆坡及巴生境內而已。或傳封王稱雄，則由於華僑崇拜英雄之心理，而史家加以附會也。

本節參考文獻

Baring Gould and Bampfylde: A History of Sarawak.

Wilkinson: A History of the Peninsular Malaya.

Mill: British Malaya, 1824–1867.
Swettenham: British Malaya.
Ward and Stirling: The Hung Society.
Song-ong Siang: One Hundred Years of the Chinese in Singapore.
平山周——中國祕密社會史。
末光高義——支那の祕密結社と慈善結社。
宮原民平——支那の祕密結社。
陶成章——教會源流考。
温雄飛——南洋華僑通史。
李長傳——南洋華僑史。
南洋華僑名人集傳。
羅香林——馬來半島吉隆坡開闢者葉來傳（南洋研究第五卷第四號）。

第三節　豬仔販賣與契約華工問題

【豬仔與契約華工之意義】　自實業革命以來，用輪船以代替帆櫓，而中國人之移殖海外，乃生一絕大變化。不僅人數激增，而移殖地域，更由本國鄰近之地，而推廣至新發現地。十九世紀之初，美國之加里福尼亞與澳大利亞發現金鑛，華人聞風而至，但皆自由移民也。經二十餘年後，復起一變動，卽所謂契約移民是也。契約移民者，由外國政府，或商業機關在中國招募之勞工，而年限待遇，訂有一定契約者。此等初期之契約工人，實含有奴隸販賣之性質，此卽我國所謂販豬仔，外人所謂苦力貿易 (coolie trade) 是也。

初西班牙與葡萄牙之殖民於新大陸，自非洲掠取黑奴，運至美洲，從事開發事業，此卽世界史上所謂奴隸販賣是也。既而以北美英國殖民地，使役奴隸，有違人道，歐洲有識者，遂發起廢奴運動。合衆國獨立後，宣言禁止奴隸輸入。後經南北戰爭，於一八六五年，全國之奴隸遂完全廢止。當時南部諸州勞動之奴隸，達四百萬人云。次之英法諸國亦解放其殖民地之奴隸，其他諸國亦繼之，故至十九世紀之後期世界之奴隸制度，表面上已完全廢止矣。

雖然奴隸制度之要求，以當時之經濟之條件爲基礎。在自由主義時代，奴隸之需要，尚不十分亟亟。自實業革命以來，資本主義發達，列國開發殖民地，不得不利用工資低廉之勞工。因廢奴運動之結果，此工資低廉之黑奴，既被解放，則不得不另求其他工資低廉之勞工以代之，此爲必然之趨勢也。而中國人耐苦服從，工資低廉，確爲最適用之勞工。尤其亞熱帶及熱帶地方，白人之氣候不馴服，土人之懶惰，其適用之勞動者，未有若中國人者，此各國招募契約華工之由來也。

在十九世紀之初，資本主義之傾向，逐漸鮮明，當時新大陸棉花之栽培，西印度甘蔗之種植，祕魯鳥糞層之開掘，前此使用之黑奴，既已廢止，不得不另求低廉之工人。當時中國禁止人民出海，故向中國招募契約工人。因中國工人在當時未受政府之保護，故此初期之契約工人，實含有奴隸販賣之性質，所謂豬仔是。以牛易羊，密亨利教授，謂爲中西國際關係史上最可恥最不幸之一幕，（註）信不誣也。

（註）MacNair: Modern Chinese History, p. 409.

【古巴祕魯之豬仔販買】 一八四五年，有法國船一艘，自廈門運中國工人至非洲之錞盭央島(Reunion)，是爲中國輸出契約華工之始。至於最初移殖新大陸之契約華工，則始於一八四七年，自廈門出發，其中稱爲契約勞動者，約八百人，往古巴，其成績頗佳。嗣後，向西印度羣島、中美洲、南美洲者陸續移殖，均契約勞動者也。向美國加州及澳洲者則與之相反，皆自由勞動者，其待遇則較前者爲良焉。自一八四七年至一八七四年間，契約華工之自廈門、香港、澳門，運往古巴、祕魯、智利、檀香山者，約四五十萬人。例如一八六四年，自澳門運至古巴者，計四千四百七十九人，運至祕魯者，六千二百四十三人。在一八六五年運至古巴者，五千二百零七人，運至祕魯者，八千四百十七人，同時古巴招工委員懸掛法旂，自廣州運去之華工計二千七百十八人。此等豬仔之販賣，大概利用中國之奸民爲代理人，卽所謂豬仔頭是也。豬仔頭更利用小招工人，分赴內地，用種種手段，引誘無知之農民，向海外作工。因中國官憲，以此種之勞工出洋爲不法，不允許其出洋，故彼等以中國法權所不及之香港及澳門爲根據地，設立監獄式之勞工收容所，名曰 Barracoon（註）卽所謂豬仔館是也。凡

（註）Barracoon 本爲黑奴收容所之名詞，白人用於苦力貿易上，可見其視中國苦力，等於黑奴，可以明矣。

招募之苦力，先拘禁於此。待出洋船到時，運赴目的地。招工人之招工，用種種欺騙脅迫及其他非法行爲，最普通之手段，則欺以赴加州及澳洲金鑛作工，而運往祕魯古巴之熱帶地方。或誘之賭博，博負則以債權爲口實，強迫其簽約。醉以毒酒，既醒，則身在船中，已爲大洋上之人矣。其甚者，則以暴力捕掠之。一八七一年有祕魯船一艘名頓周安 (Don Juan) 者，自澳門赴祕魯，離香港不遠着火，所載苦力六百五十八人，幾有五百人被難，焚死或溺殺，有五十八人得救至香港，其苦力之一在香港警署之供詞，茲錄之如下，以見豬仔被拐誘經過之一斑。

『我年二十三歲，生在新安縣（Sun-on）的沙村（Sachen），離香港約一天路程。我父親有客船一艘，往來沙村香港，我在本地種蠔爲業。去年臘月，父親叫我附着客船到海上去，照管一切事情。我去了，給我三十元，代鄰居買鴉片的。十九日到香港，我想在三十元以外多弄些錢，就去番攤館，不知竟輸去十元，只剩二十元。沒有買鴉片，就在四月二十日回家了。我並不告訴人輸錢的事，只和同村一個本家叫陳阿陳（Chan-A-Chan）的說起。陳阿陳這個人曾經當過水手，後來遇到海盜，打傷了膀子，現在不做什麼手藝了。我從小就認識他，他和我說，番攤館很多，我如果同他一塊去，他可以設法使我把十元贏回來，他還給我些教訓。我告訴他說：「我不歡喜到澳門去，因爲許多人都在那裏被拐，我怕去。」他就說：「我是你的本家，你不必怕我，我不會欺騙你的。」但是我還是不相信，他帶我到一所廟裏，他就在菩薩面前發誓說：「我要帶這個人名叫陳阿新，到澳門去，倘使我拐騙他，我不是墮水溺死，回不得家鄉，便是絕子絕孫。」

這麼一來，我滿意了，就在四月二十二日同他赴澳門。到了澳門，他帶我到一所房子，介紹我算是一個朋友到澳門來弄些錢的。我在那裏住了四天，待遇很好。我並未到番攤館去，阿陳和我說不必急急。一天他告訴我，「我現在有個法子，使你賺三十塊錢。有許多人要運往安南充當苦力，但是其中往往有很多的人因爲身體弱或眼睛瞎給剔出的。你是一個漂亮的小伙子，一定能夠通過。有一個人名叫鍾阿福（Chung-A-Fuk）他情願出去，可是他是跛足的，不能合格。你只須自稱鍾阿福，到了起運的那一天，鍾阿福自會來接替你的。爲這件事我可爲你弄到三十塊錢。」我表示害怕，說要受騙的，但阿陳就去帶了一個人來，自稱鍾阿福，且自承情願出去。阿福央求我去頂用他的姓名幾天。他說：「到了下船的一天，我來代你，你就無事了。」他還說：「我因爲跛足，不合格。」我終究給說服了，在五月一日，阿陳就帶我到豬仔館去。我所有的二十塊錢和衣服，都留在枕邊箱子裏面，還把鑰匙交託了阿陳。阿陳他給我舊衣服穿上。我到豬仔館裏，見有一百左右的華人。阿陳叮囑我自稱鍾阿福，二十歲，從東港（Tong-Kong）來的，情願出去。他教我不要和任何苦力攀談。他說：我如果說不情願出去，就要在土牢裏監禁三年，還要送往香港監獄吃三年官司。阿陳和我說，我能離開豬仔館的。

五月一日的晚上，就是我到豬仔館的當天，一個葡萄牙人同一個華人走進來，那華人高聲着說，「你們都情願到一個地方去（那地方的名稱我記不起了），住在那裏八年，每個月賺四塊錢的工資嗎？」他還說「滿了八年，如果你們要回來，就得回來，至於工資，倘若你們認眞做事，可以預支。」那繙譯又說，「若使你們情願去，我帶你們出去，」這話是對我們全體說的，他問我的性名年歲，來自何處等等，我都依囑回答。他還問我是否被騙來的，究竟情願去否？我並不回答，因爲我恐怕一說不情願，便要送入土牢。那葡萄牙人看來是一個官員，我沒有第二次看見他，在下船之前，我也沒有離開過那豬仔館，我不和館裏的人攀談，也沒有一個苦力和我說過一句話。

我在五月一日要想走出去。但給看門的葡萄牙人攔住。他用一根繩打我，我就走回去。在館裏面我很有東西可吃。我吸鴉片，睡覺。

到了五月三日，一個葡萄牙人走來給我八塊錢，一套新衣服，一雙鞋子，一頂竹笠，一張華葡合璧的文書。我並不在任何紙上簽字，那文書亦並未解釋給我聽。館裏的人都領到八塊錢。五月三日一點鐘，我們走上一隻大船。負槍佩刀的兵丁和我們同行。我們五十八人合成一批。我上船時盼望鍾阿福來替換我。可是沒有來，我哭了。我看見船上約有六百三十八人，哭泣的約有五百人。他們說他們是受人欺騙的。我也說我是受騙的。我告訴一個葡萄牙人，但是沒有理睬我。』(註)

經營豬仔貿易者，有葡西英之移民公司，大概一豬仔之獲得，計招工人之酬勞，苦力之食費及其他預付金，不過二十五元至三十元。其與豬仔所立之契約，則以六十元至百元計算，在契約年限之內能償還者，可恢復其自由之身。但一經入豬仔館，決少生還之望，與奴隸無異也。航海日期，大概至檀香山七十五日，加州七十五日至一百日，古巴一百四十七日至一百六十八日，祕魯一百二十

(註) Blue Book-Papers Rel. to China, 1871-76, pp. 6. 7.

日。在香港契約工人之規則，一人米一磅半，豬肉半磅，水一加侖，材三磅，又與十五呎見方之席一條。然英國船能守此則者甚少，他國船更無論矣。一船之載量，因船之大小，概自三百人至七百人。既至目的地，則付之拍賣，其價一人自四百元至一千元，此與販賣黑奴無異。因此苦力貿易，獲利頗厚，故趨之者若鶩。

豬仔船之生活，摩爾斯(Morse)稱為浮動地獄(floating hells)(註)一語，可以盡之。行駛極慢之帆船，方七八呎之船室，在熱帶海洋上蕩漾百餘日，水手之虐待，飲食之不潔，身體及精神之痛苦，故其死亡率令人可驚，多者占全數之半，少亦百分之十五云。試舉一八五〇年至一八五六年間，中國開往美洲之豬仔船，其死亡之率如下：

年別	往何處	所載人數	船數	死亡人數	百分率
一八五〇年	祕魯	七四〇人	兩船	二四七人	三三
一八五二年	巴拿馬	三〇〇人	一船	七二人	二四

(註) Morse: The International Relations of the Chinese Empire, VII. p. 170.

一八五二年	英屬圭亞那	八一一人	三船	一六四人	二〇
一八五三年	古巴	七〇〇人	兩船	一〇四人	一五
一八五三年	巴拿馬	四二五人	一船	九六人	二三
一八五四年	祕魯	三二五人	一船	四七人	一四
一八五六年	祕魯	三三二人	一船	一二八人	三九
一八五六年	古巴	二九八人	一船	一三二人	四五

死亡者不僅病死而已，有因受拐騙憤而自殺者，有不堪船中之痛苦與飢渴而生厭世之念者。

其中不平之徒，亦有起而反抗，殺船主船員，而逃歸鄉里者，亦有失敗而處死刑者。試舉一八五〇年至一八七二年豬仔船之作亂情形，列表如下：

一八五〇年	法國船由香港往祕魯	船上作亂殺船主在海島登岸
一八五一年	英國船由香港往祕魯	殺船主在中國海岸登岸
一八五二年	祕魯船由香港往祕魯	殺船主在星島登岸

一八五二年	美國船由香港往古巴	殺船主在中國海岸登岸
一八五七年	英國船由汕頭往古巴	殺船主不成到香港被判作海盜死三人餘遣戍海島
一八七〇年	法國船由澳門往祕魯	船主及船員被殺
一八七〇年	祕魯船由澳門往祕魯	香港附近作亂起火船員乘小舟走逃苦力五百人葬身火窟
一八七二年	西班牙船由澳門往古巴	作亂不成全部苦力於抵巴時被賣爲奴

既至目的地，有移民公司，拍賣於僱主。其在古巴者，多爲甘蔗田工人，在祕魯者，多爲鑛山工人。契約定期七八年，衣食住由雇主供給，別月給勞資七八元，在契約期內，尚需扣除前所借金卽作爲旅費者。此被買之苦力，與奴隸無殊，燒印鞭撻之苛責，牛馬不如，晝夜酷使，卽使契約期滿，則揑造負債犯罪及其他理由，永無釋放之望。由法律上言之，苦力如受虐待，自可向西班牙法庭申訴，但苦力知識低下，更有苦力中自身爲虎作倀者，故此等之事實，從無一見諸紀載。

豬仔待遇之慘狀，可以祕魯之欽查島(Chincha)代表之。欽查島在祕魯近海，產鳥糞層，雇中國苦力爲鑛工，白人監工者，手持長五呎，厚一英寸半之皮鞭以監督之。天未明卽起工作，至午後四時爲止。因氣候之不良，工作之煩重，在四時前每有昏倒者，但白人監工者仍以皮鞭鞭撻之，每陷於半死之狀態。計至一八六〇年自祕魯運往之中國苦力，前後十年間，其數在四千之上。有勞動過度而病斃者，有墜落鳥糞層中活埋者，有不堪苦役自絕壁上投海而死者，僅存之人數不過百人而已。其他各地苦力之待遇，亦可以類推也。

【豬仔販賣之交涉】　豬仔貿易之輸出地，本以澳門爲中心，自香港割讓於英國後，乃以香港代之。南美洲及西印度羣島，虐待苦力及種種慘劇，由苦力運送船服務之船員等，而傳至英國。英政府爲保持體面起見，乃於一八五四年，訓令香港政府，通告凡此後英國臣民及凡揭英國國旂之商船，嚴禁輸運苦力至欽查羣島。又於一八五五年，英國國會通過中國船客條例，凡英國船非從嚴格之規定，不能載二十人以上之苦力，航行一星期以上之航路。其結果，英國輪船公司對於南美及西印度之運輸事業，一時中止。英國公司之苦力運輸中止以來，對南美洲之苦力貿易，爲之頓挫。但法國及其他諸國之輪船，仍然從事於苦力之運載。但因香港取締之嚴重，自香港輸出移民，實感困難，是以自來在香港設置總公司之經營祕魯、古巴之苦力業者，遂移其事務所於澳門，復設立苦力收容所，在各地招募苦力，而集中於澳門，再運往新大陸。

澳門之葡萄牙政府，亦公布關於苦力契約之苦力保護條例，但不過形式而已，對於南美洲之苦力輸出，實取不干涉主義。故各移民公司，均以澳門爲苦力之出口岸，大概以法國之輪船爲主。再開始經營大規模之苦力運輸事業。一八六〇年以後，中國政府，初承認人民可以自由出洋。廣東巡撫設法限制移民事宜，廣州、汕頭之苦力收容所，均須受官廳之監督，苦力之出洋船，須受海關之檢查。一八六五年自澳門運往古巴之苦力凡七二〇七八，往秘魯者八四一七八，自廣州至古巴者，二七一六八。

一八六五年，英法公使，曾與中國總理衙門，會商中國契約工人出洋之辦法。其結果由恭親王提出辦法三條，一、中國政府承認華工自由出洋，並無異議，惟其契約期限以三年爲度，歸國之旅費，由雇主支給，而工作時間，疾病之撫恤，均有規定。如不照規定辦法辦理，一律禁止，否則以非法論，定予嚴辦。二、凡用強迫拐誘手段，招華工出洋者，根據國法，處以死刑。三、出洋之處，以通商口岸爲限，以便外國領事幫同辦理。

當時豬仔販賣以澳門為中心，葡人本取放任主義，後經英德法政府之勸告，乃於一八七五年明令禁止。

美洲對於豬仔之虐待，頗為一般人道主義者所不滿，頗有抱同情於豬仔者。一八七一年有目覩者曾論之曰：「吾信苦力貿易，其罪惡與販買黑奴相等，當其運送之際，黑奴所受之痛苦，未必不較苦力為甚。然一抵目的地，身有所屬，則雇主為利益計，常保其相當安全。苦力則不然，彼等嘗語我，謂所遭不逮黑奴遠甚。蓋其民族文明較高而知識較進步故也。」（註）

秘魯之苦力，聞美國人之同情，上陳情書於利馬之美國公使，備訴其苦狀，請求美國政府之斡旋，上達清廷要求援救。美國政府乃命駐華公使轉交此陳情書於總理衙門，並忠告其謀救濟之方。繼而古巴苦力之陳情書亦來。清廷乃受英美兩國公使之勸告，派員前往調查。一八七四年總理衙門差陳蘭彬為專使，與海關服務之外國人馬克佛遜（A. Macpherson）與胡伯爾（A. Huber），至古巴之夏灣拿，視察苦力收容所，監獄以及各大農場，聽受一千七百二十六人之口供，接得陳情

（註）Von Hubner: A Ramble Round the World, p. 607.

書八十五封，由一千六百六十五人簽名者。其調查之報告書，略述之如下：

「據苦力之口供及陳情書，全數十分之八，爲誘掠而來。在航程中，備受虐待，其被擊傷致死，自殺病亡者占百分之十。卽抵夏灣拿，被售爲奴，祇有最少數在家庭及商店中服役，大部分爲蔗田之苦工。而以後者受虐最甚，工作煩重，食物不足，且動以鞭撻，或加囚禁。歷年以來，有大多數之苦力鞭撻而死者有之，因傷致命者有之，懸樑而死，切頸自殺，服鴉片自盡者有之，投井入鑊而死者亦有之。我人所見之苦力，有殘其手足者，有破頭者，有缺齒者，有刵耳者，有寸膚破傷者，足證其言之非誣。幸而合同期滿，則僱主必強迫更訂新約，住期限在十年以上，受苦如前。此皆吾等親見而親聞者。」(註)

此調查書引起世界之注意，西班牙此種之變相的奴隸制度，不堪世界輿論之非難，遂於一八七七年訂立條約，取銷契約勞工，而去澳門之封閉苦力收客所已三年矣。此約規定古巴華工應享受最惠國條款待遇，中國允華人自由出洋，但需向海關領取護照，經西班牙領事簽字，抵古巴後，皆須在中國新設之領事館登記。契約華工未滿期者，仍繼續工作，惟與新來者享同等待遇。其合同已

(註) Morse: The International Relations of the Chinese Empire, VII, pp. 179–180.

滿者，或留或去，聽其自便。

中國與秘魯亦於一八七四年訂通商條約，其關於華工之規定，秘魯聞有受委屈之處，請中國政府派員前往調查。秘魯政府通令地方官吏實力襄助盡職辦理。如有虐待之事，而契約未滿者，可報告地方官廳設法處理。如雇主不認有虐待情事，則由地方官吏就近傳訊。若華工仍抱不滿，可上訴高等法院，由秘魯政府派員查復。華工在秘，受最惠國條款之待遇。如契約期滿，由雇主出資送還。如契約上未載明是項條件，而工人無資回國者，則由秘魯政府出資遣其回國。

自此後，新大陸之苦力販賣之事件，得完全廢止。

【英屬圭亞那之契約華工】英屬圭亞那之招募契約華工，約與古巴、秘魯同時。或謂其契約華工之輸入早在一八四四年。但有正確之記載可稽者，則自一八五三年至一八六六年，有華工一萬一千八人入境，一八七三年有四百人前來，一八七八年又有五百人入境。其初期入境者名曰契約工人，而其待遇未免有虐待情形，所謂契約其名而豬仔其實也。自一八六四年移民條例規定後，乃無虐待之舉。一八九一年又修正移民條例，檀香山之保護契約工人條例，即取法於此。

據一八九一年之移民條例，契約工人工作時間定爲五年，每日工作七小時，星期日及例假日除外，在室內工作者得延長至十小時，但無論如何，不得以七小時不能作完之事，強使工人額外工作。工資分計時計工兩種，計時者每日至少一先零，計工者另有標準。工人必須在農場居住，惟可告假他去。僱主如虐待工人，工人得向法庭起訴，田主當受刑事處分。如契約滿期，工人應得一繳免狀，然後去留聽其自由。凡居留十年以上者，可以領取半費回國。

移民條件實行之初，並設移民委員於喬治城（Georgetown），每年視察各農田兩次，如有特別控案，亦復臨時視察。醫官由農場之雇主聘任，不受政府管轄，故有需醫甚亟而卒未能得之者。

總之，英屬圭亞那之契約華工，雖無明顯之戎功，但約滿而後，爲自由移住者，其成功甚巨。其中因無資回國，乃作永住計。一八七〇年間，華人建設居留地名曰希望城（Hopetown），其居民之清潔勤勞，在圭亞那頗博佳譽。

【檀香山之契約華工】檀香山自十九世紀中葉以來，因蔗田開闢，製糖業大盛，需要勞工，一般輿論，以中國苦力爲最適宜。檀香山農業公司於一八五〇年八月，遣甲必丹卡斯（Cass）領帆船地鐵斯號（Thetis）至中國招工，數月後，招募中國農田工人一百九十八人及家庭僕役二十人回漢挪路盧，因中國工人之勤勉安分，爲公司所嘉許。一八五二年又遣卡斯至中國招募華工百人。計自一八五二年至一八六四年間，中國工人之至漢挪路盧者凡七百零四人。此等工人雖亦拐誘而來，但其命運，比之秘魯及古巴爲佳。卡斯所招募之苦力，其期限爲五年，工資月給三元，衣食住由公司供給，當時一人之船資五十元，衣食住之費用月約五元，合之船資按月計之，每月合計約九元云。其中之任家庭僕役者工資更優，最多者月有十六元，故華工多招其親友同來。

當時之華工，十九在蔗田及咖啡田中工作，其勤勉凡檀香山政府及各農場皆認爲滿意。一八六五年，檀香山國王遣植物學家威廉希來布蘭博士（Dr. William Hillebrand）爲移民專使，至中國招募農田工人五百名。希布蘭於一八六五年四月自漢挪路魯出發，所遣二船，前後回檀島，一船名阿爾貝爾多（Alberto）自香港招工人二百五十八人。一船名盧蘇（Rosooe）招工二百七十五人。均訂五年之契約，約滿去留者聽。一八七四年，檀香山內務總長與中國苦力貿易之承辦人，簽一契約，招入華工百人，用費共二千五百元。

自一八七二年至一八九二年間，檀香山政府通過法律多種，均特別保護契約工人，其待遇工作時間均有規定，所訂契約需得兩方同意。凡雇主虐待工人可向法庭起訴，如查明屬實，僱主須受處分。

檀島移民局之報告，自一八八八年至一八九〇年間，蔗田之契約華工平均每人每月工資，十七元六角一分。自由華工所得亦不過十七元四角七分。

自一八七五年起，始有反對華工入境之事。終於一八八五年至一八九五年間，通過各種移民條件。一八八八年全島農田工人有一五、五七八人，中有華工五、七二八人。一八九五年修正移民律，允僱主招募華工入境，但每年至少另招歐美工人十分之一。一八九七年華工遵此律入境者，共七、三六四人。

一八九八年，檀香山合併於美國，遂禁止華工入境，以迄於今。

【英屬馬來亞之契約華工】英屬馬來亞之初期契約華工，亦不免含有豬仔之意義。初期南來之契約華工，其身價較新大陸之豬仔較低，但其經招募者之種種剝削情形則同。

華工往南洋之乘船情形，其惡劣亦不亞於秘魯及古巴也，開茂郎(Cameron)曾論之曰：「華工之死，雖與船主利益有損，而資本無虧。以載客愈多，獲利愈厚，船本可容三百人，而載以六百，縱途中損失二百五十名，較之按照定額不折一人登陸者，利猶過之。蓋一則以三百五十人入市，而一則祇三百人也。雖一八七四年海峽殖民地政府頒布取締條約，規定人數，但其後之二年，尚有逾額私運者。其方法卽船離中國口岸後，潛泊口外，另以小舟運客至，及抵海峽，則先停口外，將額外乘客分裝他船，然後入口云。」(註)

南洋豬仔多在錫山或農田中工作，其受白人之虐待，以及漢奸之爲虎作倀，氣候不良，蛇虎出入，其慘狀亦不亞於美洲。

南洋豬仔與美洲辦法略異者，卽所謂欠費制 (credit-ticket system) 卽其移民皆賒欠旅費也。當一八七六年間，新加坡及檳榔嶼有客販（豬仔販）與汕頭、廈門、澳門之客館（豬仔館）通聲氣，客館之主人託客頭於廣東各鄉村，招募苦力，且爲之雇舟運往海峽殖民地，其旅費則於旣

（註）Cameron: Malaysia, p. 41.

達目的後，向僱主索償之。此卽所謂欠費制是也。

契約工人既至新加坡，客販先登陸，訪求雇主，雇主既得，乃令工人登岸。客販交工人於雇主。招用華工一名之費用合招募費及船費計之，約十三四元，而客販則索價二十元至二十四元，由雇主墊付。工人須作工六月，不取工資，但衣食由雇主供給，或作工一年，雇主於工資中扣還，此一八七六年情形也。如一時苦力市場不佳，則送往客館，再尋工作。客館之主人，多為三合會之領袖，當時檳榔嶼以陳德(Tan Tek)新加坡以梁亞保(Leong Ah Paw)最有勢力，包辦一切苦力貿易，故虐待壓迫之事，在所不免。

契約華工之工作，初在半島之錫鑛及農田中，一八七〇年輸入蘇門答臘，一八八七年更輸入婆羅洲。計一八七七年欠費華工之在星加坡登岸者凡二千六百五十三人，卽占全入口工人數中三分之一云。一八七七年海峽殖民地通過移民條例，規定派任華民政務司一人駐星加坡，卽畢騏麟氏，華民副政務司一人駐檳榔嶼。限制入口華工船隻之行動，由政務司與其僚屬檢驗乘客，以察知欠費勞工，是否出於自願。准予設立移民局，以備收容契約工人之用，並令華工契約，一概註册。一八八〇年，又修正條例，凡契約華工之出於自願者，抵埠後，即可登岸，赴移民局，工人拘留於移民局至多不得過十日，如十日以後，尙未有職業者，由招募人自備船費，送之回國。時移民局未設立，則以客館代之，給以牌照，規定章程，由政務司派員時加檢查，以資監督，然流弊仍所不免。

一八八〇年以後，半島日闢，需工更亟，初蘇門答剌島於星加坡及檳榔嶼輸入華工。自一八八五八年北婆羅洲開闢煙田，北婆羅公司亦自海峽殖民地輸入華工，自三百九十八人（一八八七年）增至七千二百二十三人（一八九〇年）。因苦力市場大盛，故招募工人之招工人大活動。當一八九〇年間，招募苦力一名往海峽殖民地，所費不過十四元至十六元，而募往蘇門答剌及婆羅洲，雇主所付之移交價格則自八十元至九十元，其利益皆豬仔販所得。故誘拐強迫之事，迭有所聞。當時豬仔向華民政務司呼籲之稟帖，舉其一二，以見豬仔販作惡之一斑。

其一「具稟人莊篤坎，爲拐匪設阱陷人，賣充苦役，懇恩查究，以警奸頑而安窮旅事。竊坎籍隸福建泉州府晉江縣。寃因本年九月杪，在廈門附搭輪船，出洋謀生。至十月初抵叻港，隨衆登岸，突遇二三拐匪，迎面而來，僞作採問親友，坎以人地生疏，不識路徑，該匪即乘間詢問，假意慇懃，作爲前導。遂引至鑒光嘛呅呷鑾興客棧內，置於幽室。時坎驚甚，欲出不能。越宿該匪挾赴英署，卽以甘言蜜語，教授供詞，坎姑漫應之。迨至英官問坎，是否甘願傭工，坎稱不願，英官立命該客棧主帶回。豈知該匪另行幽禁，重加酷打，謂認願則生，不認願則死。且又以西洋強水，浸虐皮膚，其悽慘痛切，有不堪言狀者。坎以一介庸愚，受其百般煎熬，無奈聲稱甘願，遂被押配落船，往日裏僻處賣充苦役。時同舟亦有二十餘人，同遭斯慘，舉目相視，昏無天日，惟有含冤飲恨，坐以待斃而已。幸遇閩商陳天賜等，將往日裏貿易，在舟詢悉顛末，惻然動念，鳩集五十餘金，向懇棧押客之夥陳亞保，懇贖此身，網羅得脫，生還有日。惟念滿腔冤抑，伸訴無由，茲幸仁憲大人福星照臨，以故據實瀝陳，伏乞恩准查究，以儆奸頑而安窮旅，庶幾小民有天，感恩無地矣，切叩。

其二「具稟下民劉芳祥，係廣東高州府石城縣人。稟爲匪徒暗害，拐鬻爲傭，乞恩追究匪黨伸冤雪恨事。竊蟻舊歲由唐來叻，曾搭鄭達川帆船出洋，是幫同船共有十八人，詎料揚輪數日，偶遭不測，該輪被漂往別處。經已月餘，途中餓死甚多，糧食不繼，後停泊丁家爐地面。該船主達川，不特不爲救饑，反起不良，將蟻及胞弟親戚等五人，賣與番人，押落船來叻坡客館。似此行爲，天理何存，良心安在。民等寃屈難伸，迫得瀝情叩訴，伏乞憲臺察奪施行，查究胞弟並親戚之事，判斷明白，救回殘軀，得歸故里，非獨弟一人沾恩，合家大小，皆感激靡涯矣。」（註）

自一八八〇年以來，中國官吏嚴禁誘拐豬仔出洋。一八八八年有客販曾將華工數名，刧至香港，誘往新加坡而轉輸蘇門答剌，爲兩廣總督所聞，立命斬首於汕頭。禁令雖嚴，而誘拐之風不能絕，反因是令苦力市場價格提高而已。

一九〇二年，海峽殖民地另訂移民新律，擴張華民政務司之權力，凡特許移民局以外之地，政務司可以加以搜查。華工自中國某埠至海峽某埠旅費之最高限度，政務司可以隨時訂定之，但其弊端終無法斷絕。一九一〇年英國殖民部覺此種辦法，非根本改善不可，遣巴爾氏（C. W. C. Parr）調查其事，遂決定廢止。一九一四年宣布廢止海峽殖民地、馬來聯邦及英屬婆羅洲之契約華工。惟吉蘭丹因特殊情形，至一九一六年廢止之。

（註）見三洲府文件修集。

【荷屬東印度之契約華工】 荷屬蘇門答臘島種植煙草，勿里洞（Billiton）開發錫鑛，亟需勞工，故荷屬東印度之華工，幾皆全往該二地。初期之契約華工，係一八七〇年間來自海峽殖民地者。當時之往新加坡及檳榔嶼之自由華工，亦爲客販誘賣至蘇島。計一八七四年自海峽運往日里（Deli）之煙田者四十八人，翌年增至一千零八十八人。至一八八〇年乃直接自汕頭及廈門輸入，於是自海峽轉輸者，一八八九年凡一萬三千五百五十四人，至一八九〇年減至一萬零四百十四人矣。

一八八九年，日里煙田之雇主，因客販對於契約工人之把持，乃直接向中國輸入。由七十四家大種植場合組一招工機關，遣代表至中國內地，募工直輸入蘇島。其內容契約，受蘇門答剌漢務司之監督。工值則第一年每月六元。或給一煙田一方，由工人種植，而售煙於雇主，抵其預支之工資，則工人每年可得一百二十五元。一般僱主，每月頒給工人以値二元之米，餘款則以銀與之，食住醫藥由僱主供給。另設小雜貨店一所，售賣雅片及其他嗜好品，售價較市價略高。

華工之入口處在日里等處，荷政府設有移民收容所，至一九〇六年改爲永久機關，有局長一人，常駐吧城，副局長分駐日里、籠葛(Langkat)及巨港，常川巡視各農場，以視苦力之工作狀況，並聽收一切訴狀，轉達地方官吏審理。但各農場之待遇甚暴虐，比諸馬來亞之豬仔，未見其優勝也。

邦加及勿里洞之鑛工，均直接向香港募集。邦加鑛工其工資按量計算，每月可得工資十二盾，餘食住醫藥，由僱主供給。勿里洞鑛工亦按量計算，但一年終總給一次，其中關於必需品可向鑛場供支，而飯食自給。其契約大多數為三年，來時旅費，規定為三十盾及雜費十盾，均由工資內扣還，此亦與英屬相同。

【太平洋羣島之契約華工】太平洋羣島中之法屬會羣島美屬及紐絲倫委任統治之薩摩亞羣島，英屬菲濟羣島，均有契約華工。

法屬會羣島之中國契約華工，以一八七〇年左右之馬卡隄(Makatea)島開採鳥糞屑時，自廣州輸入之華工為嚆矢。其後事業不振，此等契約華工乃分散羣島中之其他各島。羣島中之大溪地(Tahiti)在一九〇〇年間，有華僑二千餘人，中有契約華工，亦自香港輸入者。

西薩摩亞島在德屬時代，已自中國輸入契約工人，至一九一三年，已為第七期工作於椰子及樹膠農場中，由溫德公司（Wendt Co.）經理。其契約以三年爲期，工資每月二十馬克，旅費在工資中扣算，食宿由僱主供給，每日工作十小時，如在華氏百度以上，則減至九小時。星期及假日休息，平常不得擅離農場。期滿可另受僱於他農場，否則回國，不得居留爲自由移民。計戰前在西薩摩亞島工作之契約華工，凡二千二百人。

歐戰時西薩摩亞爲紐絲倫占領，根據白紐絲倫主義，不主張使用華工，故契約苦力陸續被遣回國。至一九一九年，遣回者一千二百五十四名，其中死亡者一百八名，僅餘八百三十八人。

戰後西薩摩亞委紐絲倫統治，終因工人之缺乏，又主張招募華工。於一九二〇年向廣東政府立契，招募華工，其招工事務歸紐政府辦理，費用則歸雇主。工人定三年至六年契約，工人登岸後，分別選用，或充農夫，或充家僕，或亦服務於政府。工資最初三年，每月三十先零，後酌量增加，至少每月增十先零。食住歸雇主供給。每日作工九時半，如熱度在華氏百度之上，則減至九小時。中國設有領事，管理華工事務。計一九二一年輸入之華工，凡一千四百三十人。

非濟島爲英國直轄殖民地，一九一一年有華僑三百五十八人，一九二一年，增至九百十八人，其中大部分係從事種植業之契約華工。

拉腦(Nauru)在德屬時代已有契約華工五百九十二人。在一九二一年，澳洲委任統治時，有五百九十七八多工作於燐鑛（鳥糞層）場。

太平洋羣島契約華工之待遇，並未見優良，尤以初期時代，殆與美洲之豬仔不殊。試觀甲克倫敦(Jack London)所著之小說 The Chinago，以大溪地之中國工人為背景，而述白人監工者虐待之情形，亦可推想其悲慘生活之一斑也。

【南非洲之契約華工】　南非洲之布爾(Boer)戰事後，自一九〇〇年以來，脫蘭士哇(Tran-svual)鑛業發展，亟需勞工。尤其鑛業區蘭德(Rand)地方，因土人加富耳人(Kaffir)不適於用，而白人數亦少，鑛業部長范來爾(Sir George Farrar)主張招致亞細亞勞工，脫蘭士瓦省長密納爾(Lord Milner)贊成之。至一九〇三年勞工缺乏之情形更為顯著。是年二月，蘭德土人勞工協會(Witwatersrand Native Labor Association)遣斯金納(Ross Skinner)赴美國及遠東調查勞工情狀。調查之結果決定招募華工，從事金鑛工作。時南非洲之亞洲勞動者，均係印度苦力，其人數之多，及勢力之巨，已爲白人所嫉視，故改招中國工人也。

一九〇四年，英國國會通過南非洲招募華工條例。由倫敦中國公使，轉知總理衙門，得中國政府之同意，允許華工出國。計自一九〇四年至一九〇七年，中國工人繼續輸往南非洲，前後凡五萬餘人。茲將一九〇四年至一九一〇年間，脫蘭士哇之中國鑛工人數，列表如下：

工人數／年別	白人	有色人	中國人
一九〇四年	一三、〇二七	六八、四三八	九、六六八
一九〇五年	一六、二二七	九一、〇八四	三九、九五二
一九〇六年	一七、二一〇	八四、八九七	五一、四二七
一九〇七年	一六、七七五	一〇五、九一五	四九、三〇二
一九〇八年	一七、五九三	一三九、八九三	二一、〇二七
一九〇九年	二〇、六二五	一六一、七九五	六、五一七
一九一〇年	二三、六五一	一八三、六一三	三〇五

當時招募華工事務，由開平鑛務公司太古輪船公司經理，於秦皇島及煙臺招收山東直隸二省之苦力，運往南非洲之都班港（Durban）。翌年曾招募廣東苦力五百人，因不及山東直隸之工人之易於管理，故嗣後所招工人，均來自北方。

招募事務，由開平公司等擔任。約翰紐斯堡之鑛業公會，派遣醫生，在秦皇島等苦力收容所，專檢查苦力之體格，大概應募之苦力，體格及格者不過四分之一。此合格者，則收留於收容所，食宿由公司供給，其數達五百人至三千人時，則運往南非洲。每人簽定雇傭契約書，給與金屬之號牌一個，并各印取指紋，以備將來犯罪時之查考，再納中國政府每人人頭稅五元，即乘英國船運往都班。計工人一人所需之費用，一、招募費二元，二、收容所之費用四元二角，三、船中之食費九元，四、旅費四十元，五、安家費十元，六、雜費一元，合計六十六元二角。加之移民公司辦事人員之薪金，所納於中國政府之人頭稅，平均苦力一人需費九十五元云。

契約華工工作之年限及地域，由公司規定。其勞動年限，普通二年至五年，期滿送還中國，旅費由雇主擔任，以限制期滿後留居不返。

蘭德地方，中國工人之工作爲採鑛及運鑛等苦工，其工作時間，普通每日十二小時。工資以工作之效能爲準，最高工資每日可得二先零，最少者每日一先零。此外衣食住及往返旅費由雇主擔任。工作在旅程中及移住地生病，由雇主擔任一切醫藥費用。據一九〇四年之中英招工條約，雇主不得虐待工人，但虐待之事實不能免。初白人監工因不通中國語言，不明中國人性質，時啓糾紛，工人不堪白人之體刑，起而反抗。結果乃改用中國人爲監督，其最高監督爲大苦力頭，下設若干小苦力頭，以管理工人。中國工人在工作時以及休息時間，其行動極端限制。如蘭德地方，於鑛區附近，設立宿舍，以供工人寄宿，宿舍四周，圍以高垣。工作除往鑛山作工及赴他宿舍訪問友人之外，絕對禁止與外人往來，但工人尚時有逃走之事。據外人之說，此逃走之原因，卽工人在此隔離所（卽苦力宿舍）內賭博及吸食雅片之結果。卽工人因煙賭空其囊，乃向小苦力頭借二分以上之利債，負債漸多，終不能償，乃以一走了事。實則其最大原因，則尚係雇主不顧及勞動者之慾望，僅以牛馬與商品視之，幽之於隔離所，使與人類社會毫無往來，工人不堪此變相之牢獄故也。

據一九〇四年中英條約，中國工人如待遇不平，有訴訟之權。故脫蘭士哇政府規定有取締中國工人之特別法，卽處理中國工人之無理由停工與逃走等罪。其於中國工人犯罪一切之訴法，則歸普通法院受理。但其後脫蘭士哇政府因訴訟疊出，不堪其煩，乃對於中國工人之一切訴訟，概不受理，且給予雇主對苦力有執行鞭撻私刑之權，大爲輿論所非難。此消息傳至英國，華工問題幾成內政之爭點，一九〇六年統一黨之失敗，自由黨之代起，皆華工問題有以致之。結果脫蘭士哇政府聲明取消上述之私刑制度，而特設中國工人之法庭，以受理華工訴訟事件。

南非洲之華工，英人自認爲結果不佳，故自一九〇七年六月起，凡契約期滿，卽行遣送回國。

【歐戰華工】　參加歐戰之華工，爲歷年來契約華工中之成績最佳者。自一九一六年下期至一九一七年下期，協約國因國中壯丁多赴前線，有招募工人之必要。英法俄均向中國招募華工，英國所招者計五萬人，法國所招者計十五萬人，俄國所招者計三萬人，合計二十三萬人云。

法國第一次所募之苦力，約山東苦力有七百人，於一九一六年二月，自青島運往法國。第二次以後，則由中國人經營之惠民公司經理。翌年招募者有五千人交由法國代表人，自秦皇島赴法，一部分則輸往阿爾及爾及摩洛哥。又自一九一六年至一九一七年，法國曾在上海招募機械工人五百人至法。其後法國續在天津、濟南、浦口等地，續招工人，而以山東之苦力爲主，直至一九一八年休戰條約成立，直接間接法國所招之華工，計十五萬人。

英國始於一九一七年在威海衞招收山東苦力凡五千，輸往巴爾幹半島。其後在山東膠濟鐵路大規模招募苦力，其中有機械工人。直至一九一八年休戰後，尙繼續招募，而至一九一九年爲止，總計五萬人多輸往巴爾幹及西部戰線。

俄國政府自一九一六年在東三省之中俄邊界及天津、山海關招募苦力約三萬人，赴頓河地方鑛山作工，及在東部戰線服務。由俄人設立之義成公司、泰茂公司經理之，由西伯利亞大鐵路前往。

法國招募華工之條件，試以惠民公司爲標準，雇傭期間，以五年爲限。中國工人之工資，每日五法郎，如供食者則三法郎二十生丁，供食住者三法郎。如有手藝工資加多。衣服及旅費醫藥由法方供給。供給食料者，其一日最低限度如下：

一、米一百格蘭姆。二、麥一千格蘭姆。三、肉或鹹魚鮮魚一百八十格蘭姆，又乾魚一百格蘭姆。

四、青菜二百三十格蘭姆或乾菜六十格蘭姆。五、茶十五格蘭姆。六、豬油或菜油十五格蘭姆。七、鹽四十五格蘭姆。

中國工人出發前每一名付安家費五十法郎。每日作工十小時，星期日及假日休息。在契約期內死亡者，給撫卹金一百三十五法郎至二百七十法郎，與其遺族。同性質之勞動者以二十五人爲一班，以一人爲頭目，工資每日另加二十五生丁。一團體以內另置翻譯一名。中國工人如無理由怠工及有不正當之行爲，則解除契約，由便船送回中國。中國工人與雇主之爭議，不能和解調停者，則由該地方法國法院裁決之。

英國招募之華工。衣食住由雇主供給，工資月給二十二元，工頭二十四元，如在兵工廠作工則自三十元至七十元，其頭目自四十五元至九十元。勞動時間，規定二年。工人之工資二十二元，其中十二元交本人，十元付其中國家族。旅費及醫藥費歸僱主供給。出發之時付安家費二十元。

俄國招募之工人每月工資三月一百盧布（當時合一百元），衣食住歸雇主供給，飯食每日二次，一次給予黑麪包一磅四分之一。

赴歐之華工，自青島、威海衞、秦皇島開船。英法輪船初繞好望角，以避德國潛艇之襲擊，中途延緩，約二月至馬賽。後英國爲迅速起見，經美洲至法，約三十九日可達。英法對於華工之優待，開契約華工未有之先例，但沿途之危險亦多。一九一七年法船阿德斯號（一萬二千噸），載華工七百二十名，自上海出航，在地中海爲德國潛艇所擊沈，華工溺死者五百人云，計大戰中華工爲德潛艇所攻擊，死者共七百五十二名云。

法國招募之華工，以山東人爲最多，直隸、廣東、福建、江蘇、安徽等省次之。苦力工作多爲軍需品搬運夫，鐵路工人，掘戰壕等工作，手藝工人多在兵工廠作工。其待遇如上所述，實不得謂之不優。各工場有基督教青年會所設之俱樂部，工人於國慶日，常演劇慶祝，亦頗自得其樂。在兵工廠作工者最重之處罰，爲私藏彈丸及其他危險品，發覺者遠戍絕島。初次犯賭博者，罰金十五法郎，初犯飲酒者罰金七法郎，再犯三犯，罰金逐次增加。此外違犯工場工作者，罰薪三日至五日，及拘禁三日至二星期云。

法國招募之華工大部分在大本營附近服役，故危險較少。英國招募之華工，多在前線工作，當一九一八年三月德軍進攻之時，有多數華工，在火線之內，以鎌鏟與德兵性命相搏。計戰時英國，招募之華工身死而葬身於法國者，約兩千人。

俄國招募之華工之情況，較英法華工之待遇，相差甚遠。華工招募後，違背契約不給工資。此等苦力於五月應募時，給與夏衣一襲，秋去冬來，而不與以防寒具，故有凍死者。飯食一日二次，每次與黑麪包一磅四分之一，此外毫無魚肉蔬菜等副食物。罰則極嚴，苦力犯規則時，動輒槍殺。某次中國工人因不堪俄人之虐殺，起而反抗，殺俄兵七人，俄國軍隊聞變，乃調大軍包圍之，華工三百名均被槍斃。在前線工作，遭德兵襲擊而死達七千人，及在鑛場死者達五百人。一九一七年俄國大革命勃發，華工乃解散，有投入赤軍者，有移殖至西伯利亞者，其回國者亦有之。

大戰終了後，歐洲華工任務完畢，漸次遣還，至一九二〇年，全部回國。但法國所募華工，尚有少數留居法國者。

本節參考文獻

MacNair: The Chinese Abroad.

MacNair: Modern Chinese History.

Compbell: The Chinese Coolie Emigration.

Ta Chen: Chinese Migrations.

Morse: The International Relations of the Chinese Empire.

Clemente: The Chinese in British Guiana.

Coman: History of Contract Labor in the Hawaiian Islands.

小山清次——支那勞働者研究。

溫雄飛——南洋華僑通史。

華民政務司——三州府文件修集。

國務院僑工事務局——調查在法華工情形編。
商務印書館——中外條約彙編。

第四節　中國移殖民之排斥與政府之保護政策

【中國殖民政策之轉移】　中、英雅片戰爭之結果，於一八四二年訂立南京條約，其第二款有云：「嗣後大清大皇帝，大英國君主，永和保平。所屬華、英人民，彼此友睦，各住他國者，必受該國保佑，身家安全。」試觀條文，似兩方平等。然按之實際，則係片面，華人並不能受英國保佑其身家安全也。及至一八五八年英、法聯軍之結果，訂立四國天津條約。其中、英條約第十八款於中國對英人生命財產之保護，詳加規定，而對於中國人方面，無一字道及此，比之南京條約則反爲片面的矣。推原其故，因中國前此有出洋之禁，當時洋禁雖弛，而政府尙未明認中國人民出洋，有受政府保護之權利也。又該約第七款，英國得派外交官於中國，享受最惠待遇，但亦係片面的，因中國向不主張遣使出國保護僑民也。

中美訂立天津條約，美國全權列威廉（William B. Reed）之代表甲必丹杜普（Captain Dupont）與直隸總督譚廷襄之談話，有論及中國遣使保僑事，據其通譯馬丁（W. A. P. Martin）之紀載如下：

甲必丹杜普提議中國應派領事赴美，以便照料中國僑民。

總督——敝國習慣，向不遣使國外。

杜普——但貴國人民，在太平洋沿岸者，人數甚多，不下數十萬。

總督——敝國大皇帝撫有萬民，何暇顧及此區區飄流外國之浪民。

杜普——此等華人在敝國開掘金礦，頗有富有者，似頗有保護之價值。

總督——敝國大皇帝之富，不可數計，何暇與此類游民計及錙銖。（註）

此可見及當時中國政府對於外國移殖民之態度也。

英、美、法天津條約，皆載明各國得設立公使領事於中國，但中國之得派領事赴美，享受對等之

（註）見 Martin: Cycle of Cathay, p. 160.

權利，直至十年後始行承認，其明文載在天津條約之續增條約第三條中，於一八六八年在華盛頓簽字，次年在北京換文。而一八六九年中英天津條約續約第二條，亦載明中國得遣領事分駐英國屬地受最優之待遇。但此約迄未批准。

一八七六年中英煙臺條約，又有關於中國領事住英屬各地之條文。當時中國已覺有遣派使臣之必要，故約中聲明中國現在派員出使之舉，另訂外交禮節章程云。

在煙臺條約未締結之先，中國禁止出洋之法律，久已等諸弁髦。中英第二次戰役之後，此律乃完全廢止。自一八五八年一月至一八六一年四月之間，兩廣總督葉名琛被捕，廣州實際被英法聯軍佔領，英領事巴夏禮（Henry Parkes）掌握統治廣州之權。時英屬圭亞那，方召自由華工入境，其移民局總辦奧斯丁（G. G. Austin）於一八五九年抵廣州，以巴夏禮之斡旋，得中國官憲之同意，允許華工自由出洋，而取締澳門之豬仔貿易。

一八五九年四月六日，番禺南海兩縣會銜布告，痛數豬仔販賣之罪惡，而對於契約華工，由中國官廳監督，始許出洋。廣東巡撫柏貴，亦明令允許契約華工出洋，而嚴禁其拐誘手段。一八五九年十二月二十八日署理兩廣總督勞崇光布告，英國委員在廣東所設立招工局，由中西官吏監督，許工人報名出洋。此爲廣東當局正式承認人民出洋之始。直至一八六〇年北京和約簽定，天津條約業經兩國批准，亦與同時換文。條約規定：「大清大皇帝允於卽日降諭各省督撫大吏，以凡有華民情甘出口，或在英國所屬各地，或在外洋別地作工，俱準與英民立約爲憑。無論單身或願攜帶家屬，一幷赴通商各口下英國船隻，毫無禁阻。該省大吏亦宜與大英欽差大臣查照各口地方情形，會定章程，爲保全前項華工之意。此爲中國政府對移殖民政策由禁止放任，而入保護時代矣。

中國對於移殖民政策，既由放棄而保護，是以遣使問題，遂爲刻不容緩之事。遣使之舉，已由條約規定，中國不得已，打破舊有之閉關政策，許各國遣使來華。並由列強繼續要求，遂亦有遣使出洋之舉。中國遣歐最初之使節，爲一七三三年之遣使俄國，但此在中西互換使臣條約之前。近代之遣使歐洲，則濫觴於一八六六年，中國總稅務司英人赫德(Robert Hart)，請假返國，中國政府特派滿大員斌椿偕往，視察歐洲外交情勢，歷倫敦、哥平哈經、斯德哥爾摩、聖彼德堡、不魯捨爾及巴黎而返，但無專使或公使之名義也。

一八六八年二月，中國政府任美國卸任公使蒲安臣(Anson Burlingame)，與漢大臣孫家穀，滿大臣志剛，爲全權大使自上海放洋經三藩市而至華盛頓赴倫敦歷巴黎、斯德哥爾摩、海牙、柏林、聖彼得堡蒲安臣客死於是，時一八七〇年二月也。志剛等歷不魯捨爾、羅馬各城取道蘇彝士運河回國，是爲中國第一次正式遣使卽外人所謂 Burlingame Mission 是也。此行最重要之成績，卽在華盛頓所簽定之中美天津條約之續約，其中關於中國移民者，有美國獎勵華工自由移住，禁止契約移民。兩國僑民有互惠的居住旅行之權利，卽外人所謂蒲安臣條約是也。當時中國朝野，亦均主張遣使，李鴻章尤主張之。一八七七年一月，設使館於倫敦，是爲中國在外設使館之始，郭松燾奉旨兼使英法，於一八七八年五月向法總統呈遞國書。同年十月，設公使館於華盛頓，陳蘭彬兼任美西兩國公使。一八七七年十一月二十八日，設公使館於柏林。一八七八年，何如璋出使日本。次年一月，崇厚使聖彼得堡。以上各使館，皆於光緒年間設立，未幾於日本南洋及美洲各國亦設立領事，其中之古巴、秘魯之設立領事，乃爲契約華工之虐待而設，卽呂宋（時屬西班牙）東印度諸領事之設立，亦含有保護僑民之意義也。(註一)

【美國之華工排斥】　自蒲安臣條約，獎勵華工入美，於是華人至美者日增，尤以加州古大部分，因工資低廉，爲僱主所樂用，遂漸爲白種工人所嫉視。一八七七年，加省忽入經濟恐慌時代，貿易不振，工事頓乏，而勤儉之華工，更成歐洲工人之敵。有奇尼亞者（Kearney）提議排華，得工人之信仰，其黨於金山市之海濱沙地，聚衆演說，醜詆華人，故名曰沙地黨（Sandlot）。沙地黨人以黃禍爲辭，排斥華人，博得下層社會之同情，奇尼亞等得當選爲州議員，於一八七九年通過新憲法，其關於排斥華工者，有各大公司不許用中國人，中國人不許有選舉權及不受服務於政府機關等條例。

自此憲法之成立，金山市之唐人街，遂成暴民橫行之地，拋磚擲石，乾唾熱罵，毆辱頻仍，刦掠相

（註一）郭松燾出使歐洲時，奏稱：「竊揆所以設立領事之義，約有二端：一曰保護商民。遠如祕魯、古巴之招工，近如南洋之日國（西班牙）所管轄呂宋，荷蘭所轄之婆羅洲、噶羅巴、蘇門答臘，本無定立章程，其政又近於苛虐，商民間有屈抑，常苦無所控訴，是以各處民商，聞有遣派公使之信，延首跂望，盼得一領事，與以維持，揆之民情，實所心願，此一端也。一曰彈壓稽查。如日本之橫濱、大阪各口，中國流寓民商，本出有戶口年貌等費，改歸中國派員辦理，事理更順。美國之金山，英國之南洋各埠頭，接待中國人民，視同一例，稽查彈壓，別無繁難，準之事勢，亦所易爲，此一端也」（清季外交史料）。

續，一時加省幾陷於無政府之地位。至一八八〇年之選舉，沙地黨乃亡，但加省辱華之積習，至今未去。

加省之排華，波及其全國，其最殘酷令人酸鼻者，爲維明省（Wyoming）之岩泉（Rock Springs）慘殺事件。

一八八五年九月二日，維明省岩泉有圍攻華工並縱火殺人事，據該省省長向中央請兵時言，「先是烏亭（Utruak）甘泉（Sweetwater）均有煤鑛工人聚集密議定妥一切，於九月二日，糾衆數千人明火持械攻岩泉華工最多之村，見人卽殺，見屋卽焚，華工手無寸鐵；只能退避至鄰近伊凡頓城（Evanston）。事後省政府至場檢查，槍死十六人，火中掘出五六十屍，不能掘出者，不知其數。家屋被燒被劫，逃身荒野者六七百人，暴徒聲言犯則處死。城中亦人寡兵稀，故請中央速發兵，維持秩序。事經二三月，流落華工始得返故居。」

事出後，被捕各犯，審判官以不能確指何人犯罪，一律釋放。中國駐美公使鄭藻如，提出抗議，結果由美政府撫恤十四萬七千元了事。

沙地黨之行爲橫暴不爲輿論所滿，一八八〇年加省之選舉，沙地黨遂歸銷滅。但限制華僑之政策，已爲美國中央政府所採納，乃與中國公使磋商，令我政府以自願限制之名義，定一條約，卽一八八〇年之北京條約是也。第一款有云：「大淸國與大美國公同商定，如他時大美國查華工前往美國，並在境內居住等，倘有妨礙美國之利益，或有騷擾境內居民等情，大淸國准大美國議暫止，或定人數或限年數，並非盡行禁絕，總須酌中定限云。此約於一八八一年互換，一八八二年實行。美國以是年五月六日由議院頒布限禁華人例案凡十五款，一八八四年改增爲十七款，是爲美國對華工設禁之始。據禁例十年之內，不許華工入境，船主偸帶華人入境者，應按照人數，每名處以五百元以下之罰金及一年以下之徒刑。工人之外，如商人學生遊歷者入境，須備有護照，入口時經美國海關之檢査，始許入境。

設禁之始，原訂以十年爲期，及一八九二年，美政府要求償限，我政府不與較，禁約遂續，再延期十年。一八九二年又頒布禁令，命華人之居美者，一概註册，華人之不知而未註册者，均被解遞回國。一八九三年之禁令，其所謂工商人之限制，凡一切勞力者如鑛工、漁夫、小販、行商、洗衣人均作爲工人。商人則需在一定地點用本人名義買賣貨物者爲限。如華商之返美者須得二美人證明其離美時曾經商一年者，始得入境。禁令之煩，執行之苛，試舉數例以證之。有一商人有罪入獄，罰作苦工，既出獄，竟視爲工人驅逐出境。有一飯館主人，因烹鮮宰生，以饗顧客，亦視爲工人，遞解回國。其最無理者，爲一九〇二年十月十一日，波士頓華僑正開同樂會時，突有警察多人，聲言逮捕非法入境華人，當場捕去二百五十八人，以數貨車載之，擁七八十人於一車，拘於二小室者一晝夜。結果祇五人爲非法入境者，遞解回國。其餘皆有護照合法之移民也。其餘合法入境之商人學者，常被留難或被拒入境。甚至外交官吏，亦屢有被侮辱之事。

第二次禁律於一九〇四年期滿，兩方並未續訂，而美國之禁律並未因期滿而中止。且因執行苛細，苛待商人學者之來美者及旅美僑商之故，引中國之抵制美貨風潮，由上海而波及全國，遠及新加坡，其最盛時在一九〇五年至一九〇七年。美商之在中國者，聞訊警告美國社會，美國各機關，如美亞協會咸請政府改採一較和平之政策。美國輿論亦與中國表同情。此後對中國人待遇較佳，又退還庚款，設立淸華學校，歡迎中國學生留美，中國人亦以最親善之友邦視美國矣。

實則美國對中國移民之限制，並不因親善而優遇。一九二四年頒布新律，凡來美外僑不得過一九〇二年人數百分之二。又來美留學之學生，須在十五歲以上，入勞動部認可之大學云。

美國排華之最初十年間（一八八〇至一八九〇年），全美華僑自十萬五千四百六十五人，增至十萬七千四百八十八人，其增加數不過二千人，較之十年前之四萬二千人，相差不啻霄壤矣。自一八九〇年至一九〇〇年十年間，華僑人數減至八萬九千八百六十三人，其減少數爲一萬八千人。其後十年，因移民律之繼續嚴厲執行，更減少一萬八千餘人，據一九一〇年之統計，全美華僑，僅餘七萬一千五百三十一人矣。

檀香山與菲律賓屬美後，又適用一九〇〇年與一九〇二年法令，禁止華工入口，與美國相同。

【坎拿大之華人限制】　一八八六年坎政府課中國人上岸稅，每名五十元，又限制每船五十噸，得載一人。但中國人仍源源前往，一八九一年有中國人九千一百二十九人，十年後一九一〇年增至一萬六千七百九十二人。於是自一九〇一年登岸稅增至一百元，然仍不足以阻止華人之入境，於是坎政府置中國之抗議於不顧，毅然自一九〇四年起將登岸稅忽增至五百元，此重稅限制方法之結果，頗有興味，茲述之如下：

卽一九〇四年上半年坎政府所希望之結果，其成效立見，卽中國人之入境者一人亦無之。自本年七月至一九〇五年六月，入境者祗有八名，一九〇五年七月至一九〇六年六月，二十二名，一九〇六年七月至一九〇七年七月，漸增至九十一名。一九〇八年以後，則每年陡增，其數如下表。尤以一九〇七年温哥華之排斥亞細亞人大運動，中國人之生命財產損失甚大（事後由坎拿大政府賠償），但不足以阻止中國人之入境，其數目增加之數如下：

一九〇七—一九〇八年	一、四八二
一九〇八—一九〇九年	一、四一一
一九〇九—一九一〇年	一、六一四
一九一〇—一九一一年	四、五一五
一九一一—一九一二年	六、〇八三
一九一二—一九一三年	七、〇七八

一九一三—一九一四年	五、二七四
一九一四—一九一五年	一、一五五
一九一五—一九一六年	二〇
一九一六—一九一七年	〇
一九一七—一九一八年	六五〇
一九一八—一九一九年	四、〇六六

自一九〇九年至一九一六年，人數驟增之理由安在？政府委員金氏(W. L. M. King)論之曰：「中國人初在國內，視此新稅則為無窮障礙。繼乃了然於其經濟情形。蓋在一九〇四年以前入境之華人，因後來限制工人之故，無意中得享專業利益。不須費組織鼓吹之勞，而所受保護，較任何工業團體為大。華人既了然於其保護地位，乃利用求過於供之事業，增加工資，數年之間，工資增加一倍。其為高等僕役者，乃在二倍以上云。」(註)

(註) Canada Year Book, 1920, p. 124.

至一九一四年前後，入境者減少，其有種種理由，一、一九一一年新律，凡以商人資格入境者，須具有身份之證明。二、一九一三年政府下令卑西省不許勞動人及工匠登陸，此令於一九一四年六月一日起實行。三、因歐戰影響，船隻稀少，且戰爭之結果，產業不振，勞動條件亦不優良也。

自一九一八年後，歐戰休止，中國移民又盛。一九一四年以來，禁止華人入境條例，中國學生不在禁止之例，故凡學生，倘能一切如例，則但須繳納登岸稅，即可入境。於是自一九一八年一九一九年，以學生名義入境者，數達四千零六十六人。故坎政府又嚴加取締，凡入境之學生，須有嚴格之證明文書，以防工人之假名入境。

一九二三年最後坎拿大頒布新移民律，禁止華人入境，祇有外交官，土生華僑，商人及學生，不在禁止之例。凡在坎華人，一例註册，違者處以五百元以下之罰金，十個月以下之監禁。入口輪船每載量二百五十噸，許載華僑一人。不合法之華人偷入境內者，處以十二月以下之監禁或一千元以下之罰金，再解遞回國。

在坎華僑，亦受種種法律之限制。一八九〇年卑西省之煤鑛管理規則，禁止中國人在地下勞動。一九〇二年，卑西省選舉法，禁止中國人日本人及印度人無選舉權。又卑西省議會於一九〇〇年通過議案，凡蒙古及印度人種，不得請領賣酒執照。沙市加温省（Saskatchewan）於一九〇二年通過議案，凡中國人、日本人及其他東方人所設酒館、洗衣作及一切商業或娛樂機關，不得僱用白種婦女作工。其他對於華人之歧視處尚多。

【白澳政策與排斥華僑】 澳洲自發現金鑛後，華工入境者日多，爲歐洲工人所嫉視，排華之運動遂起。一八五五年域省遂限制華工入境，規定輪船每十噸以一人爲限，並須納入口稅十鎊，且每年課華僑一鎊以下之稅。因此華工多由南澳登陸，而步行至域省金鑛，在一八五七年域省華工增至二萬六千三百七十人。南澳政府遂又於一八五七年援域省例，限制華工入口。顧域省工人猶以爲未足，並提出議會，凡非土生華僑而未入英籍者，每年須納護照費一鎊。然華人入口之數，仍日見增加，而達四萬二千八。於是又通過新律，華人入口，仍以每十噸一名爲限，其由海道入口者，須納入口稅十鎊，由陸道前往者納四十鎊。而每年又須納稅四鎊。條例既苛，人數遂減，至一八六三年域省僅餘華工二萬名矣。於是恢復一八五五年舊例。但域省金鑛熱潮已過，華工復麕集於烏修尾省之金鑛，一八六一年全省華工有一萬二千九百八十八人。遂引起一八六一年一月Lambing Flat之變；華工皆驅出鑛場，財產被毀。政府遂通過移民案，其限制條例，如域省一八五五年限制法相同。及至一八七五年昆省之勃爾摩(Palmer)金鑛發現，華工又紛紛前往，未數月而華工又達七千人矣。於是昆省排華之運動又發生。一八七七年，規定向金鑛華工，索取捐稅，惟英籍華人，不在此例。

中國駐英公使，因澳洲排華運動，根據北京條約第五款，向英政府抗議。因此反引起澳洲之反感，各省對華政策，取一致之行動。烏省議會通過新條例，改爲每船三百噸，得載華人一人，應付入口稅三百鎊，華人非得特許狀或護照，不得在鑛內工作。其他各省亦有限制，大概每船五百噸得載一人。惟西澳於一八八六年頒布條例，每五十噸一人，進口稅十鎊。達省於一八八八年頒布，每百噸一人，進口稅十鎊。一八八八年四月，有阿富汗(Afgan)載華工三百人至澳，因此引起排華運動。五月四日，雪梨開公民大會，要求政府及首相，禁止新來華工登陸，續發生攻擊焚毀華人居屋商店情形。且延及美利賓、貝拉納、昆士蘭等城。其借口謂華人移殖，卽和平侵略也。

澳洲史家杜納氏（Turner）曾論之曰：「是時全澳華僑不過三萬五千人，何足以爲三百二十五萬居民之累，」（註）此可謂公平之言論矣。

自一八八八年後，旅澳華人，逐漸減少，計一八九一年有三萬八千七十七人，一九〇一年有三萬三千一百六十五人，一九二〇年僅餘二萬零一百十八人矣。

自一八七七年以迄一九〇一年，澳洲各邦，對於亞洲移民，純取限制計劃。自一九〇一年以後，則根據語言測驗以實行禁止。先是一八九七年，南非洲之納塔爾（Natal）爲限制印度人大批入口起見，納塔爾立法院曾通過法案，強迫移民用英文填寫請求入口書。英國首相張伯倫即以方法介紹於澳洲各邦，即所謂納塔爾律（Natal law）是也。

一九〇一年澳洲聯邦之成立，蓋鑒於排斥移民條例，有統一必要之故也。聯邦成立後，即通過移民條例，除根據納塔爾律外，並包含前各省通過議案，以後又經一九〇五年、一九〇八年、一九一〇年、一九一二年、一九二〇年、一九二五年之修正。其第三節係專對亞洲移民而言，其重要之點，一、

（註）Turner: History of the Colony of Victoria, Vol. II, **p.** 272.

入境者須由移民局考驗英文或他種方言五十字，不及格者，不許入境。卽入境三年以內之僑民，亦隨時可受考試，苟不及格亦認爲違禁僑民，遞解出境。二、總督以人數已足或過剩，可隨意布告某種人在某邦某埠入境。三、於入境時，試驗不及格時，可交保證金一百鎊，於三十日內向政府取得優待證，可准其居留，他日出境，保證金亦如數交還，否則保證金充公，本人亦遞解出境。四、凡違禁入境者，應處以六個月以下之監禁，或將其驅逐出境，或先監禁再驅逐出境。五、凡輪船載違禁移民入境，及關於幫助犯禁者，均有嚴重懲罰。

此條例，以工人爲限（但採珠工人不在此例），而外交官、學生、商人不受試驗，但限制亦嚴。考試法施行後，其效果大顯，自一九〇二年至〇四年亞洲人口試及格者，僅三十二人，一九〇五年，及格者僅一人，自此直至一九一四年，並無一人應試及格者。自一九〇七年至一七年間，每年華人被拒入境者自五人至一百二十八人，同時免考入境者平均每年一千九百八十六人。

澳洲排斥亞細亞人以及有色人之政策，卽所謂白澳政策是也。

紐絲倫之排斥華僑，係受澳洲之影響，一八八一年初頒布限制條例，規定每船十噸載客一人，納入口稅十鎊。自一八八八年澳洲所謂華僑和平侵略之恐佈傳至紐島，遂修改限制條例，由十噸一人增至百噸一人。此數年間，華工漸由金鑛移居城市，一八九六年，全島華僑有三千七百十一人，遂引起紐人之反對，乃將一八八八年之移民律加以修正，增加入口稅爲百鎊，而限制輪船每百噸載客一人。自一八九七年後，紐島華人漸少，及一九〇七年人數僅有二千五百七十人。一九〇八年限制每二百噸載客一人，納入口稅一百鎊，並採取澳洲辦法，行英文試驗，至少以一百字爲限。船主如逾限載客者，罰金一百鎊。一九一六年全島有華僑二千一百四十七人。一九一九年後華僑人數忽增，因歐戰而後工人狀況變遷也。紐政府遂限制入境，華人每年不得過一百人。一九一七年通過外僑登記案，自十五歲以上，未入英籍者，皆須登記，否則處以五十鎊以下之罰金。惟外交官、商人、學生不在禁例，與澳洲相同。

【南非州之排華】 南非洲之移民問題，爲印度人問題，中國人旅居是邦不過千餘人，雖有五萬之契約華工，但期滿均遣送回國。中國自由移民大部分居脫蘭士哇。關於取締亞洲人之法律，始於一八八五年，規定凡屬亞洲民族，於入境後八日內，應在官廳註册，並須納稅二十鎊，後減爲三鎊。

一八九七年納塔爾通過移民新律，名納塔爾律，爲英國殖民部大臣張伯倫（Joseph Chamberlain)所主張者，以之介紹於澳洲、紐絲倫、坎拿大。此律於一九〇三年修正，據此律卽入口移民，須受文字試驗，凡不能識一二歐洲文字者，不許入境。一九〇七年，脫省通過嚴格之移民律，卽根據十年前成立之納塔爾律。華人所受之限制，卽亞洲人種，居住經商，皆有一定之區域，由當地官廳指定，不得於此地域之外購置不動產。不得與歐洲人同用一郵局、電車、火車，不得在街道旁步道上行走，不得經營鑛業，不得有選舉權，每夜九時後，不得在街上行走。

好望角於一九〇四年通過禁止華人入境新律，完全禁止男子入境。其已入境者，應在當地官廳註册。此律施行後，華僑一千三百九十三人而減至七百十一人（一九一七年）。

南非聯邦於一九一〇年成立。一九一三年通過移民律，一以納塔爾律爲藍本，內務部長認某種人於地方經濟上及其他關係，得拒絕其入境。自一九一三年至一八年，有華人六十四名，以文字試驗不及格及不良份子爲理由，拒絕入境。

移民官駐口岸及聯邦各地，有限制、逮捕及監禁之權，不服者得於比勒陀利亞、都班、好望角城三處法庭，提起上訴。居民除英人外，一時出境者，須領取執照，繳納捐費，得於三年內回非，不受移民律之限制。一九一三年移民律，意在禁止一切華人入境，惟華僑妻子不在此例，然仍以其居留地點爲限。亞洲人之土地限制法，爲一八八五年法律所規定。但亞洲人常以公司名義，出購土地。乃於一九一九年，頒布新律，凡本年五月一日以前以公司名義購買之土地有效，以後亞洲人無購地權。

【法屬安南之對華僑政策】　法屬南圻（交趾支那）於一八七四年三月十八日之法令，設移民局於西貢，分中國移民爲廣州、潮州、海南、客家、福建諸幫，凡中國人有意移住者，先加入某幫。當其乘船至西貢時，由移民局長及華僑之幫長接待之，先受醫生檢驗，如幫長允爲收留，即代爲擔保，向移民局領取臨時護照一紙，於三十日內有效。嗣後再領居留證一紙，一年內有效。其餘移住之華人，一概暫住移民局，俟經各幫收容手續後，始得自由，如無幫長收容，則遣送回國。

其在西貢以外各地登岸者，一切手續大略相同。如暫時入境者，可至西貢領取護照，得自由遊歷三個月，期滿不得續留。法領事所給護照，有同等之效力，可居留六個月。歸國者亦需要證書。一時歸國者，給予一年期間之許可證。向他省旅行者，亦需要護照，所到之處，皆受政府監視。警察對於亞細亞人之住宅，視爲可疑者，得加以檢查。

一八九七年與一九〇七年總督之命令，設立專局，華僑須受身體檢查，因照相及量身之結果，大招華人之反對。一八九七年與一九〇六年之法令，南圻之亞洲僑民十六歲至六十歲，除婦女及農工外，應納身稅數元至四百元，租稅二元至五十元，其目的即欲減少中國移民也。但其結果相反，徒爲殖民地政府增收入耳。

柬埔寨移民局以一八九一年十二月三十一日成立，凡居留遊歷及請領護照辦法，與南圻無異，但捐稅稍輕耳。

北圻（東京）與中國接壤，一八八五年法令，課中國人之稅，後經中國之抗議，乃於翌年稍加修改，而適用於亞洲人。每年每人納稅分爲四等，即三百、一百、二十五、十法郎是。其結果中國人裹足不前，北圻商業大受影響，遂於一八八〇年更訂辦法，凡華人之往北圻、中圻者，可於中國各省法領事處，領取護照，不收費用，此護照可於北圻、中圻遊歷兩月之久。一八九二至九三年又改訂陸路遊歷辦法。一八九二年九月二十七日之法令，凡由海道至北圻者，除向法領事領取護照外，當於上岸時加入某幫，並領取居留年證，如無幫長收容，則遣送回國。

中圻所訂辦法，與北圻無異，兩省所徵捐稅，均較南圻爲輕，計分僑民爲五等，所納自五角（農工）至五十五元止。

全法屬印度支那，亞洲僑民如未備有身份紙者，皆有被捕下獄之患。此屢經中國抗議，然法人不之理也。

【荷印之對華僑政策】荷屬東印度特設管理華僑之機關曰漢務司，與英屬海峽殖民地之華民政務司相同。其下所任用之華人官吏，分爲四級，曰瑪腰、甲必丹、雷珍蘭、默氏，其任務乃爲對華僑傳達之用。凡大埠設瑪腰，小埠最高至甲必丹止，無實權也。

一八五四年荷印政府，頒布屬地章程，規定土人之外，凡居留於荷屬東印度者，爲荷屬印度之居民，所有基督教人，日本及下款不載之人，均同化爲歐洲人。凡阿剌伯人、摩洛人、中國人，上款不載之人，暨回教人，或多神教人，均同化爲土人。故華僑在東印度法律上之地位，與土人同等。

中國移民之入口稅，自一九一八年四月一日起，徵收二十五盾，一九二二年十二月一日起，改徵五十盾，一九二四年七月一日起，改徵一百盾，一九三一年改徵一百五十盾。華僑入境者，先在船上繳納入口稅一百五十盾，隨後至移民局問話，須有人擔保，始給以暫居留票（俗名登坡字），始得登岸。但有傳染病者，犯有刑事者，不能自謀生活者，及政府認爲危及治安者，均不許登陸。華僑入境後領得暫居票滿兩年，去官廳簽字，再滿兩年，卽四年可領永居留票（俗稱王字），但現則須滿十年方可領永居票。

【其他各國之華僑禁例】 世界各國，歡迎中國人自由移殖者，最近祇有英屬北婆羅與巴西二國，其他各國或禁止入口，或加以取締。除上述諸國外，茲再分別略述之如下：

日本根據明治三十二年七月二十七日敕令第三百五十號，關於勞動者之取締，屢拒絕中國工人入境，並常將中國工人驅逐出境。

暹羅於一九三一年頒布移民法，凡無各國政府之正式護照或暹政府公認之正式護照者，有疾病者，無職業者，品性不良及暹政府認爲有害治安者，不許入境。准許入境者，須繳納相片及手續費十銖，若領取居留執照，則納費三十銖，如違禁入口，處以一千銖以下之罰金。

英屬海峽殖民地政府於一九二八年因英屬馬來工業低落，發生經濟恐慌，提出限制移民條例，限制工人之移入。一九三〇年八月一日起，海峽殖民地政府，得英國殖民部之批准，初次限制，每月原許五千人入口，嗣減為二千五百人。自一九三二年六月一日起，每月祇許由香港、汕頭、廈門、海口四埠共運一千人由新加坡入境。而失業華僑又被大批遣回。一九三二年殖民地立法會又提出外僑律例，凡外僑出入或在殖民地居留，必須有入口證及居留證。其登岸地點，指定新加坡、檳榔嶼、馬六甲及納閩。不法登岸者，判處六個月以下之監禁或五百元以下之罰金。外僑居留殖民地十年者，始得領永久居留字，其效用為二年。

北美洲之紐芬蘭在一九一六年頒布中國移民法規，每船五十噸，許載客一人，超過此限者每一人罰金美金二百元。中國人入境者，須納入口稅美金三百元，惟外交官、傳教士、遊歷者、商人、學生不在此例。中國移民，一律註册。紐芬蘭總督，於必要時，可以臨時訂定規例，禁止任何國人民入境。

拉丁美洲諸國，除巴西外，對於中國人均有禁止或限制之條例。巴拿馬之一九二三年禁例，凡來巴華人，經巴政府許可後，須納入口稅美金三百元，惟操農業者，則納五十元。凡一九二二年以前在巴境者，無論久居或過往，欲繼續留居境內，須由中國之外交官代爲請求註册，發給居留執照，每張須貼印花稅美金十元。華僑暫時回國者，亦須領回籍護照，始得重來，但如過三年，則每年徵收入口稅美金一百元。

墨西哥於一九二〇年間順拿臘省通過排斥華僑條例，如禁止華墨通婚，劃定華人居住區域，經我國抗議，暫緩實行。一九三一年乃重訂新例，苛刻異常，對於遊歷者，入境移民，出境移民，假道辦法，均有詳密之規定。入境應備有充足款項，足以維持生活，如係僱工，應由雇主繳納保證金，在六個月內註册。又外僑一律註册，須證明其合法入境，或於一九二六年五月以前已居墨境者，並徵收移民稅。其罰則自五十元起至一千元止，且須驅逐出境。

古巴惟外交官及商人等可以入境，商人來巴者，須具有一千元之保證金，經古巴領事簽許，始可入境。在一八九九年四月十四日以前來古之華商、華工，現仍許繼續居住，其餘華人均在禁止之列。一九三二年條例，在古外僑，一律註册。

智利規則凡輪船由香港赴智，只許載華人六人，且須納保證金美金一百八十元，每年限定新客三十六人入口。其餘如尼加拉瓜、赤道國、危地馬拉、薩爾瓦多、哥斯德黎加、秘魯諸國，對於中國人入口，均有禁止之條例。

太平洋羣島之會羣島、薩摩亞羣島菲濟羣島，非洲之模里斯島等，除契約華工外，均排斥有色人種入境。

【中國移殖民之保護政策】 一八六〇年以來，中國政府對海外移殖民政策由放棄而保護。旣而於海外派使設領，在光緒朝，海外僑民衆多之地，除有特殊原因外，未有不設領事者。而政府對於華僑，並常有遣艦慰問之事。

中國之保護政策，當時與設領問題同佔重要者，卽中國移殖民之國籍問題是也。一八六八年中美蒲安臣條約第六條：「兩國人民，互相往來，照最優國待遇。惟美國人在中國者，不得因有此條，卽特作爲中國人民，中國人在美國者，亦不得因有此條，卽作爲美國人民」，此爲中國關於華僑國籍之地位，對外國表明其意義之嚆矢。一八〇九年，中國之國籍法頒布，其要點規定下列各人屬中國國籍。一、生時父爲中國人者。二、生於父死後，其父死時爲中國人者。三、生於中國國境，父無可考，或無國籍，其母爲中國人者。四、生於中國國境，父母均無可考，或均無國籍者。又規定中國人自願歸化外國者，應先得內政部之許可。此國籍法與華僑之居留地法律相衝突，如一九一〇年荷屬東印度之國籍凡在東印度出生者，均爲荷屬東印度人。此所謂屬地主義(Jus Soli)，與中國之血統主義(Jus Sanguinis)適相反對。其他英法等殖民地，亦有相同之情形，故海外土生華僑，不在中國政府管轄之下，此問題屢引起中國政府及僑民向居留政府之交涉，但無結果也。中國政府不得已乃採折中辦法，如荷屬東印度各地之土生華僑，應歸荷籍，但一旦復回中國，則血統主義，當然復活，此所謂二重國籍，亦不得已之辦法也。

華僑對中國革命所助者多，故孫中山先生有「華僑爲革命之母」之說。民國成立後，中國政府對海外僑民，另加一層顧念，如元年公布之參議院選舉法中，參議院有議員二百七十四人，而華僑得居六人。北京政府曾設立僑務局，管理僑務，民國政府成立後，更專設僑務委員會云。

茲將中國最近駐外公使，列表如下：

國名	大使公使駐在地	總領事駐在地	領事及副領事駐在地
俄國	莫斯科	海參崴、伯利、黑河（海蘭泡）斜米、伊爾庫次克、新西伯利亞	雙城子、廟街、赤塔、特羅邑、阿拉木圖、塔什干、安集延、宰桑
英國	倫敦	倫敦、新加坡、加拿大（駐柯京）、印度（駐加爾各塔）、澳洲（雪梨）、南非洲（駐約翰尼斯堡）	利物浦、仰光、溫哥華、紐絲倫、（駐威靈敦）檳榔嶼、美爾鉢、薩摩島、山打根、吉隆坡、孟買
瑞典	斯哥爾摩（兼芬蘭使事）		
挪威	威疴色羅		
美國	華盛頓	金山、紐約、菲律賓（駐馬尼剌）、芝加哥、檀香山	羅安琪、霍斯敦、紐阿連、西雅圖、坡特崙
法國	巴黎	巴黎	馬賽
德國	柏林	漢堡	
葡萄牙	利斯本		
丹麥	哥平哈經		
荷蘭	海牙	爪哇（駐巴達維亞）	泗水、巨港、棉蘭、亞姆斯特達姆、望加錫
西班牙	馬德里		
比利時	布魯塞爾		

義大利	羅馬		
奧地利亞	維也納		
日本	東京	橫濱、漢城、神戶、臺北	長崎、釜山、新義州、元山、清津
祕魯	利馬（由駐巴西公使兼）		嘉里納（代理公使事務）
巴西	里約熱內盧		
剛果			
墨西哥	墨西哥	墨西哥、順拏臘（駐諾架里斯）	覃必古、米市加利、馬沙打泠
古巴	夏灣拏	夏灣拏	
瑞士	伯爾尼		
玻利維亞			
波斯			
巴拿馬	巴拿馬		
智利			

捷克斯拉夫			
波蘭			
土耳其			
尼加拉瓜	馬拿瓜		
瓜地馬拉	瓜地馬拉		

本節參考書目

Morse: The International Relations of the Chinese Empire.

MacNair: The Chinese Abroad.

Campbell: Chinese Coolie Emigration.

Ta-Chen: Chinese Migrations.

Coolidge: Chinese Immigration.

Seward: Chinese Immigration.
Cheng Tien-Fang: Oriental Immigration in Canada.
Coghlan and Ewing: Progress of Australasia in the XIX Century.
Day: The Policy and Administration of the Dutch in Java.
小山清次——支那勞働者研究。
涂汝涑——旅美華僑實錄。
檀香山華僑編印社——檀山華僑。
王闢塵——各國待遇華僑苛例概要。
張相時——華僑中心之南洋。
李長傳——南洋華僑概況。
温雄飛——南洋華僑通史。
梁啓超——新大陸遊記。

最近太平洋問題（太平洋國交討論會第二次會議報告書）。

第五節　中國移殖民近事

【中國移殖民之分布】　最近中國移殖民之分布，缺乏詳細之調查及統計，全世界華僑之人數，亦無正確之數字可稽。近年來其人數增加之數目據各種統計，一八九九年爲四百萬人，一九〇三年爲七百三十萬，一九〇六年爲七百七十萬，一九〇八年爲八百六十萬，一九二五年爲九百九十萬。（註一）最近（一九三三年）僑務委員會之報告則爲七百八十萬，因未將臺灣之日本籍中國移殖民算入也。著者於一九二九年間曾根據各種統計計算全世界爲一〇六、三六六、七〇〇人。（註二）惟所據統計稍舊，而香港澳門之國人作爲中國移殖民計在本書亦不適合，茲更再根據其他可信之統計，更正前說，列表如下：

（註一）參照本書第一章。
（註二）見拙著海外華僑人數之統計（南洋研究第二卷第五號）。

地名	人數	調查年份
臺灣(註)	四、七五九、一九七	一九三三年
日本	二〇、〇五〇	一九三三年
朝鮮	四一、三〇三	一九三三年
安南	四五二、三四六	一九二九年
暹羅	二、五〇〇、〇〇〇	(估計)
緬甸	一九三、五九八	一九三一年
英屬馬來半島	一、七〇九、三〇〇	一九三一年
英屬北婆羅	四七、七九九	一九三三年
文萊	一、三二三	一九三三年
沙勞越	五〇、〇〇〇	(估計)
菲律賓	一一〇、五〇〇	一九三一年

(註)此指臺灣之日籍中國人（卽日人所謂本島人）而言。若僅就中國籍之移民而言，則有四三、五八五人。

荷屬東印度	一、二三二、六五〇	一九三〇年
葡屬帝汶	三、五〇〇	一九三二年
英屬印度	一五、〇〇〇	一九三一年
澳洲	一五、五〇〇	一九三一年
紐絲倫	二、八五四	一九三二年
檀香山	二七、一七九	一九三〇年
太平洋諸島	五、〇〇〇	（估計）
美國	七四、九五四	一九三〇年
坎拿大	四二、一〇〇	一九三二年
墨西哥	二五、〇〇〇	一九三〇年
古巴	三五、〇〇〇	一九三二年
巴拿馬	四、四〇〇	一九三三年
中美各國	五、〇〇〇	（估計）

祕魯	五、七〇四	一九三二年
智利	二、七〇〇	一九三三年
巴西	一五八、八六七	一九三三年
哥倫比亞	一、〇〇〇	一九三三年
赤道國	一、五〇〇	（估計）
委內瑞辣	二、八二六	一九二九年
圭亞那	二、三〇〇	一九二九年
南非洲	四、五〇〇	一九三三年
印度洋諸島	五、〇〇〇	（估計）
西歐各國	三二、〇〇〇	一九二九——一九三一年
蘇俄	二五一、〇〇〇	（估計）
合計	一一、五八六、二五二	

再以各洲爲區別

亞洲	一一、一三六、五六八人
澳洲	五〇、五三三人
北美洲	一八六、四五四人
南美洲	一七四、八九七人
非洲	九、五〇〇人
歐洲（含蘇俄）	二八、三〇〇人

各洲中以亞洲爲最多，而其中南洋占五百九十七萬人，是爲中國移殖民中心之地域，美洲次之，澳洲又次之，歐非最少。

中國移殖民之出身地，可分海陸兩系。陸路移殖民，由山東或東三省至朝鮮，及自西伯利亞以赴歐俄，歷史淺而人數不多。海洋移殖民由閩粵至南洋澳洲，東達南北美，西達歐、非，歷史長而人數多，勢力亦鉅。南洋以閩粵人爲主，海峽殖民地之中國人，分爲福建、潮州、客家、廣府、海南五幫，他屬亦可類推。但分配亦略有不同，如非律賓以漳泉人占十分之八九，此地理接近之原因也。暹羅以潮州人占勢力，此歷史之關係也。澳洲、南北美以及非洲歐洲以粵人爲主，尤以廣府人爲限。（契約華工除外）西伯利亞多燕、魯、晉諸省人，尤以魯人爲多。日本朝鮮除閩粵外有北省及江蘇、湖北諸省人。試以日本爲例，中國人分閩粵三江三幫，三江者乃指閩粵以外之各省而言。歐洲有湖北及浙江之行商，此爲特殊之情形。安南之北圻及上緬甸略有雲南人，此蓋陸地接壤之故。俄屬中亞細亞有新疆之纏回，此亦中國之移殖民也。

【中國移殖民對於本國經濟之關係】 現代中國移殖民對於本國最大之助力，殆莫過於經濟問題，故不可不一論及之。

中國近代史上之最大一危機，卽國際貿易之入超是也。計自一八六四年至一九一三年之五十年中，輸出共六百九十五萬萬五千萬兩，輸入共九百卅二萬萬四千萬兩，出超之數達二百卅六萬萬九千萬兩。一九一三年之後，歐戰四年出入稍覺平衡，但仍保持入超之情形。歐戰後入超之數更大增，計自一九二〇年以來，入超年額平均達二萬萬兩以上，其數目令人可驚。

此入超抵償之方法，不外二途：一、外國之在華投資及消費。二、華僑之匯款及攜金回國是也。但外國在華之投資，不能謂眞正抵償入超，而最重要者，乃華僑之攜回之現金也。此在中國近世經濟問題上之重要可知。華僑直接與中國經濟上之給予，可分四類，一、匯回及帶回之現金。二、歸國華僑在海外投資之收入。三、在外華僑，對於本國物品之消費，在輸出品中占重要之地位。四、近年海外華僑對國內之投資是也。

華僑匯回中國之金額，其數字如何，無正確之統計可稽，依各學者之說而異。雷瑪氏(Remer)據各家學說及其直接搜求之材料，而得有比較可信之說。據其說自一九〇二年至一九一三年，華僑寄回之現金，平均每年一萬萬五千萬元。一九一四年至一九二一年平均每年一萬萬二千萬元。自一九一四年至一九三〇年，平均每年二萬萬元，(註)其數目亦可驚人矣。

華僑在南洋之大企業，如暹羅之碾米業，馬來半島之錫鑛業橡皮栽培業，東印度之糖業，各種栽培業，安南之鑛山業、碾米業、菲律賓之各種商業，華僑之大企業家甚多。此等企業家亦有歸國作寓公者，惜無調查資料可尋。惟一九二四年美國商業部之調查南洋橡皮栽培業之各國投資額中，

(註) Remer: Foreign Investments in China, p. 187–189.

屬於上海者有美金一千四百萬元，卽合三千萬元云。由此類推，此等大企業家回其閩粵故鄉者，當不乏其人，則南洋各企業中，歸國華僑之投資，至少有一萬萬元內外，以最低一分利子計算，每年當有一千萬元內外焉。

中國國貨之推銷，除華僑販賣外，華僑自身消費者亦不少，如南洋以及美洲澳洲華僑莫不喜用本國貨品，此亦愛國愛鄉心之一種表現也。此無直接之消廢統計數字可稽，姑就間接之方法推算之。卽自中國華南各口岸與香港輸往華僑移殖地之輸出品中之中國土貨，作爲華僑消費品。反之華僑移殖地，自中國香港輸入之中國物品亦然。然此方法亦不可能。不得已祇有舉華僑移殖地有完備統計者一二處爲例，再加推算之。試先以南洋華僑之中心地海峽殖民地爲例。一九二六年此地自中國香港之輸入額，前者叻幣三四、三七一、六一〇元，後者二八、五〇〇、九二三元，合計六二、八七二、五三三元。此千三百萬元中，除去再輸出品外，海峽殖民地華僑之消費額達二千萬元。當時華僑之人口約六十萬，卽華僑一人之消費額約叻幣三十三元，合之中國約五十元。但海峽殖民地之華僑富力高，且有種種原因，此額未免太高，茲再作半數，卽一人之消廢額二十五元。如此推及全世界，則一千萬之華僑，當達二萬萬五千萬元也。

海外成功之華僑，至上海以及其家鄉閩粤投資者亦有之。因近年國情之不安，在華投資額，比之其海外投資額，其比例則甚小也。

現在國內之投資地，當以上海爲中心。中國本國企業在上海者資額在三萬萬兩以上，其中華僑之投資者，當有三千萬兩，以紗廠、煙草廠、銀行、百貨店等爲主。

華僑之對於其家鄉之投資，最有名者，是爲鐵路事業。如一九〇四年之朝汕鐵路（資本金三百萬元）以南洋華僑張鴻南之出資占大部分。又新寧鐵路（資本三百三十萬元），發起者爲美洲華僑陳宣禧，其股東亦係美洲華僑。一九〇五年福建之漳廈鐵路，亦南洋華僑所經營者。此外閩粤二省華僑投資之實業，尚有輪船公司、銀行、百貨店及其他工業等。

華僑在實業投資以外，對於國內公債之認購，數額亦不尠。如清末之昭信股票、實業公債、愛國公債、民國以來之軍需公債、新華儲蓄票等，其未償還者占大部分。一九二五年，廣東對英經濟絕交運動，黃埔築港之借款，華僑應募之額達二百萬元。一九二八年濟南慘案，山東難民之救濟金，就南洋而言，其各地之捐款如下：馬來半島二百萬元，荷屬東印度一百五十萬元，暹羅、安南六十萬元，菲律賓二十萬元，緬甸十萬元，換爲中國貨幣，約達五百萬元，合全世界之華僑捐款計之，共六百五十萬元云。此外自清末以來，華僑資助中國革命事業之捐助金，雖無統計可稽，但其數亦不在小云。

【南洋移殖近事】　英屬馬來半島，爲南洋中國移殖民之中心，其與本國政府之發生關係，亦較他屬爲早。

光緒三年（一八七七年）郭嵩燾使歐經新加坡，奏請於新加坡設立中國領事館。旋任該地僑商胡璇澤爲領事，光緒十七年（一八九一年），薛福成又奏請於檳榔嶼設領事，光緒二十年（一八九四年）新加坡始設立總商會，他埠繼之。又三十年前，華人子弟皆入英人設立學校，故優秀子弟多不知祖國。自康有爲亡命南洋，提倡設立中華學堂，孫中山先生曾至新加坡、檳榔嶼提倡設書報社，民智漸開，當時華僑分保皇革命兩派，各有機關報。惟二者之主張雖異，而改革中國之熱心則同，中國革命之成功，受南洋華僑之經濟助力甚鉅，此我國民應敬表謝意者也。

近二三十年來，華僑之移殖於半島者日盛，茲舉一九〇四年至一九一三年十年間登岸之華僑人數如左：

年份	移民數	契約移民
一九〇四年	二〇四、七九六人	一六、九三〇人
一九〇五年	一七三、一三一人	一四、八六四人
一九〇六年	一七六、五八七人	一八、六七五人
一九〇七年	二二七、三四二人	二四、〇八九人
一九〇八年	一五三、四五二人	一三、六〇四人
一九〇九年	一五一、七五二人	一六、〇七一人
一九一〇年	二一六、三二一人	二六、三一五人
一九一一年	二九六、八五四人	二四、三四五人
一九一二年	二百八、六四四人	一三、七〇〇人
一九一三年	二四〇、九七九人	一四、一九八人

華僑之在半島，下自苦力車夫，上至資本家，莫不有之，而資本家則多由車夫及苦力出身者。據

民國三年日人之調查，新加坡華僑資本家有四千萬資產者一人，八百萬三百萬二百萬者各一人，一百萬者四人十萬以上者二十九人，可云盛矣。主要營業為錫山、椰子園、橡皮園、輪船、銀行等。橡皮自十九世紀末始由巴西輸入半島，華僑業此致富者甚多。民國九年（一九二〇年）橡皮事業忽起大恐慌，因時當歐戰以後，銷路阻滯，而橡皮適生產過剩，供過於求，橡皮價值跌下至每鎊五角二仙，華僑破產者極多。民國十一年（一九二二年），英政府頒行限制條例，華僑經營橡皮者頓少。

民國九年，海峽殖民地政府頒行學校註册條例，其目的在取締華僑學校，即學校須註册始能開辦，教員由政府註册，方許上課，否則立即驅逐出境。學校苟不如英政府旨意，政府得隨時命令封閉。英人派視學官查視華僑學務云。

民國十六年三月二十二日，新加坡華僑舉行孫中山先生逝世二周紀念會，到會者千餘人。英國政府派軍警干涉，結果被槍殺者六人，傷者十餘人，國民政府提出抗議，英人置不理。

民國十九年頒布條例限制華工入口人數，二十二年又施行外籍人民條律。

光緒三十一年（一九〇五年）荷屬東印度之華僑，共有五十六萬三千餘人，在爪哇及馬都拉者凡二十九萬五千人。在外島者二十六萬八千人，頗占經濟上之勢力。自設商會學堂等。宣統三年（一九一一年）我國與荷蘭訂領事條約於吧城，設立總領事，泗水、棉蘭、巴東設立領事。據該條約所載，領事止爲其轄內本國人之商業保護者，（第二條）又領事毫無外交上之性質（第六條）故豬仔華工，任人虐待，而無權保護。華僑被荷政府慘殺，而無權交涉。此猶其小者，其最失敗者，卽條約換文內所云，「遇有荷蘭臣民，中國臣民字樣，所滋之疑義，在荷蘭屬地領內，可照該屬領地現行法律解決。」此卽中國明白承認荷蘭之國籍法之屬地主義。故據一九一〇年荷屬地殖民籍新例律，凡生長於荷蘭屬地者，卽爲荷蘭殖民地籍，於是數十萬之土生華僑，皆失其國籍。又據荷蘭屬地章程，所有基督教人、日本人，均同化爲歐洲人，凡阿剌伯人、摩洛人曁回教人，或多神教人，均同化爲土人。於是中國人在東印度之地位，與土人平等。

東印度華僑人數與全人口比例率不大，而在商業、農業工業及勞動上，佔重要之地位，在工商上，歐人占其上層，土人佔其下層，而華僑恰佔其中層，居仲介人之地位，爲東印度經濟社會上之中堅。至若勞動界，土人僅能作簡單之工作，若須費周詳者，非華工不辦。荷屬東印度之主要產業如甘蔗、煙草、椰子、樹膠、銀行、輪船等，多有華僑經營者。如東印度農業之投資，據一九二四年統計共十八萬萬盾，中國占二萬萬盾，亞於荷英，稱第三位。華僑中不乏大資本家，如爪哇之黃仲涵，蘇門答臘之張亞輝，其資產在數千萬以上云。

中國革命之成功，南洋華僑之助力頗多，國民黨之機關，以日本爲第一中心，南洋爲第二中心。惟經費之來源，則十九恃英荷二屬之華僑。辛亥之役，中華民國成立，消息傳至南洋，荷人對待華僑之態度，爲之一變。華僑之進出口，毫無留難，酒館旅店之禁止華僑入內者，一律開放，華僑之居住旅行，絕對自由。惜乎不及年餘，中國內亂頓起，弱點復露，而華僑之地位，復一落千丈，亦可慨矣。

自民國五六年以來，華僑因國家之不振作，在南島待遇日劣，而入口取締尤嚴。其最可惡者，即隨意驅逐華僑出境，及拒絕登陸，而對於知識階級尤甚。

民國七年十月三十夜，三寶壠屬古突士（Koedoes）華僑，因時疫流行，迎神出遊，意以禳災。土人借端尋釁，用大車載石攔阻大路，華僑報告警察局，拘去土人二人。翌晚土人聚衆二千，焚毀華僑房屋，殺死華僑十一人，財物被搶者共值五千萬盾，焚毀之房屋十九間，值七萬盾。事後荷政府幷未予損失賠償，而中國領事亦未得干預其事。

民國十六年五月一日，東婆羅洲之峇厘把坂（Balik Papan）華工，舉行五一勞動節紀念遊行，爲荷蘭軍警強迫解散。五月三日，荷蘭軍警忽至三馬林達屬之生瓦生瓦（Sanga Sanga）捕去國民黨東婆羅洲支部執行委員及國民黨駐生瓦分部主席此二人爲煤油廠工頭，工人卽前往要求釋放，以致衝突。荷兵忽放槍當場擊斃華僑十二人，重傷十九人，輕傷十八人，四日又捕去十二人。事後三寶壠中國領事曾往調查，國民政府亦向荷蘭政府提出抗議，荷蘭不之理也。

沙勞越自古晉亂事後，華僑又繼續前往，不久恢復以前之盛狀。

清光緒二十六年（一九〇〇年）福建閩淸黃乃裳遊南洋，應不律王之請，招福州諸縣人至拉讓河（Redjang）下流詩誣（Sibu）一帶開墾。前後凡三隊人數千餘，伐森林，開田圍，名其地曰新福州。黃與沙政府定二十年免稅之約，禁止雅片輸入，幷不得開賭廠及妓館。黃係基督教徒，又向星洲美以美會請派教士前往傳教。惜後有嫉之者，百計陷害之，黃君不得已而去。此後福州人源源前往，今已達萬餘人矣。

民國四年，北婆羅公司曾招募華工，由北京英國公使與我訂立規例。規定每一華工，可領地十英畝，華工赴婆旅費，由英國擔任。二年以內，由英國日給三十五仙，三年後每一英畝納稅五十仙於該政府。中國得派官吏一人，會同英國官吏辦理華工事宜。英政府可代華工置備農具，爲華工子弟設立學校。惟華工須將所墾地之半，栽植米穀及咖啡云。

嗣後，華工入境者不絕，以迄最近。南洋之歡迎華人入境者，祇此一處而已。

菲律賓，在西班牙時代，對於華僑之治理，行甲必丹制，（入美領後此制始廢除）歷任甲必丹，頗多奇才異能之士，造福於我僑民，如同光間之陳謙善，名聚良，其最著者。華僑皆呼之曰陳最戈，西班牙名曰 Chins Carlos Palanac，閩省人，幼貧苦，初至菲時作苦工。爲人機警，熟諳西語，充甲必丹數任，勇於任事，與西京之王宮嬖臣通聲氣，菲律賓總督有與之不洽者，每不安其位而去。歷任總督，皆畏之，凡關於華僑法令，必先與之商，取得同意，然後敢施行。如華人廢除死刑，（西人執刑用槍斃，謙善以中國向無槍斃，此等死刑，不得施之華人，卒廢除之）閩女不得爲娼，皆謙善之力，懸爲成例。其所辦華僑公益事甚多，今馬尼剌尚有其銅像焉。謙善子名陳剛，曾回國登進士第，後任第一任菲律賓中國領事。同時傑出之才，與謙善相伯仲者尚不鮮，當時西班牙官吏視苞苴貢獻爲常事，華僑投其所好，深與結納。緣是全島政府機關之用品商業上之貿易，工界之傭僱，率由華僑叫庫，叫庫卽包辦之意，華僑致富者甚多。

十九世紀之末，菲律賓革命軍起，全島變亂，繼續至五六年之久。各地物產停滯銷售，幾同山積，各地待需之物，亦極渴望其輸入。華僑卽乘機運米至各埠，以高價出糶，卽將所得之金，購取椰麻等物，以轉售於外商。自往及返，獲利常在萬金以上。今之鉅富千萬者，率皆於此時植其基。

光緒二十四年（一八九八年）美西條約，菲律賓歸美領。中國政府曾向美國抗議，華工禁約，不得施之於菲島，美政府不理。光緒二十八年（一九〇二年），施行禁止華工入境例，一如美國。禁止華工登陸，其許入口者，僅教員學生商人（指資本家若商夥則仍作工人）及遊歷者而已。光緒二十四年（一八九八年），陳剛設立學校於領事館，名曰中西學校，爲南洋華僑學校之嚆矢。光緒二十五年（一九〇五年）設立馬尼剌中華總商會。滿清時代，華僑寬袍大袖，辮髮長垂，每爲西人所鄙視。西教士又從而挑撥之，每以豚尾爲譏笑之資。土人從而效尤之，每譏中國人爲豕。民國成立，華僑短髮變服，氣象一新。

華僑多與菲女通婚；據美人調查，菲兩院議員，華菲合種占百分之七十五。如菲人崇拜之革命先烈黎撒(Jose Rizal)乃華人之孫，今副總統荷士民迎(Sergio Osmenas)及第一富翁及慈善家榮谷(T. R. Yanco)皆爲華人之子。惟此類土生華僑，語言風習早已同化於土人，毫無祖國之觀念矣。

華僑握菲島之經濟權，故大爲菲人所嫉視。近年美人許菲律賓自治，菲島內政，皆菲人自決，其排華之現象更顯著。報紙之對於我國也，肆意輕侮，其政黨之競爭選舉，每以排斥華僑爲號召。民國十三年十月，馬尼剌因菲人向華僑購物，發生口角，以致發生排華風潮。由馬尼剌擴充至全境。菲人結隊成羣，呼號打倒華僑口號，衝毀華僑商店，途遇華人，卽行毆打。幸政府竭力鎭壓，始克鎭定。

民國十年，菲兩院通過西文簿記條例，凡菲島工商業之簿記，必以英文西文或菲律賓土語之一種登記，其目的專以取締我華商也。華僑集合各團體聯合大會，竭力反對，派代表至美國大理院上訴，十五年四月由美大理院判決取消。菲當局以華僑得勝利，心不甘服。十六年又頒布新簿記條例，允許華商用華文記帳，惟須另呈譯文，與西文簿記條例，實爲五十步與百步耳。華僑雖亦表示反對，然恐十分堅決反惹起土人反感，不得已承認之。

自民國十年以來，菲政府屢頒布取締華僑之條例。如米糧價格之限制，內河航業之禁止等等，層出不窮。自民國十四年以來，菲議院屢有新移民律之提案，華僑在菲之地位，危如累卵矣。

暹羅對中國向稱親善，當十九世紀之末，因備受帝國主義之壓迫，其外交次長某君，曾向孫中山先生說及，暹羅望中國強盛，內附爲一省。及其後拉瑪五世取法泰西，銳意維新，國勢漸盛，遂輕中國。前王拉瑪第六崇尚歐風，鄙夷華夏，著英文書名東方猶太，詆斥華人，不遺餘力。國民心理，大爲轉移，對華感情，日趨涼薄。除土生華僑外，無有服官於暹廷者。而土生華僑，多有不自認爲中國人，甚有輕侮華人，詈華人爲奴者。

暹羅華僑之經濟勢力甚偉，以磨米鋸木兩業爲尤鉅，賭捐亦歸華僑承辦，至民國三年始取消之。宣統二年（一九一〇年）華僑曾創辦華暹輪船公司，資本三百萬銖，航行香港、盤谷、汕頭間，民國八年以辦理不善停業。宣統三年（一九一一年）設中華總商會於盤谷，又設立新民學校。民國成立以來，學校漸多。民國七年，暹羅頒布民立學校之法令，專為取締華僑學校而設。凡華僑學校須註册，各校長教員通曉暹語，華校教員皆須試驗暹文，不及格者不得為教員，違者罰其校董。學生每周至少須讀暹文三小時，不及格不得畢業。所用課本當忠愛暹國，不得違背其國體。雖經華僑反對，然終無效果。

民國二十年，頒布新移民律，取締華僑入境。

總之暹羅人口千萬中國人占四分之一，故暹羅對中國人，不得不採取同化政策。拉瑪第七於民國十七年參觀盤谷華僑學校，其演說詞有云：「中國民族與暹羅民族，可謂親屬，在暹之兩國民族血統，混至不可分之勢大多數高級官吏皆有中國血統，卽朕本身亦然，故凡中國人，均須忠愛暹國云云」可代表其政見云。

英人於光緒十一年（一八八五年）滅緬後，淸廷曾向英國交涉，光緒十二年（一八八六年）中英條約，中國承認緬甸為英國屬地。光緒二十年，訂中緬邊界及通商條約。聲明中國於仰光得設立領事館。中國人民來緬，應由英領事發給護照。中緬兩國人民彼此往來，應受最惠國條款待遇。不久中國設立領事於仰光。而商會學校，亦相繼設立。革命之運動華僑亦多所助力。辛亥之役，華僑助滇省光復國士義師與軍餉，由新街入滇。事成之日，代表及從軍志士，解甲歸商，亦一段佳話也。

緬甸之待遇華僑，較之南洋各屬稱爲優遇，無進口之限制，及各種之苛例。然近年來漸趨不穩，一、緬人受英人之挑撥，常有排華之舉。如下緬甸有數埠，常發生緬人毆辱華人之舉。近年緬人運動自治，有以驅逐華人印人爲號召者。二、居留政府近藉口華僑擾亂治安，有取締入口之說，故前途尚未可樂觀也。

安南據外人調查，在中法戰爭發生以前，北圻已有華僑兩萬五千人，南圻四萬人。一千九百年，增至十萬人。一九一〇年，增至二十三萬二千人，在南圻者凡十一萬五千，他省七萬。一九二〇年增至三十萬。光緒十一年（一八八五年），中法條約，中國承認越南爲法之保護國。光緒十二年（一八八六年）復締結安南邊境通商細則十九款。其關於華僑者，中國得派領事駐河內、海防二府。安南各地方，聽中國人置地建屋，與開設行棧等事。其身家財產，均受安全保護，與最惠國人民同等。國境通商處，中國人與法人，或與安南人有刑事財產案件時，由中法二國官吏會審。僑居安南之中國商民，有刑事財產案件，歸法國官吏審訊。然法國并未照條約，待遇華僑。對於華僑入口定有種種條例。

清末華僑組織商會學校，於革命事業，亦多所助力。光緒三十四年，黃興曾由北圻攻河口，已佔領之，因無後援，不得已而退。

近年法政府對華僑之進口，取締更嚴，身稅營業稅，時有增加。中政府應華僑之要求，據中法商約，請在越境設領事，法政府不允。又法人近來挑撥土人對華之惡感。民國十二年因法人慫恿，發生海防土人抵制華貨之舉動。民國十六年八月十七日，海防土人大暴動，攻擊華僑商店，逢華人卽行毆打。亂事亙三日，華僑被殺者三十餘人，受傷者百餘人，被掠者一百五十家，被焚者八家，損失五十餘萬。法政府不加干涉，且暗中加以保護。迨廣州政府提出抗議，法政府以秩序已復爲答，餘置之不理。國民政府遣派慰問華僑之委員，被法政府先行拘留，後驅逐出境。

【日本及西伯利亞移殖近事】日本華僑在明治三十年間，橫濱約千人，其他各地約二千五百人，合計三千五百人左右。至明治三十七年間（一九〇四年）全國有八四一一人，明治四十四年末(一九一一年),因國內革命有歸國者,一時減至八、一四五人。一九一八年增至一二、一三九八人,一九二四年增至一六、九〇二人。

中國人多居駐大都市,從事商業,其在大阪者,經營進出口業,在經濟上頗占勢力,如一九二五年中國出口商對中國輸出額一萬二千萬元,在同年大阪對中國輸出全額三萬萬四千萬元中占百分之三十七。又神戶華商的貿易額,每年達五千萬元。但此均爲十年前情形,今則一落千丈矣。民國十一年日本有遣回中國勞工之舉。初民國五六年間,浙江青田及溫州人,至日本販賣雨傘石器頗獲厚利,後往者漸多,一時達三千人,無利可尋,乃棄商爲工,以勤儉爲日本僱主所歡迎。日政府乃援明治三十二年取締外國勞工之敕令,驅逐回國。民國十二年東京大地震時,華僑被日本暴民所殺者,達二百人。

近年更拒絕中國工人上陸,且屢驅逐工人出境,其他如料理業(飯館業)、理髮業、小販,亦常在被驅逐之列。

朝鮮,在一九一〇年日韓合倂之時有九、九八〇人,一九一二年有一五、五一七人,一九一六年一六、九〇四人，一九二四年增至三五、六六一人。以山東人為多，大部分為季節移民，多在金鑛作工，或為鴨綠江之伐木工人。居留者多從事小商業及農業。九一八事變前，因萬寶山事件，由日人之鼓動，朝鮮發生大排華舉動，自平壤、京城以迄各大都市，中國之商店為鮮人焚刧，僑民被攻擊，死傷達二百餘人，經濟之損失甚鉅。

俄屬遠東之中國移民以山東人為多，其赴俄之路有二：一、由北寧鐵路出山海關，更由東三省轉入俄屬東海濱省、黑龍江省及西伯利亞一帶。一由青島或煙臺乘船至海參崴，轉入各地。入俄華僑以十八歲至三十歲者最多，老人甚少，多為節季勞動者，春去冬回，長住者以商人為多。俄屬黑龍江省官廳之統計，一九〇九年及一九一〇年華僑之經濟勢力如下表：

年份	俄人外人企業數	黃人企業數	俄人及外人投資額	黃人投資額
一九〇九年	五、二六六	三、五二八	七一、一六七、九五七(盧布)	二四、九三九、六七〇
一九一〇年	七、〇二七	四、八一八	一五八、三〇三、九五四	三八、八一五、〇三八

據上表所列一九〇九年之黃種企業人數，除日本人六二八人外，均為中國人云。

自蘇俄革命後，形勢一變，中國人貿易，在貿易國營制度以下，中國人之輸出入均須得有特許，納極煩重之稅。且漁業、森林、鑛山等權利，一切沒收。其他店員工人均需加入共產黨，受相當之限制。尚有最近蘇維埃當局允許中亞細亞之烏斯白克共和國自新疆省招入一萬五千契約工人，在棉田工作，已有一部分入國矣。

【澳洲移殖近事】澳大利亞自禁止華僑入口後，人數漸減，一九〇一年有三三、一六五人，一九一一年減爲二五、七七二人，一九二〇年爲二〇、一一八人。澳洲華僑爲廣東人，尤以廣府人爲主，多從事小商業或栽培花卉蔬菜等。小商業中以洗衣業與木器業爲主，而木器業最占勢力。紐絲蘭中國人約二千三百人，半寓居首府威靈頓，其情形與澳洲相似。檀香山之華僑據一九〇〇年統計有二五、七六七人，一九一〇年減爲二一、六七四人，因禁止華工入境之故也。一九二〇年有二三、五〇七人，一九三〇年有二七、一七九人，此爲自然生產增加之故也。檀香山華僑亦均廣府人，漢那鲁爐爲孫中山先生幼年受教育地，而興中會亦起源於此，故本島華僑對中國革命事業，多所助力。

檀香山華僑在澳洲中稱爲最富庶者，其重要企業有銀行、糖業、米業及各種種植業等，其富力列表如下：

年度	不動產	動產	儲蓄總額
一九一五年	二、〇八四、三五六元	二、二二四、六四七元	五九五、九二二・〇八(元)
一九一六年	二、二九七、五〇〇元	二、二七〇、三四八元	六六〇、二三四・四六
一九一七年	二、六一六、五四一元	二、三八九、六四一元	七二七、八九一・六三
一九一八年	二、八〇一、四八六元	一、五八七、六三五元	七一九、七六八・三九
一九一九年	三、一四〇、三〇五元	一、六五六、二五〇元	一、〇〇四、九六三・二五
一九二〇年	四、一四二、九四四元	二、二三三、二九一元	一、三五二、四七七・二一
一九二一年	四、八三三、五四六元	二、四〇四、九六八元	一、七〇七、六一六・七八
一九二二年	五、九三二、二三三元	二、四〇八、〇四四元	二、二六八、〇二七・九六
一九二三年	七、四七九、三八四元	二、五七七、九八三元	二、七二九、〇五六・〇五
一九二四年	一〇、九四四、〇八五元	二、九六〇、二五八元	三、〇〇八、四七九・七八

一九二五年	一二、〇三九、二八五元	三、〇七六、二九三元	三、八〇二、四八一・九四
一九二六年	一三、三一二、七八三元	三、三六四、〇三六元	四、一六五、九九二・三五
一九二七年	一四、三〇九、四五九元	三、一六四、七四三元	四、七〇四、二六一・九一
一九二八年	一四、九三四、一九六元	三、〇九七、五五九元	五、一二二、四一三・三五

【美洲移殖近事】美國華僑一九〇〇年有八九、八六三人。一九一〇年減至七〇、九四四人。一九二〇年爲六一、六三九人，中有土生華僑一八、五三二人。均廣府人其居住加州者占大部分，其餘分住各大城市。大部分從事商業，又經營洗衣業及餐館業者最多。

坎拿大之華僑之情形與美國相似，但富力較低。一九三二年中國人以前入境者甚多，自坎政府頒行新例以來，十載以還，准予正式入境者不過五人而已。

墨西哥自一九一〇年墨國革命後，挨理士（Francisco Elias）提耶士(Bodolur Colles)甥舅相繼執政，以維護墨人工商爲口號，行其排華政策，驅逐華僑出境。一九二〇年我國始於順拿朧設領事館，排華之事時有發生，一九三一年頒行新律，華人農工被迫回國者甚多。

中美南美華僑均係廣東人。古巴、祕魯、英屬圭那拿之契約工人，早於前世紀之後半中止。各國之開發，中國人助力頗多，巴拿馬開鑿時，中國人爲最適宜之工人。瓜地馬拉國於一八九六年間，亦獎勵外國人移殖今日各國均禁止或限制中國人入境。其許中國人自由移殖者，僅有巴西一國而已。

【歐非移殖近事】我國旅歐華僑不多，在歐戰時期，曾招募契約華工達十五萬人，但平時不過二三萬而已。多居於各大都市及海口，其在陸者爲小商人及工人，其在海上者爲水手。另有特殊二結團是爲湖北之賣紙花人及溫州之賣石器人，爲流動之行商，足跡遍全洲（參看第五章第一節）。商人無大企業家，最大商業不過古玩店及瓷器店而已。近年各國取締華工，而流動商人時有驅逐之事。

南非洲之脫蘭士哇於一九〇四年至一九一〇年間招致契約華工，最多時有五萬五千人。同時限制中國人入境，其中國自由移民，自一八八九年至一九〇三年有九百人，一九一〇年三百五十八，一九一一年有一千九百八十人。十年後有一千二百四十八人。以經營小工商業，如洗衣業、木器業者爲主，與其他亞洲人種受居留政府種種之限制。

一九一九年西非洲之西班牙之凡能杜波島（Ferando Po）欲向中國招募契約工人二千，我政府以氣候太熱，雇傭條件太苛，無法保護，拒絕之。

本節參考文獻

Chen Ta: Chinese Migrations.

MacNair: The Chines: Abroad.

Remer: Foreign Investments in China.

The Chinese Year Book 1935.

李長傅——南洋華僑概況。

李長傅——南洋華僑史。

溫雄飛——南洋華僑通史。

張相時——華僑中心之南洋。
長野朗——華僑。
小林新作——華僑之研究。
申報年鑑（民國二十四年）。
中國經濟年鑑（第一回）。
南洋協會臺灣支部——南洋年鑑（第二回）。

〇五三二一

中華民國七十九年十二月臺五版

中國文化史叢書 中國殖民史（一冊）

基本定價四元二角正

著作者 李長傅
主編者 王雲五 傅緯平
發行人 張連生
印刷及發行所 臺灣商務印書館股份有限公司
登記證：局版臺業字第〇八三六號
臺北市10036重慶南路一段三十七號
郵政劃撥：〇〇〇〇一六五一一號
電話：(〇二)三一一六一一八
傳眞：(〇二)三七一〇二七四

ISBN 957-05-0222-3

張
弘
毅
1995.8.21.